JN084583

学習者を支援する
日本語指導法

 音声　語彙　読解　聴解

畑佐由紀子

まえがき

　日本語を教えはじめたばかりの時は，何をどう教えればいいのか分からず，とりあえず自分が担当する教科書の内容や，与えられた内容をカバーするのに精一杯という人が多いと思います。日本語教育の初歩的な指導書を読んだり，経験のある先生の授業を見てまねしてみたりするなど，教え方のノウハウを知るだけになってしまい，個々の活動が学習者の言語習得にどのように役立つのか考える余裕もないと思います。経験を積むにつれ，どのような説明や教示の仕方が学生に分かりやすいとか，こういう活動は学生が積極的に取り組むとか，授業の流れを作るにはどうすればよいのかといった，教育現場からでしか得られない知識や技能が増えていきます。経験に基づく知見は，これから教師を目指そうとする人たちが必要とする指導のコツや，留意点，そして，それを学ぶことによる安心感を与える重要な資源となります。

　しかし，経験を積んでもなかなか得られない知識や技能も多々あります。例えば，過去70年間に考案された教授法や指導のアプローチは，オーラル・アプローチ，ナチュラル・メソッド，場面教授法（直接法），オーディオリンガル・メソッド，ヒューマニスティック・アプローチ（e.g., サイレント・ウェイ，サジェストペディア，コミュニティ・ランゲージラーニング），ナチュラル・アプローチ，プロフィシエンシー・アプローチ，シナリオ・アプローチ，内容重視型指導（CBI），内容言語統合型学習（CLIL），フォーカス・オン・フォーム，タスク中心指導法（TBLT）と多岐にわたります。けれども，一人の教師が身につける教授法は，おそらくその人が初めに使った教科書や教員研修で採用されているものが主で，それに他のものを足すこともあれば，そのまま同じ教え方をより洗練されたものにしていく方が多いのではないでしょうか。教育現場は，新しい教授法を取り入れ，使いこなせるようになるほどの余裕がない

忙しい現場ですから、教師の仕事をしながら、第二言語教育に対する新たな知見を獲得し、教授法や指導法の変化についていくのは至難の業です。

とはいえ、言語教育に関わる研究は日々進んでおり、その応用としての指導法や教材も開発されています。どれだけ洗練された教え方をしていても、その教え方を支える理論が破綻したり、その指導法が考案された時代には考えられていなかった新たな事実や知見がもたらされたりすれば、教育も変わっていかなければなりません。例えば、1980年代初頭にKrashenの理論をもとにして提唱されたナチュラル・アプローチでは、理解可能なインプットを与えることが必要かつ十分条件だと考えられました。けれどもその後の研究で、理解可能なインプットは必要条件ではあるものの、それだけでは足りないことが明らかにされました。また、リピートや文型練習による文法の定着度を調べた研究や、異なる授業活動における学習者の発話を分析した研究から、形式に注意をしながら意味のあるやりとりをすることの重要性が示されてきました。更に、ヨーロッパでは、1980年代に目標言語に関わらず言語がどのように習得されるかに関する大規模な縦断研究が行われました。その結果、CLILのような新たな教授法が生み出されてきました。アジア圏でも最近になってやっとこれらに目を向ける教育者が出てきていますが、直接法の一種である場面教授法が教授法の主流であり、教育の発展は他の言語に比べて遅れているのが現状です。

本書は、このような背景をもとに、最近提唱されている指導法を紹介するだけではなく、その指導法を支える理論や研究について紹介していきます。また、指導上留意すべき日本語の特徴についても説明します。これにより、「どのような目的で何をどうやって教えるのか」だけではなく、「なぜそうすることが重要なのか」について理解を深めていきます。

これまで出版された指導書の多くは複数の著者が専門の立場から解説したものです。これらは個々の技能や知識についての専門的な知識を学ぶのには有効でしょう。しかし、一人の教師がこれらの知見を現場の指導に活かしていくには、それぞれの知見に統一性がないという問題があります。そこで、本書では、一人の著者が各章にある項目を全て一人で書くことで、一貫性を持たせることにしました。

　本書の構成は以下の通りです。まず第 1 章では，音声指導について扱います。音声は日本語の授業であまり扱われることのない項目ですが，英語やフランス語などでは，音声は重要な指導項目です。この章では，なぜ音声指導が重要なのかについて考え，日本語の子音，母音，リズム，アクセント，イントネーションについて，英語と対比しながら説明します。そして，学習者にとって困難な音声的特徴について言及し，これらの音声の指導法について紹介していきます。

　第 2 章では，語彙指導について説明します。語彙は自宅で覚えればよいものと考えられてきましたが，近年言語習得における語彙力の重要性が認識されてきました。また，コミュニケーションに必要な語彙知識は字形，辞書的な意味，発音だけではなく，共起関係，用法などを含む複雑な知識であることも分かっています。そこで，本章では，まず語彙とは何か，そして語彙の構成要素とは何かについて考えます。また，学習者が言語を円滑に運用するために必要な語彙量や語彙の習得過程についてまとめます。更に，日本語の語彙の特徴や漢字力と語彙力の関係について述べ，語彙力を増やすための漢字の指導と語彙指導について紹介します。

　第 3 章では，読解指導について述べます。日本語の表記の複雑さもあり，読解については多くの研究があります。けれども，人が何をどのような目的で読むのか，目的によって読み方がどう変わるのか，読みの過程で何が起こるのかといったことについての体系的な記述は不足しているように思われます。そこで，この章では，読みの目的，流暢な読みとそうでない読みの違い，読みの過程について説明し，読解力を獲得するために必要な技能について述べます。更に日本語の読解における問題点や留意点についてまとめ，教室内外でどのように読解を教えるかについて紹介します。

　第 4 章は，聴解指導についてまとめます。まず，音声言語の特徴をふまえ，聴解と読解の基本的な違いについて説明します。さらに，聴解過程と流暢な聴解のために必要な技能についてまとめます。そのうえで，聞き取りのための基礎的能力を伸ばす方法について紹介していきます。

　第 5 章から第 8 章は，本書の続編で扱います。第 5 章では文法指導に関する 2 つのアプローチや，文法習得を難しくする要因，そして，文法

習得を促す指導について考えます。第6章では会話指導について検討します。この章では，口頭産出が必要とされる様々な場面と目的について紹介し，対話と独話，交渉会話と交流会話の談話の特徴，日本語におけるターンテイキングの規則などについてまとめます。そして，文法を教えるための会話ではなく，会話をするための会話の指導の方法について紹介します。第7章は作文指導について説明します。ここでいう作文とは，文章を書くことではなく，コミュニケーションをするために行うすべての書く活動です。そこで，書く目的，書き言葉の特徴，書式について説明します。さらに，文章を書く場合を想定し，その産出過程，上手な書き手とそうではない書き手の違いについて述べます。さらに，文章産出過程における学習者の問題について検討し，効果的な作文指導の在り方について紹介していきます。

　第8章では複数の技能や知識を組み合わせて使う総合学習について検討します。実際のコミュニケーションでは，ただ「聞く」「話す」だけではなく「聞いて話す」「聞きながら書く」「読みながら書く」というように複数の技能を使うこともよくあります。そこで，本章では，様々な知識や技能を複合的に使う指導について，近年のアプローチをもとに紹介します。

　本書では，理論と実践を組み合わせることで，何を指導すべきか，それはどうしてなのか，指導するのであれば，どのようにすることが学習者の言語習得を促すのかについて考えていきます。日本語の教科書はあくまでも素材であり，多様な学習者すべてに対応できる教科書というものは存在しません。いかに効果的な指導ができるかは，自分の学生について最もよく知っている現場の教師にかかっています。教科書に依存するのではなく，学習者の学習過程や言語習得上の問題点を理解することがまず大切です。そして，授業で行うひとつひとつの活動の役割や意味を考え，授業をデザインすることで，より高い効果を上げられるのではないかと思います。本書がそのための参考資料として，学習者を支援する一助となることを願っています。

2022年　8月

畑佐由紀子

目　　次

Ⅱ　文法 会話 作文 総合学習　目次（仮）
（2023 年夏刊行予定の続巻）

第 5 章　文法指導

1.　はじめに
2.　コミュニケーションにおける文法の役割
　　2.1.　文法形式と機能
　　2.2.　形式と機能のマッピング
3.　文法習得過程
　　3.1.　習得過程の特徴
　　3.2.　習得を困難にする要因
4.　文法指導
　　4.1.　積み上げ型アプローチと経験蓄積型アプローチ
　　4.2.　明示的指導と暗示的指導（Focus on Forms, Focus on Meaning, Focus on Form）
　　4.3.　文法項目の配列
　　4.4.　文法指導のタスク
　　4.5.　訂正フィードバック

第 6 章　会話指導

1.　はじめに
2.　文法指導と会話の指導の違い
3.　会話の目的と機能
4.　独話と会話・対話
5.　交流会話と交渉会話
6.　流暢な会話の特徴

第8章　総合的な指導

第 1 章

音声指導

1. はじめに

　外国人の発話で母語話者が一番初めに注意を向けるのはおそらく発音だと思います。外国語なまりは上級になっても残ることが多いため，発音を聞きさえすれば，その人が外国人であることは母語話者には容易に分かることが多いです。外国語なまりは，発話が正確に理解され，母語話者に悪い印象を与えなければ，大きな問題にはなりませんが，耳障りであるとか，気が荒いといった本人の性格とは異なる好ましくない印象を与えてしまう場合は，母語話者に誤解される原因になりかねません。また，単語が聞き分けにくいといった発音上の問題がある場合，どれだけ文法的に正しく話していても，母語話者に正しく発話意図が通じませんし（土岐，1980），母語話者からも日本語能力が低いと判断されてしまいます（Ensz, 1982; Nelson, Signorella, & Botti, 2016; 東間，1991）。そのため，発音が悪いことがコンプレックスになって，話すことに対する苦手意識を持ってしまう可能性もあります。

　その一方で，音声能力の獲得は，聞き取りや発音能力の向上に役立つだけではなく，語彙知識の獲得にも役立ちます。音が正しく聞こえれば，聴解や会話を通して語彙を獲得することができますが，音が聞き分けられないと，聞き取りから語彙，特に話し言葉の獲得が難しくなります。例えば，日本語には /v/ という音は存在しませんから，/b/ と /v/ はどちらも /b/ と認識されます。一方，英語では /v/ と /b/ は意味の違いを表し，vacation の短縮形 vac は「休暇」，back は「背中」という意味になります。しかし，会話の最中にこのような語に出合うと，誤解をしたり，後で辞書

を引くときも間違えたりする可能性があります。

　このように，音声能力はほかの技能の習得や円滑なコミュニケーションに必要不可欠な要素ですが，音声は，文法のように可視化しやすく，正しい文と間違った文を書いて見せれば容易に問題が分かるというものではありません。音声を波形やスペクトログラムにして視覚的に表示することはできますが，専門知識がないと解釈できません。また，正しい音声と間違った音声を視覚的に見せ，それを解釈することができたとしても，その違いがなぜ起きたのかを理解するのは容易ではありません。なぜなら，発音の問題は，唇の形，舌の位置，音の出し方，音を出すタイミング，リズム，音の高低など，様々な要因によって引き起こされるわけで，これらが複合的に作用するからです。それに，原因が分かったとしても，頭で理解しても直せるものではありませんし，継続的な練習やトライアル・エラーを積み重ねながら，正しい発音を身につけていかなければなりません。

　けれども，教育現場で多くの時間を割けることは少ないと言われます（谷口, 1991）。発音の問題を引き起こす原因を理解するためには，音声に関する知識が必要です。教授法や教育実習の現場で音声が扱われることは少ないですし，これらの授業を担当する教員が音声や指導法に関する知識をもっていない場合もあります（鹿島, 2002）。そのため，現場で活躍する教師であっても音声についてはよく分からないという人もいます。

　とはいえ，日本語以外の外国語の教育現場を考えると，音声指導をしない先生はいないと思います。ESL（English as a Second Language）の英語母語話者教師が発音指導をするのはごく一般的なことです。その意味で，日本語教育の現場で音声があまり教えられていないのは，おかしな現象です。現場の教師が専門家になる必要はないと思いますが，外国語を教えるための基礎知識や指導のノウハウは身につけておかなければならないでしょう。そこで，本章では，まず日本語の音声の基礎知識を紹介するとともに，学習者の問題，そして指導法について考えていきます。

2. 分節音（単音 segments）と超分節音（suprasegments）

　日本語や英語の音は，**分節音**と**超分節音**に分けられます。分節音とは，

[b] や [v] などの**子音**や [a] や [i] などの**母音**を指すため，単音とも言われます。超分節音は，**プロソディ**（prosody）とも呼ばれ，音の高低（ピッチ）やリズム，音の強さ，音量，アクセント，イントネーションなど複数の音が連続して起こる場合に見られるものです。「パス」の [p] を [b] に入れ替えると「バス」という別の単語になるように，分節音を間違えると意味が変わってしまいます。同様に，超分節音も意味を区別することがあります。例えば，[asa] という語は語頭 [a] が [sa] よりも高ければ，「朝」，その逆であれば「麻」になり，アクセントの違いが語の違いを示しているのです。また，英語でも content の con を強く発音すると「内容」という意味になりますが，tent を強く発音すると「満足する」という意味になります。このように，目標言語らしい発音をするためには，その言語の分節音と超分節音の発音能力を獲得しなければなりません。

3.　分節音

3.1.　子音

　分節音の中の子音と母音についてですが，子音は声門，舌，唇のどこかを狭めたり閉じたりして，空気の流れを遮断したり通りにくくして発声する音です。一方，母音は空気の流れを妨害しないで発声される，声帯の震えを伴う，ある程度の時間，音を出し続けることができるという特徴があります。母音は，音が聞こえやすく，単一で発声しやすいのに対し，子音は単一で発声するのは必ずしも容易ではなく，母音と一緒に発声されることが多いです。そのため，母音のほうが子音よりも一度に発声できる音の固まりの中核となりやすいです。例えば，母音の [a]，[i]，[ɯ]，[e]，[o] はどれも別々に発声することが容易にできますが，子音の [k]，[p]，[s] などは日本語では [ka]，[pɯ]，[se] というように母音と一緒に発音されますし，英語でも，[tiː]（tea），[kaːr]（car），[set]（set）というように母音，または母音とほかの子音と一緒に発声されます。

　子音は，主として（1）空気の流れが邪魔される位置（**調音点**）と（2）空気の流れがどのように妨げられるか（**調音法**）によって区別されますが，そのほかにも声帯が震えるか否かでも区別されます。図 1-1 は調音点

を図解して示しています。

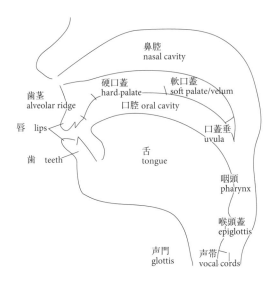

図 1-1　調音点

　子音は調音点の違いによって，以下のように分類されます。

　　両唇音：上唇と下唇を閉じるか近づけて出す音。日本語では「パ」
　　　　　「バ」「フ」「ブ」「マ」などの語頭の子音。
　　唇歯音：歯と唇を付けるか近づけて出す音。日本語にはないが，英語
　　　　　の [f] や [v] がこれに当たる。
　　歯音：上下の歯と舌で空気の流れを妨げる音。日本語にはない。英語
　　　　　の th（[θ]，[ð]）の音。
　　歯茎音：歯の裏の歯茎で空気の流れを妨げる音。日本語では「タ」
　　　　　「ダ」「サ」「ザ」「ツ」「ズ」「ナ」の語頭の子音。
　　歯茎硬口蓋音：歯茎と硬口蓋の間で空気の流れを妨げる音。日本語の
　　　　　「チ」「シ」「ジ」の語頭子音。英語の [ʃ] と似ているが日本語
　　　　　の [ɕ] のほうが音色が明るい。

硬口蓋音：口腔内の硬口蓋で空気の流れを妨げる音。日本語では
　　　　　「ヒ」，「ヤ」の語頭の子音。

軟口蓋音：口腔内の軟口蓋の奥の柔らかい部分で空気の流れを妨げる
　　　　　音。日本語では「カ」「ガ」の語頭子音や「インク」の「ン」，
　　　　　「ワ」の語頭子音。

両唇軟口蓋音：唇と軟口蓋を使って空気の流れを妨げる音。日本語に
　　　　　はない。英語の walk の語頭子音で，日本語の「ワ」よりも唇
　　　　　が丸くなる。

口蓋垂音：喉の奥，声門の手前で空気の流れを妨げる音。日本語では
　　　　　「ホン（本)」の「ン」など語末に現れやすい。

声門音：声門で空気の流れを妨げる音。日本語では「ハ」の語頭子
　　　　音。

　表 1-1 は子音を発音記号であらわしたものです。このうち日本語にある
主な子音は太文字で示されています。そして，調音点が横軸に示されてい
ます。

表 1-1　子音

調音法 ＼ 調音点		両唇	唇歯	歯	歯茎	歯茎硬口蓋	硬口蓋	軟口蓋	両唇軟口蓋	口蓋垂	声門
破裂音	無声音	**p**			**t**		c	**k**		q	ʔ
	有声音	**b**			**d**		ɟ	**g**		ɢ	
摩擦音	無声音	**ɸ**	f	θ	**s**	**ɕ**	ç	x		x	**h**
	有声音	**β**	v	ð	**z**	**ʑ**	ʝ	ɣ		ʁ	ɦ
破擦音	無声音				**ts**	**tɕ**					
	有声音				**dz**	**dʑ**					
はじき音	有声音				**ɾ**						
接近音	有声音		ʋ	ɹ			j	**ɰ**			
震え音	有声音				r						
鼻音	有声音	**m**			**n**	ɲ		**ŋ**	N		
半母音	有声音								w		

　縦軸の調音法は音がどのように出されるかを示し，音声は調音法によって

以下のように分類されます。

破裂音：鼻と口の空気の流れを閉じて空気が逃げないようにした後，閉鎖を開放した瞬間に発する音。日本語では「パ」「バ」「タ」「ダ」「カ」「ガ」などの語頭子音。

摩擦音：調音器官を著しく狭めることによって，空気が声道を通る際に起こる噪音。日本語では「フ」「シ」「ジ」「ヒ」「ハ」の語頭子音。

破擦音：破裂音と同様空気の流れを閉じるが，閉鎖を開放するときに摩擦音を発する音。日本語では「チ」「ジ」「ツ」「ズ」の語頭子音。

はじき音：舌先で口腔内のどこかと瞬間的に接触することで発声される音。日本語では「ラ」の語頭子音。

接近音：上下の調音器官を摩擦音を発声する時ほど狭くはしないが，やや狭めて隙間を作って，発する音。日本語にはない。英語の [l] の音。

震え音：上下の調音器官を軽く短く何度も接着させて出す音。瞬間的な閉鎖が何度も形成される。日本語にはないが，多くのヨーロッパ言語の [r] の音がこれに当たる。

鼻　音：口腔内の空気の流れを止めて，鼻腔から空気を出して発する音。日本語では「マ」「ナ」「ニ」の語頭子音，「インク」の「ン」,「ホン」の「ン」。

半母音：母音と調音法が似ているが，それ自体では独立して発声されず，母音と一緒に発声される音。日本語では「ワ」の語頭子音。

さらにこれらの音のうち，声門が震えるものは**有声音**，震えないものは**無声音**と呼ばれます。例えば，手をのどにあてて [s] の音を出しても喉の振動は感じられませんが，[z] を発音するとのどの振動が感じられるはずです。[s] は振動がないので，無声音，[z] は振動があるので，有声音に

なります。

　先にも述べたように，子音は調音点，調音法，声帯の震えの有無によって区別することが可能です。例えば，［s］と［z］は同じ調音点と調音法を持つ歯茎摩擦音ですが，［s］は無声歯茎摩擦音，［z］は有声歯茎摩擦音です。また，［t］と［s］はいずれも無声の歯茎音ですが，調音法が異なりますから，［t］は無声歯茎破裂音，［s］は無声歯茎摩擦音となります。

3.2.　母音

　子音と違って，母音は空気の流れが阻害されません。すべて有声音で，調音点や調音法では分類されません。代わりに，母音は舌の高さと舌が盛り上がる位置，唇が丸くなるか否かによって分類されます。舌の高さは**開口度**ともいわれます。なぜなら，口を大きく開ければ開けるほど，顎が開き舌の高さは低くなり，空気が通る空間が大きくなるからです。例えば，日本語の「イ」と「エ」では「エ」のほうが顎が開いて舌の位置が下がるので，開口度は大きくなります。「ア」ではさらに顎と舌の位置が下がり，開口度は大きくなります。一方，「イ」と「ウ」はどちらも顎を下げないので舌の位置も高いですが，「イ」を発音する時は舌の前の方が盛り上がり，「ウ」では舌の後ろの方が盛り上がっています。同様に「エ」と「オ」も開口度は同じですが，「エ」のほうが「オ」よりも舌の前方が盛り上がります。さらに，日本語の母音は，唇があまり丸くなりません。例えば，日本語の「ウ」は英語の［u］のように唇を丸くするわけではなく，どちらかというと平たいままです。そのため，「ウ」は［ɯ］という発音記号であらわされます。

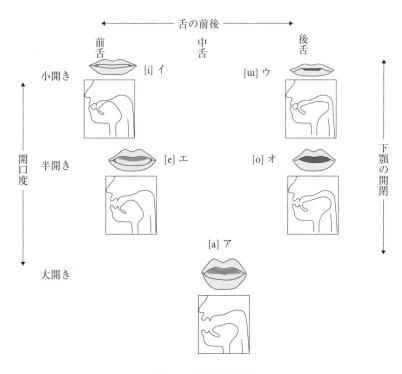

図 1-2　日本語の母音

3.3.　音と音素

　図 1-3 は英語の母音を示したものです。英語の母音は日本語の母音より
もはるかに多いことが分かります。英語では，［biːt］は beat，［bɪt］は bit
という違う言葉になりますが，日本語では［iː］も［ɪ］も「イ」に聞こえま
す。このことから，日本語が英語ほど「イ」という音に対して細かい分類
をしていないということが分かります。かといって，日本人は本当に一種
類の［i］しか発声できないのかというとそういうわけではありません。厳
密に言えば，「イマ（今）」の「イ」の音と，「マイ（枚）」の「イ」の音は
全く同じ音というわけではなく，機械で測定すると違うパターンであらわ
されます。このことは，日本語で「イ」と感じる音の範囲は，英語よりも
広いということを示しています。

8

このように，実際に発音さ
れる音と母語話者に異なる音
と認識される音にはずれがあ
ります。実際に発音される音
は**音**と言い，機械的に測定す
れば，詳細な違いを数字や波
形であらわすことができま
す。一方，母語話者が音の区
別があると判断する音を**音素**
といい，音素は言語によって

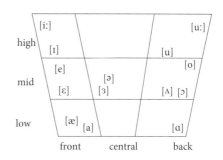

図 1-3　英語の母音

その範囲が違います。そのため，英語では [iː] と [ɪ] は違う母音と認識さ
れるのに対して，日本語では同じ母音だと判断されるのです。音声学の分
野では音を [ ] で示し，音素を / / で示します。例えば，実際の音を示す
際は [i]，音素を示すときは /i/ を使います。

　日本語の音素には複数の音のバリエーションを含むものがあります。例
えば，表 1-2 にあるように，/h/ は [ɯ] の前では [ɸ] という音に，[i] の前
では [ç] に，それ以外の音環境では，[h] になります。[ɸ][ç][h] のよう
に 1 つの音素を構成する複数の音を**異音**と言い，これらの音は**異音関係**
にあると言います。異音はお互いに違う音環境で起こることから，A が起
こる環境では B は起こらない，B が起こる環境では A は起こらないとい
う相補分布（complimentary distribution）の関係にあります。

表 1-2　音素と異音

音素	音（異音）	音環境	例
/h/	[ɸ]	[ɯ] の前	フエ [ɸɯe]
	[ç]	[i] の前	ヒト [çito]
	[h]		ハイ [hai]，ヘイ [hei]
/s/	[ɕ]	[i] の前	シカ [ɕika]
	[s]		サカ [saka]，スミ [sɯmi]，ソコ [soko]
/z/	[ʑ]	[i] の前	ジカ [ʑika]
	[z]		ザル [zarɯ]，ズケ [zɯke]，ゾク [zokɯ]
/t/	[tɕ]	[i] の前	チズ [tɕizɯ]
	[ts]	[ɯ] の前	ツル [tsɯrɯ]
	[t]		タカ [taka]，テラ [tera]，トキ [toki]
/d/	[ʑ]	[i] の前	チヂミ [tɕiʑimi]
	[z]	[ɯ] の前	ヅケ [zɯke]
	[d]		ダシ [daɕi]，デル [derɯ]，ドル [dorɯ]

　異音は実際に音が違うにもかかわらず，同じ音素だと認識されますが，音素が異なると意味が異なります。例えば，「柿」/kaki/ の音素 /k/ を /t/ に変えると「滝」/taki/ になり，異なる意味を表します。つまり，同じ音環境でも，音を入れ替えると意味が変わり，別の単語になる場合，それは音素が違うことを意味します。そして，/kaki/（柿）と /taki/（滝），/kuti/（口）と /guti/（愚痴）のように，音素を1つ変えることによって異なる単語になるペアをミニマルペアと言います。

　日本語には，このほかに特殊音素あるいは**特殊拍**と呼ばれる音素があります。具体的には，**撥音**「ン」，**促音**「ッ」，**長音**「ー」のことで，撥音は /N/，促音は /Q/，長音は /R/ で表されます。これらは，単独で出現しない点でほかの分節音と異なります。けれども，ほかの分節音と同様，1モーラを構成しますので，特殊拍といわれます。さらに，「かんな」と「かな」，「柿」と「活気」，「事」と「孤島」などのようにその音素があるかないかによって意味が変わるため，独立した音素だと考えられていま

す。また，促音 /Q/ は，通常，前が母音で，後ろが無声の破裂音・破擦音・摩擦音の時に現れ，後ろの子音が破裂音や破擦音の時は無音となり，摩擦音の時は，持続時間の長い摩擦音になります。その為，促音には多くの異音があります。例えば，「さっき」の場合，「さ」と次の「き」の間では音が完全に切れるのに対し，「ざっし」の場合は，「シ」が摩擦音であるため，[ɕ] が長く続くことになります。また，長音も前の母音によって音が変わりますから，母音の数だけ異音があることになります。さらに，「ン」については以下のような異音があります。

表 1-3　撥音の異音

音素	音（異音）	音環境	例
/N/	[m]	両唇音（[p][b][m]）の前	テンプラ [tempɯɾa] ウンメイ [ɯmmeː]
	[n]	歯茎音（[t][d][n][ɾ]）の前	アンナイ [annai] コンナ [konna]
	[ɲ]	歯茎口蓋音（[ɲ][tɕ][dʑ][ɕ][ʑ]）の前	オレンジ [oɾeɲdʑi] ニンニク [ɲiɲɲikɯ]
	[ŋ]	軟口蓋音（[k][g][ŋ]）の前	インク [iŋkɯ] オンガク [oŋgakɯ]
	[ɴ]	語末，句末，文末	ホン [hoɴ]，ゴメン [gomeɴ]

音素の異音を五十音図にすると表 1-4 のようになります。多くの子音はイの前ではやや舌の前のほうが盛り上がります。この現象を口蓋化といい，表 1-4 では [ʲ] で表しています。例えば，キは [kʲi] となります。また，ザズゼゾは語頭では破擦音，語中では摩擦音が使われることがあるため，表 1-4 では両方を提示しています。

表 1-4　日本語の母音と子音の音素と音

ア行	あ	い	う	え	お			
	/a/ [a]	/i/ [i]	/u/ [ɯ]	/e/ [e]	/o/ [o]			
カ行	か	き	く	け	こ	きゃ	きゅ	きょ
	/ka/ [ka]	/ki/ [kʲi]	/ku/ [kɯ]	/ke/ [ke]	/ko/ [ko]	/kja/ [kʲa]	/kju/ [kʲɯ]	/kjo/ [kʲo]
サ行	さ	し	す	せ	そ	しゃ	しゅ	しょ
	/sa/ [sa]	/si/ [ɕi]	/su/ [sɯ]	/se/ [se]	/so/ [so]	/sja/ [ɕa]	/sju/ [ɕɯ]	/sjo/ [ɕo]
タ行	た	ち	つ	て	と	ちゃ	ちゅ	ちょ
	/ta/ [ta]	/ti/ [tɕi]	/tu/ [tsɯ]	/te/ [te]	/to/ [to]	/tja/ [tɕa]	/tju/ [tɕɯ]	/tjo/ [tɕo]
ナ行	な	に	ぬ	ね	の	にゃ	にゅ	にょ
	/na/ [na]	/ni/ [ɲi]	/nu/ [nɯ]	/ne/ [ne]	/no/ [no]	/nja/ [ɲa]	/nju/ [ɲɯ]	/njo/ [ɲo]
ハ行	は	ひ	ふ	へ	ほ	ひゃ	ひゅ	ひょ
	/ha/ [ha]	/hi/ [çi]	/hu/ [ɸɯ]	/he/ [he]	/ho/ [ho]	/hja/ [ça]	/hju/ [çɯ]	/hjo/ [ço]
マ行	ま	み	む	め	も	みゃ	みゅ	みょ
	/ma/ [ma]	/mi/ [mʲi]	/mu/ [mɯ]	/me/ [me]	/mo/ [mo]	/mja/ [mʲa]	/mju/ [mʲɯ]	/mjo/ [mʲo]
ヤ行	や		ゆ		よ			
	/ja/ [ja]		/ju/ [jɯ]		/jo/ [jo]			
ラ行	ら	り	る	れ	ろ	りゃ	りゅ	りょ
	/ra/ [ɾa]	/ri/ [ɾʲi]	/ru/ [ɾɯ]	/re/ [ɾe]	/ro/ [ɾo]	/rja/ [ɾʲa]	/rju/ [ɾʲɯ]	/rjo/ [ɾʲo]
ワ行	わ				を			
	/wa/ [ɰa]				/o/ [o]			
特殊音素	ん			ー	っ			
	/n/ [ɴ][m][n][ɲ][ŋ]			/R/ [ː]	/Q/			
ガ行	が	ぎ	ぐ	げ	ご	ぎゃ	ぎゅ	ぎょ
	/ga/ [ga]	/gi/ [gʲi]	/gu/ [gɯ]	/ge/ [ge]	/go/ [go]	/gja/ [gʲa]	/gju/ [gʲɯ]	/gjo/ [gʲo]
ザ行	ざ	じ	ず	ぜ	ぞ	じゃ	じゅ	じょ
	/za/ [za][dza]	/zi/ [dzi]	/zu/ [zɯ][dzɯ]	/ze/ [ze][dze]	/zo/ [zo][dzo]	/zja/ [dza]	/zju/ [dzɯ]	/zjo/ [dzo]
ダ行	だ	ぢ	づ	で	ど	ぢゃ	ぢゅ	ぢょ
	/da/ [da]	/zi/ [dzi]	/zu/ [zɯ][dzɯ]	/de/ [de]	/do/ [do]	/zja/ [dza]	/zju/ [dzɯ]	/zjo/ [dzo]
バ行	ば	び	ぶ	べ	ぼ	びゃ	びゅ	びょ
	/ba/ [ba]	/bi/ [bʲi]	/bu/ [bɯ]	/be/ [be]	/bo/ [bo]	/bja/ [bʲa]	/bju/ [bʲɯ]	/bjo/ [bʲo]
パ行	ぱ	ぴ	ぷ	ぺ	ぽ	ぴゃ	ぴゅ	ぴょ
	/pa/ [pa]	/pi/ [pʲi]	/pu/ [pɯ]	/pe/ [pe]	/po/ [po]	/pja/ [pʲa]	/pju/ [pʲɯ]	/pjo/ [pʲo]

3.4.　母音の無声化

　日本語の母音の /i/ と /u/ は前後を無声子音 /p, t, k, s, h/ に挟まれる

と音が聞こえなくなります。このことを「母音の無声化」といいます。例えば，次の（1）にある単語は，/i/ /u/ が聞こえにくくなります。しかし，（2）にある単語では，/i/ /u/ がはっきり聞こえるはずです。

(1) ぷ̣ち（プチ）　つ̣き（月）　く̣ち（口）　す̣き（好き）
　　 ふ̣しぎ（不思議）　ぴ̣たり　ち̣きゅう（地球）　き̣く（菊）
　　 し̣かい（司会）　ひ̣と（人）
(2) ぷりずむ（プリズム）　つづく（続く）　くり（栗）　すず（鈴）
　　 ふだ（札）　ぴあの（ピアノ）　ちがい（違い）　きみ（君）
　　 しぜん（自然）　ひま（暇）

無声化は発音記号の下の小さい丸［ ̥］で示されます。無声化した /i/ や /u/ は［i̥］［ɯ̥］で表わされ，「好き」は［su̥ki］，「人」は［çi̥to］となります。この 2 つの母音の無声化は文末でも起こることがあります。例えば，文末の「です」や「ます」は無声化し［desu̥］［masu̥］となります。

4.　超分節音

　ここまでは主にひとつひとつの音について考えてきましたが，複数の音がつながることによって，音のリズムやアクセント，イントネーションなどが構成されます。目標言語の超分節音を習得することは，発話の理解を促し，目標言語らしい話し方の獲得に重要です。

4.1.　モーラと音節

　日本語で「あ」は［a］と単音で発音できます。でも，［た］は［ta］とは言っても，［t］と［a］を別々に発音するのは不自然で，発音しにくいはずです。また，英語の bottle を日本語で言うと，［bo］，［to］，［ɾɯ］という 3 つの音の固まりに切って発音することができます。けれども，英語では bottle は［baʔtl］と一気に発音され，途中で区切ることができません。一方，bottle のフランス語，bouteille は［bu］と［tɛj］という 2 つの固まりで発音されます。このように，どのような言語でも，切れ目なく連続して発

音される音の固まりがあり，これを**音節**といいます。そして，音節がどのような構造をしているかは言語によって異なります。

例えば，日本語には以下のような6種類の音節があります。Cは子音をVは母音を指し，1拍からなる音節（VとCV）を**単音節**，2拍で構成される音節（VV, CVV, CVC）を**重音節**，3拍からなる音節を超重音節（CVVC）といいます。このパターンから，日本語にはVで終わる音節（**開音節**）が多いことが分かります。実際日本語の90%以上は開音節です（窪薗, 1998）。

また，「胃」と「目」はほぼ同じ長さで，「王」「本」「塔」はその倍の長さになります。つまり，同じ1音節語でも，音節の構造によって，長さが異なると母語話者は感じます。

胃	[i]	V
目	[me]	CV
王	[o:]	VV
本	[hoN]	CVC
塔	[to:]	CVV

一方，英語の音節は日本語の音節より種類が多く内部構造も複雑です。下の例から，英語はCで終わる音節（**閉音節**）が多いことと，重音節が多いことが分かります。また，1音節に含まれる母音の数は常に1つです。日本人からすると[eɪ]や[i:]は2つの母音に聞こえるかもしれませんが，日本語の長母音は同じ音が長く発話されるものであって，英語の**二重母音**とは異なります。英語話者にとって，二重母音は切れ目のない1つの母音であり，短母音の[ɪ]とは舌の高さ，唇の形，緊張度などが異なるからです。

pay	[peɪ]	CV
pray	[preɪ]	CCV
cat	[kæt]	CVC

socks	[saks]	CVCC
steak	[steɪk]	CCVC
stamp	[stæmp]	CCVCC
street	[striːt]	CCCVC
strict	[strɪkt]	CCCVCC
strength	[streŋkθ]	CCCVCCC
strengths	[streŋkθs]	CCCVCCCC

　英語でも 1 音節に含まれる音の数が多いと，全体的に発話が長くなりますが，日本語ほど長くなりませんし，英語の母語話者は，同じ 1 音節の場合，複雑な音節が単純な音節より長いとはあまり感じません。例えば，日本語話者は，CV と CVC は音の長さが倍違うはずですが，英語話者は pay と cat の長さが違うとは思わないでしょうし，steak と strength のように子音の数が倍違っても，発音時間の長さは大きく違わないと感じるはずです。このことはつまり，日本語話者にとっては，音の長さが語を理解する上で重要な意味を持ちますが，英語話者にとってはさほど重要ではないということを意味します。

　実際，日本語では，音節だけではなく，音の長さの単位，拍とモーラが重要な役割を果たします。拍とモーラとはいずれも音の長さの単位で，後者はラテン語から派生した音節の長さを図る単位，拍はひらがな一字に対応する音の長さの単位です。日本語では，拍とモーラはほぼ同義に扱われますので，本書でも拍とモーラは同じものとして扱います。モーラは，俳句や短歌などの句の長さに用いられ，日本語の長さの基本的な単位となっています。モーラを用いることによって，同じ音節の単語でも長さの違いを感じる語を区別できます。

1 音節語	イ（胃）	1 モーラ	イイ	2 モーラ
	サ（差）	1 モーラ	サン（三）	2 モーラ
2 音節語	サキ（先）	2 モーラ	サッキ	3 モーラ
	サト（里）	2 モーラ	サトウ（砂糖）	3 モーラ

| ココ | 2 モーラ | コウコウ（高校）4 モーラ |
| コント | 3 モーラ | コンバン（今晩）4 モーラ |

4.2. 言語のリズム

　どの言語も一定のリズムを持っており，音楽や詩歌はその言語のリズム
に従って作られます。言語のリズムには，**強勢拍リズム**（stress-timed
rhythm）と**音節拍リズム**（syllable-timed rhythm）があります。強勢拍
リズムとは，強く発音される音節（**強勢アクセント**）と強く発音されない
音節で構成されるリズムで，文中の強勢アクセントと次の強勢アクセント
までの時間が等間隔になるように刻まれるリズムです。例えば，下の英語
の例では，強勢アクセントを太文字で表し，強勢アクセントと次の強勢ア
クセントの境界を「｜」で示しています。例を見て分かるように強勢アク
セントと次の強勢アクセントの間にある音節数や語彙数はバラバラです
が，発話時間は同じです。この等時性を守るためには，1 単位に複数の音
節が含まれる場合，リズムに合わせるため，発音が圧縮され，また 1 音
節しかない場合は，その音節はゆっくり発音されます。強勢拍リズムを持
つ言語には，英語のほか，ドイツ語，オランダ語，ロシア語などがありま
す。

　　　｜ **la**dy's and ｜ **gen**tlemen
　　　｜ **boys** and ｜ **girls**
　　　｜ **hit** and ｜ **run**
　　　｜ **con**text, ｜ **cul**ture and com**mu**ni ｜ **ca**tion
　　　｜ I'm so ｜ **happy** ｜ **that** I could ｜ **fi**nally ｜ **meet** you.
　　　｜ It's ｜ **hard** to ｜ **say** ｜ **that** you are ｜ **wrong**.
　　　｜ It's ｜ **hard** for me to ｜ **say** ｜ **that** you are ｜ **wrong**.

　一方，音節拍リズムとは，音節と音節とが一定の長さになるように刻ま
れるリズムです。下のフランス語の例では，音節が等時的単位となるた
め，どの音節も一定の長さになるようにリズムが刻まれます。音節拍リズ

ムを持つ言語は，フランス語のほか，スペイン語，イタリア語，中国語などがあります。

Demain il fait beau.	明日の天気はいいです。
Je viens de Paris.	私はパリから来ました。
Je veux aller au Japon.	私は日本に行きたい。
difficile	難しい

　日本語も，音節拍リズムを持つ言語に属しますが，日本語は音節よりもさらに小さいモーラを等時的単位とします。そのため，日本語が分からない外国人が日本語を聞くと「タタタタタ」といったリズム，あるいはテンポが速いと感じるそうです。このリズムを**モーラ拍リズム**（mora-timed rhythm）といいます。モーラ拍リズムを持つ言語は非常に少なく，日本語以外では，タミール語やハワイ語があります。

　　ふるいけや　かわずとびこむ　みずのおと
　　さくらさく
　　わたしらしくをあたらしく
　　あなたとコンビにファミリーマート

モーラ拍リズムを持つ言語が少ないということは，モーラの知覚が難しいことを示唆します。モーラ拍の感覚（**拍感覚**）がない学習者は，同じ音節で，モーラ数が異なる語，特に特殊拍を含む音節と含まない音節の聞き取りや発音ができない傾向があります。中でも英語など強勢拍リズムを持つ言語の場合，個々の音はリズムによって圧縮されたり，されなかったりしますから，音の長さは重要ではありません。したがって，これらの言語が母語の学習者にとって，日本語の音の長さを区別するのは困難です。

　また，モーラは日本語の語彙アクセントの単位ともなっています。そのため，モーラが分からないと，アクセントも難しくなる可能性があります。

4.3. 日本語のリズムとフット

　先述したように，モーラは日本語の語の長さやアクセントの基準となる非常に重要な単位です。しかし，実際に単語を言うとき，モーラ単位で発音すると不自然に聞こえます。例えば，「こんにちは」は「こ」・「ん」・「に」・「ち」・「は」というよりは「こん」「にち」「は」と区切る方が自然ですし，「せんせい」も「せ」・「ん」・「せ」・「い」ではなく「せん」・「せい」といったほうが自然です。また，じゃんけんをするときや，数を数えるときも「じゃん」・「けん」・「ぽん」，「いち」・「に」・「さん」・「し」というように，モーラごとではなく2つのモーラを付けて言います。つまり，日本語では，モーラを2つか1つの単位で区切って発音する方が自然な発話になります。このモーラの固まりを**フット**といいます。日本人は，手拍子や足でリズムをとるとき，フットでリズムを刻みます。

　では，フットはどのように区切られているのでしょうか。例えば，「おかあさん」を語頭から2モーラごとに区切ると「おか」「あさ」「ん」となりますが，実際は，「お」「かあ」「さん」と区切っているはずです。また，「おはようございます」は「おは」「よう」「ござ」「い」「ます」と区切るのが自然です。フットの区切り方は次のような規則があります。

(1) まず，「ます」と「です」，「長音」「促音」「撥音」と母音が2つ続く**連母音**（VV）は2モーラフットにします。
(2) その後，それ以外のモーラをはじめから2モーラフットで区切っていきます。
(3) 余ったモーラは1モーラで半分のフットになります。

これに従うと以下のようになります。

　お・かあ・さん
　おば・さん
　おは・よう・ござ・い・ます
　すみ・ま・せん

　　たべ・ます・か

　　どう・です・か

　自然なフットを使って話すことは日本語らしさにつながるだけではなく，聞きやすさ，分かりやすさにも影響します。そして，そのフットはモーラを基本としているので，学習者が音の長さを区別できなければ，フットもうまく使えないということになります。

4.4.　アクセント

4.4.1.　アクセントの機能と種類

　文をひらがなで書いた時と漢字かな交じり文で書いた時では，ずいぶん読みやすさが違うと思います。漢字かな交じり文では，文字が複雑で濃いところと薄いところがあり，濃いところ，つまり漢字で書かれているところは，名詞や動詞などの意味語を示しているので，語の区切りや文の構造が分かりやすくなっています。一方ひらがなで書かれた文では，視覚的に語の区切りが分かりにくく文を理解することが難しくなります。日本語が漢字かな交じり文で書かれるのは，漢字があったほうが読みやすいということが一因です。

　　きのうのじこでとなりのいえのまどがわのへいがこわれた。

　　昨日の事故で隣の家の窓側の塀が壊れた。

では，音声言語はどうでしょうか。普通の読み方をすると，それぞれの単語で音の上がり下がりがあり，また文全体で音が少しずつ低くなっていきます。一方，すべて同じ音の高さと強さでポーズを付けずに文を言うと，言うのが難しいだけではなく，聞き取りにくくもなることが分かります。これは抑揚のない文では，単語や句の区切りを聞き分けることがむずかしくなるからです。

　語彙アクセントとは単語や熟語の中で，一部の音の高さや強さを相対的に際立たせることによって，その単語や熟語のまとまりを示すアクセント

です。これにより、単語、句、節などの境界が聞き取りやすくなります。また、日本語では語彙アクセントが違うことによって単語の意味が変わることもあります。例えば、「西瓜」とSuicaは、いずれも[suika]と発音されますが、「西瓜」は第1モーラの音だけ、第2、第3モーラの音より低く、Suicaはその逆です。また英語のincreaseは、INcreaseと第1音節を強く発音すると、「増加」という名詞になりますが、inCREASEと第2音節を強く言うと、「増やす」という動詞になり、意味だけではなく品詞も変わります。そのため、アクセントを間違えると、意図した単語に聞こえないこともあります。

多くの言語にはそれぞれの意味語に語彙アクセントがあります。フランス語では、単語の最後の音節にアクセントが付くという規則がありますが、日本語や英語の場合、そのような規則はありませんから、単語ごとにアクセントを覚える必要があります。また、英語のアクセントは**強勢アクセント**といって、特定の音節が強く発音されます。強く発音される音は、実際、高く、長くなりますが、英語母語話者にとっては、高さや長さではなく、強さが語彙認知に影響する重要な要素です。一方、日本語は**高低アクセント**といい、特定の音が相対的に高くなります。

さらに、アクセントではありませんが、中国語は、音節ごとに音の高低パターンがあります。これを**声調**といいます。2音節語の場合、各音節の声調を組み合わせたものが、その語の声調となります。声調言語は中国語のほか、タイ語やベトナム語があります。

4.4.2. 日本語のアクセント

日本語の語彙アクセントは単語ごとに決まっているので、単語を覚えるときにアクセントも覚える必要があります。語彙アクセントは品詞によって異なります。そのため、ここでは名詞、動詞、形容詞を区別して説明します。

4.4.2.1. 名詞のアクセント

日本語の語彙アクセントの特徴として、まず、第1モーラと第2モー

ラは必ず音の高さが違うということが挙げられます。それから，一度下がったアクセントは上がりません。これらの特徴は品詞にかかわらず見られます。また，アクセントを区別するにはアクセントの上がり目よりも下がり目を聞き取ることが重要なことが分かっています（杉藤, 1982）。なぜなら，上がり目は，単語を単独で言うときには現れますが，前に修飾語がきた場合などには現れないからです。例えば下記の「たま¬ご」という単語では，タからマにかけての上がり目は，「このたまご」「大きいたまご」では消えてしまいます。また，実際の会話では，文が長母音や撥音を含む特殊拍で始まる場合，第 1，2 モーラの音の高さの差がほとんどなくなることからも，上がり目は下がり目ほど重要でないと考えられています。また，近年は，アクセントが第 1 モーラにない語の，語頭の第 1 モーラから第 2 モーラへの上昇は，アクセントよりもイントネーションの特徴だとする考え方もあります。

　名詞に特化した特徴として，名詞には，語のモーラ数＋1 のアクセントパターンがあります。このパターンは名詞の後に助詞を付けるとはっきりします。表 1-5 は名詞のアクセントのパターンを示していますが，1 モーラ語の「木」は助詞を付けると，「き」のほうが「が」よりも高く発音されます。表 1-5 では，H＝high，L＝low と音の高さを表し，「¬」の部分で音が下がることを示しています。この下がる箇所を**アクセント核**といいます。一方，「気」に助詞を付けると「が」のほうが「き」よりも音が高くなります。「気」にはアクセント核がないため，音は下がりません。このように，1 モーラ語にはこの 2 つのパターンがあります。そして，2 モーラ語には 3 パターン，3 モーラ語には 4 パターン，4 モーラ語には 5 パターンと増えていきます。これらのアクセントパターンは，アクセント核の有無，そしてアクセント核の位置によって次のように分類されます。

平板型　アクセント核がないもの　　　　　　　　　　　LHH..........(H)

起伏型　アクセント核があるもの

　　頭高型　　　アクセント核が第1モーラにあるもの　H˥L............(L)

　　尾高型　　　アクセント核が単語の最後にあるもの　LH.........H˥(L)

　　中高型　　　アクセント核が単語の途中にあるもの　LH.....H˥L (L)

表 1-5　名詞のアクセント

モーラ数	頭高型	中高型		尾高型	平板型
1モーラ語	き˥（が）（木が） H L				き（が）（気が） L H
2モーラ語	は˥し（が）（箸が） H L L	はし（が）（橋が） L H L			はし（が）（端が） L H H
3モーラ語	み˥かん（が） H L L L	たま˥ご（が） L H L L		あずき˥（が） L H H L	さかな（が） L H H H
4モーラ語	た˥いよう（が） H L L L L	としょ˥かん（が） L H L L L	みずう˥み（が） L H H L L	いもうと˥（が） L H H H L	おばさん（が） L H H H H

　これらのパターンは均一に出現するわけではありません。例えば3モーラ語では頭高型と平板型が多く，4モーラ語では平板型と第2モーラにアクセント核がある（例　としょ˥かん）語が多くなります。つまり，3モーラ以上の言葉は，平板型か，語末から3番目のモーラにアクセント核がある語が多いのです。

4.4.2.2.　形容動詞のアクセント

　形容動詞のアクセントは名詞と同様，語彙ごとに決まっています。

表 1-6 形容動詞のアクセント

アクセント型	辞書形	〜な	〜で	〜だ
頭高型	き￢れい	き￢れいな	き￢れいで	き￢れいだ
	し￢ずか	し￢ずかな	し￢ずかで	し￢ずかだ
中高型	さわ￢やか	さわ￢やかな	さわ￢やかで	さわ￢やかだ
	にぎ￢やか	にぎ￢やかな	にぎ￢やかで	にぎ￢やかだ
平板型	むだ	むだな	むだで	むだだ
	ふしぎ	ふしぎな	ふしぎで	ふしぎだ

4.4.2.3. 動詞のアクセント

　動詞のアクセントは平板型か後ろから 2 番目のモーラにアクセント核がある起伏型の 2 種類です。

（1）平板型（アクセント核がない）
　　　ねる（寝る）　きる（着る）　かう（買う）　つかう（使う）　する
　　　いる　いく（行く）　かす（貸す）　のる（乗る）　しぬ（死ぬ）
　　　なく（泣く）　わらう（笑う）　あそぶ（遊ぶ）
　　　おしえる（教える）　はたらく（働く）　はじめる（始める）
　　　はじまる（始まる）　つたえる（伝える）　かえる（変える）
（2）起伏型（後ろから 2 番目のモーラにアクセント核がある）
　　　たべ￢る（食べる）　の￢む（飲む）　み￢る（見る）
　　　はな￢す（話す）　か￢く（書く）　おき￢る（起きる）
　　　く￢る（来る）　つく￢る（作る）　でき￢る（出来る）
　　　た￢つ（立つ）　き￢る（切る）　ある￢く（歩く）　はし￢る（走る）
　　　す￢む（住む）　ほめ￢る（褒める）　よろこ￢ぶ（喜ぶ）

　　ただし，起伏型の動詞は，後ろから 2 番目のモーラが連母音の 2 番目の母音の場合，後ろから 3 番目のモーラにアクセント核が移ります。

　　　　かￚえる（帰る）　とￚおる（通る）　はￚいる（入る）　もￚうす（申す）

動詞の活用のアクセントは平板型か起伏型かによって表 1-7 のように規則的に変化します。

表 1-7　動詞の活用形のアクセント

活用形	平板型動詞	起伏型動詞
〜ない	ねない かわない しない	たべ˺ない のま˺ない こ˺ない
〜ます・ました （ます形・肯定形）	ねま˺す・ねま˺した かいま˺す・かいま˺した しま˺す・しま˺した	たべま˺す・たべま˺した のみま˺す・のみま˺した きます・きました
ません・ませんでした （ます形・否定形）	ねませ˺ん・ねませ˺んでした かいませ˺ん・かいませ˺んでした しませ˺ん・しませ˺んでした	たべませ˺ん・たべませ˺んでした のみませ˺ん・のみませ˺んでした きませ˺ん・きませ˺んでした
辞書形	ねる かう する	たべ˺る の˺む く˺る
〜ば（仮定形）	ねれ˺ば かえ˺ば すれ˺ば	たべ˺れば の˺めば く˺れば
〜う（意向形）	ねよ˺う かお˺う しよ˺う	たべよ˺う のも˺う こよ˺う
〜て（テ形）	ねて かって して	た˺べて の˺んで き˺て
可能，使役，受け身形	ねられる　ねさせる かえる　かわせる　かわれる させる　される	たべられ˺る　たべさせ˺る のまれ˺る　のませ˺る こられ˺る　こさせ˺る

4.4.2.4.　形容詞のアクセント

　形容詞のアクセントも平板型か後ろから 2 番目のモーラにアクセント核がある起伏型の 2 種類です。

（1）平板型（アクセント核がない）
　　　やさしい　むずかしい（難しい）　あかるい（明るい）
　　　くらい（暗い）　かるい（軽い）　おもい（重い）　あかい（赤い）
　　　あまい（甘い）　とおい（遠い）

（2）起伏型（後ろから 2 番目のモーラにアクセント核がある）

　　　あつ˥い（暑い）　さむ˥い（寒い）　すずし˥い（涼しい）

　　　あたたか˥い（暖かい）　おおき˥い（大きい）

　　　ちいさ˥い（小さい）　なが˥い（長い）　みじか˥い（短い）

　　　たか˥い（高い）　やす˥い（安い）　ひく˥い（低い）　よ˥い

　　　わる˥い（悪い）　あお˥い（青い）　しろ˥い（白い）

　　　くろ˥い（黒い）　おもしろ˥い（面白い）

　形容詞の活用のアクセントも平板型か起伏型かによって表 1-8 のように規則的に変化します。

表 1-8　形容詞の活用形のアクセント

活用形	アクセント型				
	平板型		起伏型		
〜い（名詞の前，文末）	あかい	とおい	しろ˥い	わる˥い	よ˥い
〜です	あか˥いです	とお˥いです	しろ˥いです	わる˥いです	よ˥いです
〜く	あかく	とおく	し˥ろく	わ˥るく	よ˥く
〜くて	あか˥くて	とお˥くて	し˥ろくて	わ˥るくて	よ˥くて
〜かった	あか˥かった	とお˥かった	し˥ろかった	わ˥るかった	よ˥かった

4.4.2.5.　外来語のアクセント

　外来語のアクセントは比較的規則性が高いと言われます。外来語の場合，起伏型アクセントが多く，特に語末から 3 番目のモーラにアクセント核を置くことが多いです。

　　　ト˥マト　バ˥ナナ　レ˥タス　キャ˥ベツ　プ˥リン　ビール

　　　オレ˥ンジ　ピ˥ーチ　グレ˥ープ　ストロベ˥リー

　ただし，次のような場合，語末から 4 番目のモーラにアクセント核が置かれます。

（1）最後から 3 番目が長音，促音，撥音，連母音の 2 番目の母音の場合
  ナレ⌐ーション，パイナ⌐ップル，シャ⌐ッフル
（2）語末が軽音節＋重音節の場合
  ブロッ⌐コリー，アレ⌐ルギー

その他，4 モーラ語で語末が軽音節＋軽音節の語は平板型になりやすいと言われています。

  アリゾナ，アメリカ，ベトナム，シチリア

4.4.2.6.　複合語のアクセント

　二つの単語が一緒になって**複合語**となった場合，その語のアクセントは 2 番目の語のモーラ数とアクセントによって異なります。まず 2 番目の語が 5 モーラ以上の場合，その語のアクセント核が複合語のアクセント核になります。

  かまくら ＋ ものが⌐たり　　　かまくらものが⌐たり
  シ⌐ドニー ＋ オリンピ⌐ック　　シドニーオリンピ⌐ック
  サンシャ⌐イン ＋ すいぞく⌐かん　サンシャインすいぞく⌐かん
  グル⌐ープ ＋ けんきゅ⌐うしつ　　グループけんきゅ⌐うしつ

次に，2 番目の語が中高型の 3，4 モーラ語の時も，アクセント核の位置は 2 番目の語のアクセントの位置になります。

  か⌐んり ＋ じむ⌐しょ　　　かんりじむ⌐しょ
  そうりつ ＋ きね⌐んび　　　そうりつきね⌐んび
  あ⌐か ＋ むら⌐さき　　　　あかむら⌐さき
  おんせん ＋ たま⌐ご　　　　おんせんたま⌐ご
  リ⌐ップ ＋ クリ⌐ーム　　　リップクリ⌐ーム

けれども，2 番目の語がそのほかの 3，4 モーラ語の場合，複合語のアクセントは，2 番目の語の第 1 モーラになります。

スペ⌐イン ＋ りょ⌐うり　　　　スペインりょ⌐うり
コーヒー⌐ ＋ カ⌐ップ　　　　　コーヒーカ⌐ップ
ト⌐マト ＋ ソ⌐ース　　　　　　トマトソ⌐ース

やすみ ＋ じかん　　　　　　　やすみじ⌐かん
しょ⌐うがい ＋ きょういく　　しょうがいきょ⌐ういく
ぶ⌐んか ＋ こうりゅう　　　　ぶんかこ⌐うりゅう
か⌐いがい ＋ りょこう　　　　かいがいりょ⌐こう
うわさ ＋ はなし⌐（が）　　　うわさば⌐なし（が）
がっしょう ＋ つくり⌐（が）　がっしょうづ⌐くり（が）

最後に，2 番目の語が 2 モーラ以下の場合，複合語のアクセントは 1 番目の語の最後になるもの，2 番目の語の第 1 モーラになるもの，平板になるものがありますが，これらは 2 番目の語によって異なるため，2 番目の語ごとに覚える必要があります。

いろ ＋ かみ　　　　　　　　　いろ⌐がみ
おおいた ＋ け⌐ん　　　　　　おおいた⌐けん
ペ⌐ルシャ ＋ ね⌐こ　　　　　ペルシャね⌐こ
ざっきょ ＋ ビ⌐ル　　　　　　ざっきょビ⌐ル
みぎ ＋ て⌐（が）　　　　　　みぎて（が）
み⌐どり ＋ いろ⌐（が）　　　みどりいろ（が）

4.5.　イントネーション

4.5.1.　イントネーションの役割

　アクセントが単語レベルの音の高低を示すのに対して，**イントネーション**は句や文の音の高さの変化を表します。イントネーションが正しくない

と，自然な日本語には聞こえませんが，それだけではなく，イントネーションは，①文の構造を分かりやすくする，②話者が伝えたい情報を際立たせる，③話者の意図を伝える，④話者の態度や感情を表すといった機能があります。

　例えば，「昨日なくした本を見つけた」という文で，本をなくしたのが昨日であることを言う場合は，「昨日なくした」は続けて発音され，全体的になだらかな下降調になります。

きのうなくしたほんをみつけた。

　けれども，本を見つけたのが昨日であるという場合，イントネーションのヤマは2つになり，「なくした」で，ピッチが上がります。このように統語構造によってヤマのでき方が変わります。

きのうなくしたほんをみつけた。

　また，話者が伝えたい情報にフォーカスを当てるときも，イントネーションが変わります。例えば，「昨日おいしいケーキを食べました」という文で，昨日食べたことをただ報告するだけなら，イントネーションは1つのなだらかなヤマになります。

きのうおいしいケーキをたべました。

しかし，「おいしいケーキ」であることを強調したい場合，「おいしい」のイントネーションが高くなり，ヤマが2つになります。

きのうおいしいケーキをたべました。

　さらに，イントネーションによって同じ文でも話者が意図する意味が異なります。「歩いていきますか。」の最後を上昇調にすると疑問文ですが，「歩いていきますか。」と最後を非上昇調にすると確認要求文になります。同様に，イントネーションによって話者の態度や感情も表すことができます。この有名な例として，「そうですか」という表現があります。図 1-4 は「そうですか」が表す 6 つの意味のイントネーションを表したものです。

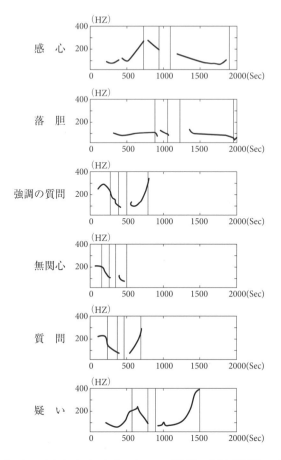

図 1-4　「そうですか」のイントネーション（前川・北川, 2002, p. 52）

　このうち感心を表す場合はヤマができて文末が下降調になるのに対し，落胆を表す場合は全体的に平坦なイントネーションになります。無関心を表す時は発話が短く文末が下降調になります。そして，疑いの気持ちを表すときは文末が極端な上昇調になります。

　このようにイントネーションは，文法では示せない様々なパラ言語情報を伝えることができるため，イントネーションを正しく聞き取れることは，会話において相手が言わんとすることを的確に解釈するため大変重要

です。また，発話においてイントネーションを間違えると，相手に誤解されたり，失礼な人だと思われたりすることもあります。

4.5.2.　基本的なイントネーション

日本語の基本的なイントネーションでは，語彙アクセントを維持しつつ，1 つの文に 1 つのヤマができるように音の高さが変わっていきます。まず，文頭に頭高型アクセントの語がくる場合は，第 1 モーラは高く，第 2 モーラから音が下がっていきます。そのほかのアクセントの語が文頭に来るときは，第 1 モーラから第 2 モーラにかけて音が上がり，その後は次のアクセント核まで，同じ高さで続きます。次のアクセント核で，音が下がり，その次のアクセント核まで，高さが維持されます。これが繰り返され，段階的に音が下がっていきます。

その中で，二つ以上の要素からなる句や節は，初めのアクセント核が 1 番高く，2 番目はやや低くなります。初めの語が平板型の場合，最初のアクセント核まで下がりません。

同様に 2 番目の語が平板型の場合，2 番目の語の 2 モーラ目の音の上がり方は，初めの語ほど大きくありません。

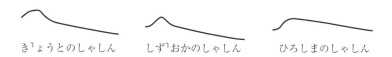

4.5.3. 統語構造を示すイントネーション

イントネーションで，句のまとまりを示す際は，句と句の区切りにヤマができます。例えば，「妹が昨日描いた絵をくれました。」という文では，「妹が昨日絵を描いた」「誰かが昨日描いた絵を妹がくれた」，「誰かが描いた絵を妹が昨日くれた」という 3 つの解釈ができます。この違いは以下のようにあらわされます。

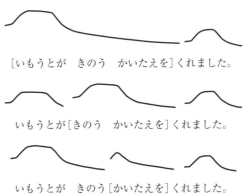

[いもうとが　きのう　かいたえを]くれました。

いもうとが[きのう　かいたえを]くれました。

いもうとが　きのう[かいたえを]くれました。

4.5.4. フォーカスを示すイントネーション

話者が伝えたい情報がある場合，そこに**フォーカス**が当たります。フォーカスが当たった表現はイントネーションが高くなります。例えば，平叙文に比べ，否定文では否定であるということを聞き手に伝えるよう，否定形を含む述部にフォーカスが当たり，この部分のイントネーションが高くなります。また，京都ではなく静岡に行くという場合，静岡のイントネーションは京都よりも高低差が大きくなります。

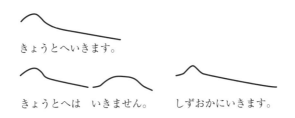

きょうとへいきます。

きょうとへは　いきません。　しずおかにいきます。

4.5.5.　文末のイントネーション

　文末のイントネーションは発話意図を示したり，話者の態度を示したりします。また，そのイントネーションの分類方法は様々ですが，主として，上昇するか，下降するかの違いがあります。そのうえで，上昇・下降の音の高低差が大きいかどうか，文末の音が長めかどうかなどでニュアンスが変わります。

　上昇調は，疑問，確認要求，誘いなどを表します。

　　学生さんですか。（疑問）

　　明日ですか。（疑問）

　　いいですか。（確認要求）

　　明日ですね。（確認要求）

　　締め切りは明日でしょう。（確認・同意要求）

　　そろそろ行きましょうか。（誘い）

　　ここにしたらどうでしょうか。（勧誘）

　　おもしろいじゃない。（意見要求）

上昇調で気をつけなければならないのは，上昇するのは文末の終助詞や助動詞などだけであり，動詞のアクセントは維持されるということです。

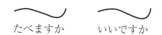

　　　　　たべますか　　　　いいですか

　下降調は事実・意見・態度の表明，納得，否定などを表します。

　　学生です。（事実の表明）

　　明日ですか。（納得）

　　よくない。（否定・態度）

　　寒いですね。（同意）

　　そうですね。（同意・納得）

また，下降の幅が大きい時は話者の驚きや詠嘆の気持ちを表すこともできます。

うそでしょう。（驚き）
よく食べるねえ。（詠嘆）

また，意思が明確でない場合，上昇も下降もせず，音が延ばされる傾向があります。

そうですねえ。（思考中）
あしたですかあ。（思考中）

5. 発音習得の問題

発音の習得には個人差があり，母語話者並みの発音を獲得する人から上級になってもなまりの強い人まで様々です。外国語なまりがあっても，コミュニケーションが全く成り立たないというわけではありませんから，母語話者並みの発音能力を獲得したいかどうかも人によって異なります。

第2言語（L2）学習者の発音については，古くから母語と目標言語の対照研究によって習得困難な音声を明らかにする試みがなされています。例えば，単音については，母語と目標言語で次のような違いがある場合に問題が生じやすいです。

(1) 目標言語の音が母語にない場合
(2) 目標言語では異なる音素であるものが，母語では異音になり，語の意味の弁別ができない場合
(3) 目標言語と母語の調音点や調音法が微妙に異なっている場合
(4) 母語にも存在する音であるが，母語では出現しない位置に出現する場合

けれども，母語と目標言語で違うといつも難しいわけでも，**知覚と生成**

が同じように難しいというわけでもありません。例えば，英語の cat［kæt］の母音の［æ］は日本語にはない音ですが，発音の仕方を勉強すれば，聞くのも発音するのも難しくありません。これに対して，interesting［íntrəstɪŋ］の曖昧母音［ə］は英語では最も多い母音ですが，強勢アクセントがない箇所で音が圧縮された環境で現れる母音であるため，聞き取りにくく，どのような発音かも分かりにくいです。さらに英語の［b］と［v］は容易に生成できるようになりますが，聞き取りは難しいです。

　また中国人の日本語学習者は日本語の有声・無声破裂音の区別ができない傾向がありますが，聞き取りにおいては無声音を有声音と誤解する傾向のほうがその逆よりも強く，語頭よりも語中のほうが難しいです（福岡，1995; 山本，2000）。一方，発音においては，語頭のほうが語中よりも間違いが多いという傾向の違いがあります（福岡，1995）。

　このように，音声の難しさは，聞き取りと発音と両方が難しい場合，聞き取りのみが難しい場合，発音が難しい場合に分かれますので，学習者がどのような聞き取りや発音の間違いをするのか診断しながら，指導を考える必要があります。

　表 1-9 は学習者にとって難しい単音についてまとめたものです。

表 1-9　習得困難な単音

分節音の問題	例	学習者の母語	原因
語頭の有声音が無声音になる	ダイガク→タイガク デンキ→テンキ	韓国語, 中国語, ベトナム語（[k] [g]）	母語では, 有気音と無気音の区別があるが, 有声音と無声音が音素として存在しない。 母語に [k] の有声音がない（[p][t] の有声音はある）。
語中の無声音が有声音になる	タカイ→タガイ アタマ→アダマ コウカイ→コウガイ	韓国語	母語に無声音と有声音の対立が音素としてない。
ツがチュやスになる	ツキ→チュキ, スキ	韓国語, ベトナム語, タイ語, スペイン語など	母語に [ʦ] がない。 母語に [ʦ] はあるが, 語頭や語中の位置では [ʦ] を使わないなど。
シがチに, チとジの混同	ワタシ→ワタチ チジ→チチ	タイ語	母語に [ɕi] と [dʑi] がないので [ʨi][ʨʰi] で置き換える。
ザズゼゾがジャジュジェジョになる	ゴザイマス→ゴジャイマス ゼンゼン→ジェンジェン	韓国語	母語に [z][dz] がない。
ナ, ダ, ラの混同	ハナ→ハラ ハナ→ハダ ハラ→ハナ コドモ→コロモ	中国語, 韓国語, ベトナム語, アラビア語, インドネシア語	母語で [n][l][d] のどれかが異音関係にある。 [n][l][d] のどれかが母語にない。
ンの後のエがネになる	センエン→センネン	韓国語, インドネシア語, アラビア語	母語に撥音がないため, [N] が続いて [n] になる。
連母音が2重母音になる	アイ→"I" [aɪ] カイシャ→ [kaɪɕa]	英語	母語で母音が続いて別の音として発音されない。

　日本語の音声の中でも, 特殊拍は, 特に難しいことが分かっています（西端, 1993; 戸田, 1998）。特殊拍は知覚も生成も難しく, 単音と長音, 単音と促音, 促音と長音との弁別などの問題があります。

　　ソコ（底）, ソウコ（倉庫）, ソコウ（素行）
　　サト（里）, サトウ（砂糖）, サット（サッと）
　　カキ（柿）, カッキ（活気）
　　サキ（先）, サッキ（殺気）

また，撥音の代わりに，[n]になってしまうことがあります。

　　アンナ（あんな）→アナ（穴）
　　コンニチハ　　　　→コニチハ

　近藤（2012）は 103 名の教員を対象として，日本語を学習する 21 言語の母語話者の発音上の問題について調査しました。その結果，音声の間違いに関しては，学習者の母語によって，習得困難な音が異なっていましたが，韻律，特に特殊拍を含む重音節の間違いは学習者の母語にかかわらず見られたといいます。

　特殊拍を習得するためには，モーラを音の長さの単位として処理できなければなりませんから，特殊拍の聞き取りや発音には拍感覚が必要です。しかし，モーラ拍リズムを持つ言語は非常に少ないですし，音節拍リズムや強勢拍リズムに慣れている人が，モーラ拍リズムを獲得するのは容易なことではありません。特に，音節の構造にバリエーションが多い言語の場合，音節拍リズムでは音節の長さを一定にするため個々の単音の長さは一定しない可能性があります。また，英語のような，強勢拍リズムでは，強勢アクセントの間の時間を一定に保たなければなりませんが，その間の単語数，音節数などには様々なバリエーションがあるため，個々の音の長さは無視される傾向があります。そのため，音の長さを単位として知覚すること自体が非常に難しいと考えられます。

　さらに特殊拍はアクセントによっても聞こえやすさが異なります。強勢アクセントを母語に持つ学習者の場合，音の高さと強さを誤解する可能性もあるため，特殊拍の知覚はさらに困難になる可能性があります。

　アクセントはモーラを単位とするため，特殊拍同様，困難な項目です。アクセントは，学習者の日本語学習歴や習熟度によって異なるというわけでもなく，個人差が大きいことが分かっています。また，平板型は比較的聞き取りやすく，頭高型は学習者間で正答率の差が出やすいことが分かっています。また，正答率の高いアクセント型は母語によって異なっており，母語のアクセントと類似する型は正答率が高いです。例えば，英語は

後ろから2番目の音節に強勢ストレスを置く傾向があるため，日本語でも「大きい」「高い」などの中高型の形容詞のアクセントは知覚できます。しかし，「バナナ」「トマト」のように頭高型の語は，英語のbanana，tomatoでは2音節目に強勢アクセントが来るため負の影響となることもあり，学習者にとっては知覚しにくい語になります。

　アクセントの知覚と生成の間には関係があるとはいえ，その関係は中程度の相関にとどまりますから，聞ければ言える，言えれば聞けるというものではないようです。実際，英語話者にとって，平板型アクセントは知覚しやすいものですが，必ずしも生成が簡単だというわけではありません（鮎澤他，1995; 土岐，1980）。小河原（1997）は韓国人日本語学習者27名を対象に，単音，アクセント，イントネーション，プロミネンスの4項目について生成と知覚の関係を探りました。その結果，生成と最も関係が深いのは自分の発音が正しいかどうかを自己の内在基準に基づいて聞き分ける自己モニター能力であることが分かったと報告しています。中国語話者や英語話者を対象とした研究でも自己モニター能力は生成と相関関係があることから，言語にかかわらず生成に必要な能力だと言えます。

　最後にイントネーションについては，日本語ではあまり研究がありません。けれども，イントネーションが，母語の影響を強く受けることが様々な言語で明らかにされています（Aoyama & Guion, 2007; Trofimovitch & Baker, 2006）から，日本語でもその影響はあると想定されます。例えば，英語を母語とする日本語学習者は，疑問文の文末で，終助詞の「か」だけを上昇調で言うのではなく，その前の単語すべてを上昇調で言うことがあります。これは英語の疑問文では，文末の単語ごと上昇調で言うことが原因だと考えられます。また，中国語を母語とする学習者と日本語母語話者の平叙文の読み上げを比較すると，母語話者が1つのヤマで話すのに対し，学習者は句ごとにヤマができがちです。また，フォーカスを当てていないところでもヤマができ，怒っているように聞こえることがあります。これも音の高低差の大きい中国語の影響だと考えられます。

6.　音声の指導

　近年日本語の発音指導の本は急激に増えていますが，独学を念頭においたものが多いようです。このことは，裏を返せば，日本語の授業で発音に多くの時間をかけることは，今もなされていないということでしょう（河野, 2014）。音声指導には，音声の知識が必要であることや，文法ほど重要視されていないことなどがその要因と考えられます。けれども，先述したように，学習者にとっては一般の母語話者との会話をする際，避けては通れないものであり，間違いが人格否定や誤解につながることもあるものです。発音指導はほかの授業とは別に行う，自主学習のツールを増やすといったこともできますが，日々の授業でできることも多いのではないかと思います。そこで，本節では，授業でどのように音声指導をすればよいか考えていきたいと思います。

6.1.　習熟度と音声指導

　学習初期の学生は，学ぶことが多く，授業時間も限られていますから，音声や語彙は扱われない傾向があります。特に日本語の場合，カナが読めれば発音できると考えられていることもあり，発音そのものには注意を向けさせていないように思われます。けれども，実際の発音は，本章で説明したように，ひらがなで表記されるものよりも複雑で，リズムやアクセントなど文字化されていない情報が多々あります。日本語の音声を知覚し，発声できるようになるには，ただカナ文字とのマッピングができればいいというわけではなく，多くの訓練と時間を要します。そして，音声が聞き取れなければ，リスニングを通して，新規語彙や文法を獲得することができません。そのため，英語やフランス語などの外国語では，初めから単語の発音に注意して覚えるように指導します。

　流暢に言語を使うためには，言語情報の処理の多くは自動化されていなければなりません。母語話者は，何かを聞いている時，どの音がどの組み合わせで使われ，どのような構文に現れるかということをいちいち意識せずに理解しています。耳に入ってきた音声情報は，自動的に知覚され，語彙として認知され，文法的に処理され，意味に置き換えられているので

す。このような処理を**自動化処理**と言います。自動化処理は処理速度が速く瞬時になされます。

　これに対して，初級の学習者が文法と単語を組み合わせて文を言うときにしている処理は，意識的に行う**コントロール処理**と呼ばれるものです。コントロール処理は処理速度が遅いため，理解にも産出にも時間がかかります。学習初期の学習者は，これから学習する言語のそれぞれの要素に注意を向け，意識的に処理しようとします。けれども，学習者は一度に多くの情報に注意を向けることができませんから，単語に注意をすれば文法が抜け，特定の文法項目に注意を向けると，ほかの項目が言えなくなります。音声についても，単音，モーラ拍リズム，フット，アクセント，イントネーションのすべてに同時に注意を向けることは不可能です。

　このような理由から，従来音声の指導は，ボトムアップで，音声，リズム，アクセント，イントネーションといった順番で教えられてきました。しかしながら，韻律の間違いが音声の間違いよりもより厳しい評価を受ける傾向があることが報告されてから（佐藤, 1995），イントネーションやアクセントができるようになったほうがより自然な話し方に近づくと考える研究者も多く，近年，イントネーションやアクセントを重視した指導が増えるようになりました（河野ら, 2004; 松浦ら, 2014; 木下・中川, 2018; 吉岐, 2010）。中でも，シャドーイングについては初級から上級まで多くの教材が開発されています（戸田ら, 2012; 斎藤ら, 2006; 斎藤ら, 2010; 斎藤ら, 2016; 中川・中村, 2010; 中川ら, 2015）。これらの教材は大変人気がありますが，実際，学習者がイントネーションやアクセントをどのように認知し，改善をしているのか，また，改善できない学習者はなぜできないのか，学習者特性と効果の関係についてはまだ明らかにされていません。今後学習過程を見ながら，どのように使っていくかさらに検討する必要があるでしょう。

　また，音声習得には学習者自身に内在する正しい音声の基準をもとに，自分の発話を**モニター**することが重要であるという研究結果から（小河原, 1997, 1998），学習者に自分の発音について自己評価させる活動などもよく取り入れられています。ただし，初級の学習者は，一度に多くのことを

処理できないため，自己モニター能力のトレーニングをする場合，指導項目を絞る必要があります。その点では，初級学習者には，文単位の練習だけではなく，日本語音の要素別に焦点を当てた知覚，生成の指導も無視できないと考えられます。最後に，日本語音の感覚がない初級者に対しては，母語話者のインプットやフィードバックは非常に重要な役割を果たします。母語話者でない先生の場合は，CD などの母語話者インプットモデルを用いるだけではなく，適切なフィードバックができるよう自身の音声能力を高める必要があります。同時に，授業にいかに無理のない形で取り入れていくかも課題です。

中級以上になると文法や語彙の自動化が進みますから，既習項目の復習をしながら，音声に着目させる練習ができます。このレベルの学習者には継続的な音声指導を受けていない人も多く，自分の発音に問題があっても気づいていない人や間違いが定着している人がいます。また，発音の問題も多様化し，特定の単音ができない，リズムや特殊拍の問題がある，母語なまりのアクセントが強いなど，人によって問題の所在が異なることがあります。そのため，教室での指導だけではなく，個々の学習者の自立学習を促すような指導も必要です。

さらに，中級以上の学習者の中には，コミュニケーションが成立するから気にしないという人や，今まで指摘されたことがないのに，急に発音の問題があると言われることに傷ついてしまう人もいます。そこで，発音が良いことのメリットを感じさせるような活動を行うとよいと思います。例えば，以下のようなイントネーションによって発話意図が異なる母語話者の発話を集めて，どのような返事をするのが適切かを考えさせたり，聞き取り練習の一環として，母語話者に様々な学習者の音声を聞かせ，印象を言ってもらったものを見せたりして，発音について考えてもらいます。

（1）これ，たべる？
（2）これ，たべる！
（3）あしたは来るでしょう。
（4）あしたは来るでしょう？

（5）なにやってるの？

（6）なにやってるの！

　そのうえで，出版されている音声教材を用い，モデル音を自分で言ってみてモデル音と違うところを見つけさせ，発音をよくするためのリストや学習計画を立てさせます。そうすることで，発音学習に関する意識を高めることができます。

　上級では，アカデミック・プレゼンテーション，討論，職場での会話など，社会言語学的な配慮が必要なものを多く取り入れ，発音指導につなげると，発音学習の意義がより感じられると思います。

6.2.　分節音の指導

　分節音はひらがなやカタカナを教える際に導入し，その後の指導を通して知覚，生成の定着を図るとよいと思います。多くの教育現場では，ただひらがなに対応する音を聞かせて覚えさせることが多いですが，そうではなく，個々の音の出し方にも注意させる必要があります。また，教室内では教師がモデルになるのですから，まず自分がどのように発音をしているのかを鏡を見ながら分析してみてはどうかと思います。そうすることで，口の開け方や，舌の位置，音の出し方など，学生により具体的な指示ができると思います。

6.2.1.　母音

　日本語の母音は比較的簡単だと言われますが，全体的に口を大きく開けないで発音します。また，「う」の音に関しては少し違います。口を丸くする [u] の音がある言語は多いのですが，日本語のように [ɯ] を発音する時に口が丸くならないのは少ないです。カナを導入する際，次のようなことができます。

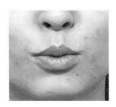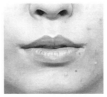

図 1-5　英語の [u]（左）と日本語の [ɯ]（右）

（1）教師の口の形をまねていってみる。
（2）母語話者の口の形の写真を用意し，ペアでお互いの口の形を見比べながら，パートナーの口の形と写真を比べてチェックする。
（3）単語レベル（うし，うた，うま，かう，はう，あう）で（1）と（2）をしてみる。
（4）単語レベルのディクテーションをする。

　アラビア語のように母語に母音が /a/，/u/，/i/ と 3 つしかない場合，/e/，/o/ が難しい可能性があります。/i/ と /e/，そして /u/ と /o/ で混同が起きるケースでは，特に口の形に注意させ，同時に，音声の聞き取り練習も必要です。ただし，アラビア語母語話者でも英語が話せる人の場合は，問題にならないこともあります。

　また，英語には［ai］［au］［ie］［ei］［ou］［ɔi］［ɪə］［ʊə］［eə］がありますが，曖昧母音を含まない［ai］［au］［ie］［ei］［ou］［ɔi］と日本語の連母音を混同する英語母語話者がいます。二重母音と連母音の大きな違いは，二重母音は 2 つの母音の間にはっきりした切れ目がないのに対して，連母音は 1 つの母音が終わってから次の母音が始まる点です。例えば，英語の［ai］は［a］から［i］へ音が切れ目なく徐々に移行していくのに対し，日本語の［ai］は明確な［a］と［i］があります。ですから，連母音が二重母音になってしまう学習者には次のような練習ができます。

(5) ［a］［i］を1つ1つ区切って発音する。右の人差し指をたたくと同時に［a］、左の人差し指をたたくと同時に［i］を発音したりして、リズミカルにそれぞれの音をきちんと言えるように指導します。

(6) 机をたたいてリズムをとる速度を徐々に速くする。この時、音と音が切れているか、初めは教師が確認し、その後、自分で確認させ、さらにペアでチェックさせます。

(7) フットのリズムを使って、「いたい」「たかい」「おもい」「かわいい」などフットの切れ目で連母音が分かれるものについて、モデル音を聞かせ、学生に練習させる。これができたら、「あい」「かう」などフット内に連母音がある語の母音を区切って言う練習をします。

　母音の無声化は多くの言語で見られる現象であり、発音するのもさほど難しくありません。無声化しなくとも理解はできますが、多少不自然な印象を与えることがあります。

　学習者には無声化の規則、つまり、［i］と［ɯ］は文末や前後を無声子音に囲まれたときに聞こえなくなることがあるということを指導し、「つき」、「です」、「ます」などを聞かせ、発音させれば、たいていはできるようになります。ただし、会話の活動などでは、無声化に注意がいかず「です」の「す」が無声化しない場合もありますので、その都度注意しましょう。

　　　　無声化する語：　　ぷ̲ち（プチ）　つ̲き（月）　く̲ち（口）　す̲き（好き）　ふ̲しぎ（不思議）　ぴ̲たり　ち̲きゅう（地球）　き̲く（菊）　し̲かい（司会）　ひ̲と（人）
　　　　無声化しない語：　ぷ̲りずむ（プリズム）　つ̲づく（続く）　く̲り（栗）　す̲ず（鈴）　ふ̲だ（札）　ぴ̲あの（ピアノ）　ち̲がい（違い）　き̲み（君）　し̲ぜん（自然）　ひ̲ま（暇）

6.2.2.　子音

　子音は種類が多いだけではなく，学習者の母語にない音や学習者の母語では異音となるが日本語では音素となる音などがあるため，知覚が難しい音，生成が難しい音，両方とも難しい音があります。また，どの音が問題となるかも母語によって異なります。外国語として指導する場合は，学習者の発音の問題に気がつきやすいですが，国内で指導する場合は，すべての学習者の母語による発音の問題について知ることは困難です。ですから，教師は，授業中の学習者の発話を聞きながら，個々の学習者の知覚と生成の問題を分析して，指導案を考えなければなりません。

　発音の仕方を指導する前に，教師は，自分がどう発音しているのかを言葉で説明し，やってみせられるようにしておいた方がいいです。ただ，日本語母語話者はモーラで発音することに慣れているため，個々の子音のみを発音することには慣れていませんので，次のような手順で子音の発音方法について確認するとよいです。ここでは[t]を例に挙げますが，ほかの子音との組み合わせでも同様のことができます。

(1)「あ」「た」とゆっくり音を切って言ってみる。この時，「あ」の時の口の形，音の出方に注意し，その後，「た」の[t]を出すのに，どのように口の形が変わるか，舌の位置が変わるかを確かめます。舌先が盛り上がり，歯の裏につくこと，舌をすぐ離すとともに音が出ることを確認します。

(2)「あた」と続けて言ってみて，その時の舌の動きや音の出方を確認する。

　このような確認方法は母語話者ではできますが，子音によっては学習者に同じ方法を使うとかえって混乱させてしまうことがあります。なぜなら，先にも述べたように，学習者の母語に同じ音がない，異音となる別の音がある，日本語の音と似た音があることも多いからです。ですから，学習者には子音の調音点，調音法，有声・無声の区別など正確に教える必要があります。

これまでの研究から学習者の問題として指摘されている音声について
は，次のような指導ができます。

6.2.2.1.　有声音と無声音

　中国語や韓国語を母語とする学習者にとって，[p] と [b]，[t] と [d]，
[k] と [g] といった，無声破裂音と有声破裂音の区別は難しいと言われま
す。これは，日本語では有声音と無声音が音素として区別されるのに対
し，中国語や韓国語では，区別されないからです。その代わりに，中国語
や韓国語では，**有気音**と**無気音**が音素として区別されます。有気音と無気
音は，どの程度息が強く出るかで違います。有気音は呼気を伴う音で，無
気音は伴わない音です。有気音を発声すると無声の時間が長くなるため，
その後の母音の発声が少しだけ遅れます。一方無気音ではこの遅れは生じ
ません。中国語と韓国語では，母音の発声が遅延するかしないかで，違う
音と認識されますから，有気音と無気音は音素関係にあり，単語の意味を
区別します。

　有気音と無気音の違いは，口の前に薄い紙をたらし，有気音と無気音を
発声し，息の強さによって紙が揺れるかどうか試してみると分かります。
有気音の場合は空気が強く押し出されるため紙が揺れますが，無気音では
揺れません。例えば，日本語で「パーンと」の「パ」を勢い良く発音する
と，紙が揺れます。これは有気音です。でも，「パ」をやさしく言うと紙
は揺れません。また「はっぱ」の「パ」や「きっぷ」の「プ」を普通に発
音したとき，紙は揺れないはずです。これらは無気音です。日本語では有
気音と無気音は異音関係にありますから，入れ替えても意味がかわりませ
んし，普通に話しているときは，無気音が多いです。

　日本語の有声音・無声音は，通常，母音の発声の遅れが生じず，音素と
して対立します。一方，有気音・無気音は異音関係にあります。ところ
が，中国語や韓国語では，日本語とは反対に有声音・無声音は異音関係に
なりますが，有気音・無気音が音素として対立します。そのため，中国語
や韓国語を母語とする学習者は，有声音と無声音の区別ができないので
す。

　日本語の語頭の有声音も無声音も，これらの学習者にとっては，母語の無気音に近い音として知覚されるため，日本語では無声音となり，[b][d][g]が[p][t][k]になってしまいます。ですから，「だいがく」が「たいがく」となったり，「がっこう」が「かっこう」になったりします。その一方で，彼らは有声音が発声できないわけではありません。有声音と無声無気音は異音関係にあり，実際，無声音が母音に挟まれている（VCV）ような場合，母音は有声音ですから，無声子音は周りの影響を受けて有声になりやすいです。日本語は開音節が多いですから，語中に VCV が出現することが多いので，中国語や韓国語話者は，日本語の語中の無声子音を有声子音で発音してしまう傾向があります。

　したがって，有声破裂音と無声破裂音については，知覚と生成の練習が必要です。まずは生成の練習ですが，学習者には有声音と無声音の違いを分かってもらう練習をします。

(1) のどに手を当てて，母音（[a][i][ɯ][e][o]）を 1 つずつ言ってもらい，のどに振動があることを確認します。

(2) 無声摩擦音 [s][h][ɸ][ç] を言ってもらい，のどに振動がないことを確認します。そして，日本語の音には，のどに振動がある音とない音があることを確認します。

(3) のどに手を当てながら，[s] と [z] を言ってもらい，何が同じで，何が違うかを考えてもらいます。口の形や舌の位置，摩擦音が出る点は一緒ですが，のどの振動の有無があることが分かります。同様に，[ç] と [ʑ] でも同じことをして，これらの音の唯一の違いが有声か無声かであることを確認します。

(4) 次に [p] を言ってもらい，無声音であることを確認します。そして，同じように発声しながらのどを震わせると [b] になることを確認します。この時，自分が発声する [p] の音と [b] の音がどう違うか考えさせ，違いが分かるまで [p] の音と [b] の音を繰り返してもらいます。[t]，[d]，[k]，[g] でも同様にやってみます。

(5) 語頭有声音が無声化する場合は，のどに手を当て，無声化した音

だけを発声させ，次にのどを振動させて同じ音を出すように指導します。例えば[p]を言って，のどを振動させると[b]になることが分かったら，[p][b][p][b]を繰り返して，音の違いとのどの震えを感じてもらいます。

(6) ミニマルペアの単語を言わせたり，聞かせたりして，違いを確認します。

パス　バス，パン　バン，ピン　ビン（瓶），ポート　ボート，タイ　ダイ（台），タイガク（退学）　ダイガク（大学），デンキ（電気）　テンキ（天気），トル（取る）　ドル，カッコウ（格好）ガッコウ（学校），カイコク（開国）　ガイコク（外国），キリ（霧）　ギリ（義理），クズ　グズ（愚図），ケンコウ（健康）　ゲンコウ（原稿），コム（混む）　ゴム

(7) 「わたし」が「わだし」というように，語中の無声音が有声音になる場合は，VCVをV・CVと子音の前で区切って発音させます。例えば「わたし」と続けて言うのではなく，「わ」・「たし」と言わせます。語頭は無声化しやすいため，「たし」の[t]は無声化するはずですが，この時，のどに手を当てて，のどが震えていないことを確認させます。のどに手を当てたまま，徐々に「わ」と「たし」の間の区切りを短くしていきます。なお，韓国語が母語の場合，濃音（息をほとんど出さずに発声する子音）を発声すると，「わったし」と促音が入ったような発音になりますので，無気音を発声するように指導します。「ナカマ」「マクラ」「ミカン」などほかの単語でも練習し，できるようになったら，「タイカク（体格）　タイガク」，「ホウコウ（方向）ホウゴウ（縫合）」などの，ミニマルペアを使って，言ったり聞き分けたりする練習をします。

6.2.2.2.　ザ行の子音

韓国語には，[z]に対応する音がないため，韓国語を母語とする学習者

で，英語が話せない人の場合，ザズゼゾがジャジュジェジョになる人がいます。韓国語にない音を調音点が近い音で発音しているからです。発音練習としては以下のようなことができます。

(1) [s.......] と [s] を長く言います。

(2) [s......] を言いながら，のどに手を当て，のどを振動させ [z......] と言います。

(3) [z......] を伸ばしながら最後に [a] を付けて，[z....a] と発音します。[z] の長さを徐々に短くしていき [za] と言います。同様に [z...i] [z....ɯ][z...e][z....o] を徐々に短くしていき [za][dʑi][dzɯ][ze] [zo] を言い，さらにザザザザ，ジジジジ，ズズズズ，ゼゼゼゼ，ゾゾゾゾを早く言う練習をします。

(4) 単語レベルの練習をします。はじめは語頭にザ行があるもの，できるようになったら，語中にザ行が出てくるものにします。語中がザ行の音が難しい場合，ザ行の音の前の母音を伸ばすか，途中でポーズを置いて，[z] を出します。

　　　ザッシ（雑誌），ザンネン（残念），ズット（ずっと），ズーム，ゼッタイ（絶対），ゼイキン（税金），ゼイタク（贅沢），ゾウ（象），ゾット（ぞっと）
　　　ゴザイマス（ございます），オハヨウゴザイマス（おはようございます）

(5) 韓国語母語話者はザズゼゾの聞き取りにも問題があると言われます。特にゾやザは難しいという報告もあります（李，1991）。ですから，ミニマルペアを使った聞き取りやディクテーションなども必要でしょう。

　　　ザッシ（雑誌）サッシ（察し），ザッカ（雑貨）サッカ（作家）
　　　ズット（ずっと）スット（すっと），ソウ（そう）ゾウ（象）

ソット（そっと）ゾット（ぞっと）

(6) オノマトペの練習もしてみるといいでしょう。

ザラザラした紙，風邪をひいてゼイゼイする，家の掃除をグズグ
ズするな
ラーメンをズルズル食べる，ビルから人がゾロゾロ出てくる　な
ど

6.2.2.3.　ツとチュ・ス

ツがスになる場合，舌が歯茎の裏についていないことが原因ですが，ツ
がチュになるのは舌が歯茎の裏に当たらず，少し奥が盛り上がっているか
らです。また，後続母音が[ɯ]ではなく[u]の場合，チュになりやすくな
ります。ツがスやチュになる場合は，スから，ツを出すよう指導します。
さらに，母語によっては語頭の[ts]はできても，語中や語末ができない場
合があります。

(1)　[s……]と[s]を長く言います。
(2)　[s……]を言いながら，舌の先を歯茎の裏に着けてすぐ離します。
　　　この時，唇の形を丸くしないように指導します。
(3)　[ts][ts]と何度か繰り返し，唇を平たくしたままウをつけて，ツと
　　　いう音にします。
(4)　ツの音が出るようになったら，スとツを交替で言わせて，舌が離
　　　れている感触と歯茎の裏に着く感触を確認してもらいます。
(5)　以下のような単語で発音練習やディクテーションをします。

ツアー　ツナ　ツメ（爪）　ツメタイ（冷たい）　ツナ　ツヅク
（続く）
アツイ（暑い・熱い）　シツレイシマス（失礼します）　テツダウ
（手伝う）

(6) [ɯ]が無声化する単語については[ts]だけをはじめに何度か繰り返し，[ts][ts]を繰り返した後に単語を言います。例えば，「[ts][ts][ts][ts]ツカイマス」といった具合です。

　　ツキ（月）　ツチ（土）　ツクリマス（作ります）　ツカレマシタ（疲れました）
　　クツ（靴）　マツ（待つ）　ヒトツ（ひとつ）　フタツ（ふたつ）
　　ミッツ（みっつ）…

(7) 語頭の[ts]ができて，語中や語末の[ts]ができない場合は，「ヒト」・「ツ」というように[ts]の前にポーズを置き，同じ[ts]の音を維持することを意識しながら，徐々に早く言っていきます。

6.2.2.4.　ダ・ラ・ナ

　ダ・ラ・ナの混同は，ナがラ，ラがナ，ダがラ，ダがナなど，母語や方言によってパターンが異なりますから，学習者の間違いの傾向に注意してください。ダ・ラ・ナは，これらの音の調音点が同じで，調音法が異なるため混同しやすいですが，ナは鼻から息が出ている点でほかの音と違います。また，ラはナやダに比べ，硬口蓋に当たっている舌の面積が小さい，つまり，舌先のみが軽く当たっています。そのため，空気がダに比べ通りやすいです。一方ダは舌が空気を通さない点が違います。このことを念頭に次のような指導ができます。

(1) [n]は鼻をつまんでいってみます。指先で空気の揺れを感じるか，鼻の穴が少し膨らむような感覚があれば[n]，なければ，[d]か[ɾ]になっているはずです。ですから，鼻をつまんで[na]を続けていって，振動や鼻腔の膨らみを感じたら指を離したままナを繰り返し，どんな音なのかをつかませます。例えば，「あな」が「あら」など[n]が[ɾ]になる人は[n]の前にンを入れて「ア・ンナ」と言わせ，そこから「アンナ」を徐々に速くして「アナ」に持っていきます。

同様の練習をナ行のほかの音でもやってみます。

(2) ［d］［ɾ］は鼻をつまんだとき振動や鼻腔のふくらみがない音ですから，ナ行の音とラ行やダ行音を混同する人の場合，鼻をつまんでもそういう感覚がない音だということを確認します。

(3) ナ行との混同がない場合は，［d］と［ɾ］では歯の後ろに当たる舌の面積が違うことを，教師が見せながら理解してもらいます。そして，［ɾ］は舌先のみを使って，速く「ラララララララ」という練習をします。

(4) ［d］は前舌をしっかり歯の後ろに着けてゆっくり「ダ・ダ・ダ・ダ」と言う練習をします。単語でも「こ・ん・ど」とはっきり言う練習が必要です。ダ行がラ行になったり，ナ行になったりする人の場合，まずしっかり［d］が言えるように練習します。

(5) ダ行とラ行の区別が難しい人は，ダとラの練習をした後で，「ダラダラダラダラ」と交互にゆっくり言い，舌の動かし方の違いを感じてもらいます。「ダラダラ」はオノマトペですから，これを使った表現「ダラダラする」「ダラダラ歩く」を教えて，授業中にジェスチャーゲームなどをしたりして，意識化するのもよいでしょう。

6.2.2.5. タスクを活用した練習

初級では，多くの新出語彙が導入されますが，それらを使って，音にも注意させる活動ができます。

(1) 新出語彙のリストの中の，難しい音をハイライトする。
(2) 学習者にとって難しい音を含む語彙を音声の種類によってグループ分けする。
(3) 聞きにくい音を含む単語とそれに対応するミニマルペアの単語があれば，それを加えたものをカードにしてかるたとりをする。

図1-6　音声のミニマルペアを使ったかるたとり

（4）聞きにくい音を含む単語とそれに対応するミニマルペアの単語を
　　使ったビンゴゲームをする。

こ	こ	ろ	っ	か	い
う	と	く	ち	ん	っ
こ	と	ば	こ	う	さ
う	お	と	た	も	つ
じ	び	る	つ	べ	く
こ	っ	き	は	い	る

図1-7　ビンゴの例

（5）聞き分けにくい人の名前を使い，その家族を紹介する聞き取り練
　　習をさせ，家系図を作らせる。
（6）聞き分けにくい単語と絵のマッチングタスク。

中級になると，目標言語の運用能力も上がります。そのため，音声の聞

き取りや産出がコミュニケーション上重要となるような活動，文脈の中で
目的とする音声情報を聞き分けることが重要になるような活動などができ
るようになります。

　例えば，下のような会話を用い，訪ねてきた人と誰を訪ねたかをかなで
書いてもらいます。「土井」は有声音で，「都井」と間違える可能性があ
り，「波田」のダは「原」のラと間違える可能性があります。人名をいろ
いろな音声に変えることもできます。

　　　Ａ：先週，土井さんを訪ねてきた人，なんていう名前だったっけ。
　　　Ｂ：ああ，あのきれいな人，確か波田さんって名前だったんじゃない
　　　　　かな。

　また，複数の登場人物が出てくるストーリーの人物に音声で区別しなけ
ればならないような名前をつけ，どの登場人物が何をしたのかを聞き分け
させたりするような活動を取り入れると，単調になりがちな音声指導がよ
り楽しく，また意味のある活動になるのではないでしょうか。
　発声練習としては，学生にとって難しい発音を含む語を入れたストー
リーを作成し，発表させたり，これを聞き取り教材として使ったり，学生
の発想を刺激するような活動をしてもよいのではないかと思います。ある
いは，自分が最も難しいと思っている音について弱点克服法を考えて，教
室で発表して共有するなどの活動もできます。

6.3.　リズムの練習

　先述したように，拍感覚のない人は，促音，長音，撥音などの特殊拍の
聞き取りや発声に困難を感じます。例えば，韓国語を母語とする学習者の
場合，「近年」が「禁煙」や「記念」になったりしますし，英語母語話者
の発音でも，「こんな」が「こな」と聞こえることがあります。また日本
語ではモーラは語彙アクセントの単位でもあります。そのため，拍感覚の
ない人はアクセントの習得も同時に難しくなります。アクセントやモーラ
は，日本語の単語の意味を変えてしまいます。そのため，モーラやアクセ

ントができないと，母語話者は聞きづらい，理解しにくいと感じてしまいます。

　モーラを基礎単位とする日本語のリズムは，世界の言語と比べても特殊で，多くの学習者の母語と異なる可能性があります。また，リズム感覚は頭で理解しても，なかなか習得できないものですし，L2 学習者の場合，母語のリズムの影響から抜け出すのも容易ではありません。モーラはカナを指導する時に扱われますが，その後定着を促すような練習があまりなされないため，習得されずに終わってしまいがちです。ですから，リズムが身につくまで継続的な指導が必要です。

　モーラの指導には様々な方法がありますが，ここでは主なものを紹介します。

　リズム感覚の良い人は，体をリズムに合わせて揺らしたり，指を動かしたりすることができます。また，音楽教育では，ドラムをたたく，手足で拍子をとるなど体を使ってリズム感覚を身につけることの有効性が示されています。モーラ拍リズムの学習には，このような考え方を応用した練習も考えられています。

(1) 教科書の新出単語や既習の単語のリストを学生に配布します。各単語の拍と拍の切れ目に「／」を入れさせ，横に拍数を書かせます。ここで特殊拍を含む「こんにちは」のように表記が拍数を示すものと，拗音を含む「しょうがっこう」や「びょうき」のように，表記が拍数より多い単語に注意させます。1 拍ごとに指で数えながら，／に合わせて単語を読みます。

(2) リズム感を付けるには裏拍を取ることが基本だと言われます。裏拍とは，タタタタの 2 番目と 4 番目のタに当たる拍で，1 番目と 3 番目のタに当たる音は表拍と呼ばれます。まず，持ち上げた足のかかとを床に打ち付けて表拍，かかとを持ち上げた時に手拍子をして裏拍を取ります。このようにして，トンパン，トンパン，というふうに表拍裏拍を取ります。足のつま先ではなく，かかとを使うのは，かかとを使う方が足全体が動くため，体にリズムを感じやすい

からです。これが続けてできるようになったら，リズムを取りながら，単語を表拍裏拍に合わせて言います。例えば，ワ（トン）タ（パン）シ（トン）という感じです。足と手を使うのが難しければ，メトロノームを表拍に使うことも可能です。単語ができるようになったら，句や文にして難易度を上げていきます。

　ワ　　　タ　　　シ

この練習は，教師がモデルを見せ，クラス全体でやることもできますが，教師が口頭で言うか見せたものを全員で言って，言えなかった人は座るゲームにしたり，学生をペアにして，1人がモデル，もう1人がそれを見習って，うまくできたらどちらにも1ポイントを与えるというようにゲーム化することでより楽しくできます。

(3) 全員の学生を教室の後ろに立たせます。単語を表す絵や写真を見せ，学生はこれに合う単語を言います。正しければ，その拍数だけ前に進むことができます。1番初めに教室の前についた人が勝ちです。教室が狭い，人数が多い場合は，おはじきやおもちゃのコインなどを用意し，歩く代わりに，拍数の数だけおはじきをもらい，1番初めに20個集めた人が勝ちにします。

(4) 俳句や短歌を作ります。下のような特殊拍を使った例を用いると拍の重要性が分かりやすいと思います。

　　言ったけど　だれに言ったか　分からない
　　ウォーキング　秋に始めて　冬終わる
　　マヨネーズ　カロリーハーフ　倍使う
　　ダイエット　いい汗かこう　明日から

(5) 聞き取りの練習としては，以下のようなものがあります。

①単語を聴かせ，拍数を言うか書いてもらう。

②以下のような単文や会話を作成し，ターゲットの単語を空欄にした配布資料を作る。文を聞かせながらターゲットの単語を埋めさせる。

　　きのう（　　　　　　　）に行きました。

　　　　　　　　　　　　　　　　（答え：美容院　または　病院）

　　その人の名前は（　　　　）さんです。

　　　　　　　　　　　　　　　　（答え：高坂　または　小坂）

③家族について話すテーマなどで，名前を使った聞き取り練習をさせ，家系図に名前を入れて完成させる。

　　私の名前は，伊藤かずみです。家族は父と母と祖父と祖母，兄と妹の 7 人家族です。私の父の名前は，信二です。母は愛子です。祖父の名前は雄一です。祖母は裕子です。兄の名前は桔平で，妹は樹里といいます。

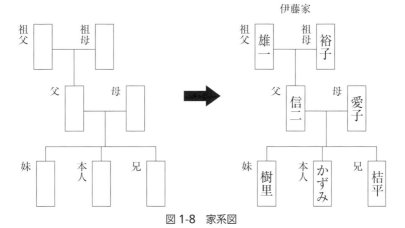

図 1-8　家系図

（6）拍がはっきりしている音楽を拍を意識しながら聞きます。その 1 例としてよく使われるものに，「きらきら星」（武鹿悦子作詞・フランス民謡）があります。学生には音を聞きながら，（1）のリズムを取らせたり，リズムを取らせながら歌わせます。

　　ただ「きらきら星」は例として見せるにはいいのですが，成人には

向かないという問題もあります。その代わりに使える曲としては
「それが大事」（大事 MAN ブラザーズバンド　作詞・作曲　立川
俊之）などがあります。

このほかにもモーラ拍リズムが分かりやすい楽曲としては，以下の
ようなものがありますから，授業で音楽を楽しみながら拍を意識さ
せるのもよいと思います。

　　　　小さな恋のうた（MONGOL 800）
　　　　ずっと好きだった（斉藤和義）
　　　　大切なもの（ロードオブメジャー）
　　　　POISON（反町隆史）
　　　　ボーイフレンド（aiko）
　　　　六本木心中（アン・ルイス）
　　　　ロード（THE 虎舞竜）
　　　　ルージュの伝言（荒井由実）
　　　　渚にまつわるエトセトラ（PUFFY）

　モーラ拍リズム以外にフットを積極的に教えるアプローチもあります。
2 モーラフットを教える場合は，先に述べた（2）の練習の手拍子をやめ
て言わせることで，フットの練習になります。2 モーラフットのみで構成
される語や句か最後だけが 1 モーラフットでその前は 2 モーラフットで
構成される語や句については，フットを使うとより自然で，分かりやすい
ことがあります。以下は後者の例です。下の図では 2 モーラフットを
⌣ で，1 モーラフットを ● で示しています。例えば，「さっか」では
「さっ」が 2 モーラフットで「か」が 1 モーラフットです。

ともだち　ここ　こうこう　さっか　さか　こんにちは　こんばんは　おはよう

　特殊拍を含む語と含まない語の対比はフットを使うと分かりやすいで
す。例えば，足で拍子を取りながら「ここ」という場合，1 フット内で語

が終了しますが,「高校」だと 2 フット必要になることが分かります。同様に,「さか」は 1 フット内,「作家」は 2 フットです。

ここ　　こう こう　　　　　さか　　　さっ　か

　ただし, 2 モーラフットと 1 モーラフットが混在するような言葉にフットを使うべきかについては疑問があります。例えば「ありがとう」をフットで区切ると「あり・が・とう」になりますが,フットで練習すると学習者の中には「が」の後にポーズをいれたり,「が」を長くしたりしてしまう人がいます。手拍子などで,リズムを取りながらすると,「が」の後にポーズが入ってしまうことも原因の 1 つかと思います。このような場合,フットよりも,「ありがとう」と音のヤマをつかませながら,一気に言わせた方が自然です。

6.4.　アクセントの練習

　アクセントを獲得するためには,学習者が音の高低を正しく認知し,正しい音の高さを生成できなければなりません。日本人にとっては当たり前のことだと思うかもしれません。しかし,日本人に単語を聞かせアクセントマークを付けさせた場合でも,間違いが多いという報告もあるぐらい,音の高低は意識的には把握しにくいものです。

　高低アクセントがない言語では,音の高低は言語を理解する上で重要な役割を果たしません。そのため,このような言語を母語とする学習者は高低に対する感度が高くない可能性があります。例えば,英語母語話者にとって,日本語は平たく早く聞こえるという報告がありますが,これは日本語は中国語に比べ音の高低差が大きくない上,英語母語話者にとって音の高低はさほど重要な要素ではないからだと考えられます。ですから,高低に敏感でない学習者には,音の高低の重要さを知ってもらい,高低に対する感覚を鍛える必要があります。

　音の高低の大切さを知ってもらう 1 つの方法として,ドアのチャイム

の音を聞かせる方法があります。まず，おもちゃのメロディーキーボード[1]などで「ピーンポーン」というドアチャイムの音を学生に聞かせ，この音がドアチャイムの音であることを確認します。次に，「ポーンピーン」という音を聞かせ，ドアチャイムの音に聞こえるかどうか聞くと，学習者は違和感を覚えるはずです。ここで，「ピーン」と「ポーン」のどちらの音が高いかを判断させます。そして，「ピーンポーン」という音の高低変化はチャイムを意味しますが，その逆はチャイムの意味にならないことを確認します。日本語もチャイムと似ていて，単語の中の音の高低が，意味を変えることを理解させます。

　次に，学習者が自分の声の高さを正しく認知できるかチェックし，できないようなら，声の高さを認知するトレーニングをします。その際，自分の声は，骨振動の影響があるため，聞きとりにくいので，まずは他人の声を聞き分けられるか調べます。これができるようなら，次に自分の声の高さを認知できるか確認します。確認とトレーニングの仕方は以下の通りです。

（1）高低アクセントの感覚を養う練習
　①　「あー」，「あー」と2回に分けて音声を聞かせます。この時教師は，どちらかを高い音でどちらかを低い音で言うか，どちらも高い音かどちらも低い音で言います。その2つの声の高さが同じか違うかを聞き分けさせます。違う場合は，どちらの声が低いかについても判断させます。
　②　メロディーキーボードのキーをたたき，その次に「あー」という音声を聞かせ，キーボードの音と音声が同じか，違うかを聞き分けさせます。違う場合は，どちらの音が低いかについても判断させます。
　③　自分の声で確認させます。学習者に自分が出しやすい音で「あー」と言わせ，教師も「あー」と言います。まず，教師は同じ高さの音

1　メロディーキーボードとは，2オクターブ程度の鍵盤がついたおもちゃの楽器です。

60

を出して，学習者に声質の違う同じ高さの音の感覚を感じてもらいます。次に学習者に「あー」とまた言わせ，教師もまた「あー」と言います。この時の音は違っても構いません。学習者に，教師の音声が自分の音声と同じ高さかどうかを聞き分けさせます。違う場合は，どちらの声が低いかについても判断させます。

④　教師が「あー」と声を出し，学習者に同じ音で「あー」と言わせ，正しい高さで出せているかを確認します。

⑤　「あー」で，音の高さが区別できるようになったら，「あー」と「いー」など比較する音を変えて，①，③，④をやってみます。いろいろな音の組み合わせができるようになったら，「端」「箸」などの短い単語を「端が」「箸が」などのミニマルペアで聞き分け，どちらが低いか，どこが低いかを判断したり，言わせる練習をします。

　高低感覚がつくようになれば，語彙アクセントの高低がより分かりやすくなると思います。

　アクセントを指導する場合，音の下がり目がどこにあるかに気を付けさせなければなりません。その際，どのアクセント表記を使うかが問題になります。以下はよく使われるものの例ですが，どの表記法も使いやすい点とそうでない点がありますので，学習目的を考えて1つか2つの方法を使ったほうがいいと思います。1～3は下がり目に焦点を当てていますので，下がり目を聞き分けるトレーニングには使いやすいです。4は上がり目と下がり目に焦点が当たっていますが，上がるときも下がるときも高低差が同じだというイメージを持たせてしまうため，発音がやや不自然になることがあります。1～4は高低差の幅を示すことができません。そのため，発音練習では音を聞きながらでなければ，どの程度上がったり下がったりするのかがよく分かりません。5と6は視覚的に音の高低を示すため，全体的な音の高低をイメージしやすく，発音練習に適しています。また，アクセントだけではなく，イントネーションの指導にも使えます。ただし，5は，特殊拍や無声音かなども示すため，情報量が多く，作成に時

間がかかります。

表 1-10　語彙アクセントの表し方

1	⌐	み⌐かん（が）	たま⌐ご（が）	あずき⌐（が）	さかな（が）
2	＼	み＼かん（が）	たま＼ご（が）	あずき＼（が）	さかな（が）
3	⌐	み̄かん（が）	たまご（が）	あずき⌐（が）	さかな（が）
4	⌐⌐	み̄かん（が）	た̄ま̄ご（が）	あ̄ずき（が）	さ̄かな（が）
5	プロソディーグラフ	みかん（が）	たまご（が）	あずき（が）	さかな（が）
6	ヤマ	みかん（が）	たまご（が）	あずき（が）	さかな（が）

　単語のアクセントを正しく発音するためには，高さを正しく認知し生成するだけではなく，その語のアクセント知識を獲得しなければなりません。つまり，音の下がり目が単語のどのモーラにあるか分からなければ，正しい場所で音を適度に下げることができたかどうかを自分で判断し，修正することができません。このモニター能力はアクセント知識に支えられているのです。

　そのため，語彙アクセントは単語を覚えるときに一緒に学習しなければなりません。これは英単語を学習する場合，ストレスを学習するのと同じです。名詞や形容動詞のアクセントは単語ごとに決まっていますから，単語の導入時に教えます。また動詞や形容詞のアクセントは平板型と起伏型の2パターンありますが，どの単語がどちらのパターンに入るかは単語を学習する際，覚えてもらいます。アクセント知識を高め，知覚，発音能力を上げる練習には以下のようなものがあります。

（2）語彙アクセントの練習
　①　新出語彙を聞いて単語にアクセントの下がり目を付けさせます。

そして，名詞の場合は，アクセントタイプによって分類させます。
動詞，形容詞の場合は 2 つのどちらのタイプに入るかを分類させ
ます。分類したアクセント型ごとに単語を読んで，規則性を確認し
ます。

② 　動詞や形容詞は平板型と起伏型の 2 種類に分かれるので，単語
を学習する時，色分けして，ハイライトするなどし，発音に気を付
けさせます。

③ 　ペアかグループに分かれ，絵カードや単語のカードを読み上げま
す。アクセントを正しく読み上げたグループはカードをもらいま
す。1 番多くカードをもらったグループが勝ちです。

④ 　プロソディーグラフやヤマを使う場合，モデル音を聞かせる前
に，自分がどのように発音するか，自分で考えさせます。モデル音
を聞きながら，指でプロソディーグラフやヤマをなぞります。さら
にモデル音を聞き，指でなぞりながら，小声で言ってみます。この
時，自分の声を録音し，モデル音と比較してみてもよいでしょう。

⑤ 　語頭やポーズの後などにターゲット語が来るような文脈を用い，
ターゲット語のアクセントを考え言わせます。その後，正しいアク
セントの会話を聞かせ，自分の発話が正しかったかどうか判断させ
ます。教師と学習者で練習してもいいですが，ペアでやっても構い
ません。

　　　A：あの建物は何ですか。
　　　B：ああ，あれですか。びょういんですよ。

　　　A：あのう，すみません。この辺にコンビニはありませんか。
　　　B：ああ，ありますよ。その先です。

　アクセントの指導でもう 1 つ気を付けなければならないのは，複合語
や名詞が修飾されている時にアクセントが変わることです。複合語は複数
の単語の羅列ではなく，1 つの単語になることでヤマが 1 つになるという

ことを理解させます。また，2つの語が合わさって1つの語になる時，後ろの語がアクセント核を担うことを指導します。そして後ろの語が頭高型や中高型の場合，複合語のアクセント核は後ろの語のアクセント核と同じになり，後ろの語が平板型や尾高型の場合，複合語のアクセント核は，後ろの語の1モーラ目に来ることを指導し，単語を組み合わせて言ってみます。この時，学習者が複合語を構成するそれぞれの単語のアクセントを知っているかどうかを必ず確認してください。練習としては，以下のようなものがあります。

(3) 複合語のアクセントの練習
① 複合語を構成する2つの単語を見せて，それぞれの語のアクセントを言わせ，アクセント核の位置を確認します。そして，複合語として言わせます。

たんじょ⌐うび + パ⌐ーティー　　→　たんじょうびパ⌐ーティー
コー⌐ヒー + ミ⌐ルク　　→　コーヒーミ⌐ルク
フル⌐ーツ + ケ⌐ーキ　　→　フルーツケ⌐ーキ
な⌐ま + たま⌐ご　　→　なまたま⌐ご

うで + とけい　　→　うでど⌐けい
にほんご + がっこう　　→　にほんごが⌐っこう
て⌐ + かがみ⌐　　→　てか⌐がみ

② 次のような文を提示し，アクセントがどう変わるか考えさせ，下がり目に印をつけさせ，読ませます。その後，正しい発音を聞いて，自分の発音と同じだったかどうか評価させます。

私が好きな食べ物は，フルーツ，ケーキ，それとアイスクリームです。
私が好きな食べ物は，フルーツケーキ，それとアイスクリームで

す。

6.5.　イントネーションの練習

　イントネーションを指導する時は，アクセントが語や句のレベルの音の高低を表すのに対し，イントネーションは文全体の音の高低を表し，文の構造や，話者の意図や伝えたいことをより鮮明にする機能があることを理解させる必要があります。

　イントネーションの練習には東京大学で開発された **OJAD 韻律読み上げチュータスズキクン**というオンライン・ソフトが活用できます。OJADとは Online Japanese Accent Dictionary（オンライン日本語アクセント辞典）で，日本語教師や学習者のために開発されたアクセント辞書です（峯松, 2014）。このシステムを用いた韻律読み上げのソフトが韻律読み上げチュータスズキクンです（中村ら, 2013）。スズキクンは，任意にインプットした文を読み上げ，視覚的にイントネーションやアクセントを示してくれるソフトです。このソフトを使うと，自分が言いたい文を入力し，シャドーイングやリピーティングの練習ができます。使い方は以下の通りです。

（1）スズキクンの使い方
　①　https://www.gavo.t.u-tokyo.ac.jp/ojad/phrasing で韻律読み上げチュータスズキクンを立ち上げます。1 番上の国旗から，教示に使う言語を選びます。
　②　好きな日本語の文章を入力します。
　③　文章に区切りをつけます。この時 1 つのフレーズは 15 拍以内の長さにとどめます。
　④　入力画面の下の「表示」オプションで，どのような情報を表示するか選びます。以下が基本的な選択肢です。
　　　ピッチパターン
　　　　山・丘のみを表示したカーブ
　　　　アクセントを意識したカーブ（初級者用）

　　　　アクセントを意識したカーブ（上級者用）

　　　テキスト上のアクセント

　　　　初級者用

　　　　上級者用

　　　　非表示

　　　アクセントマーク

　　　　核とＨを表示

　　　　核のみを表示

　　　　Ｌのみを表示

　　　　表示しない

⑤　「実行」ボタンをクリックすると読み上げ音声が作成されます。
　（話者は女性２名男性２名，話速は速い，普通，遅いを選択するこ
　とができます。）

⑥　「再生」ボタンを押すと，入力した文の読み上げ音声が聞けま
　す。一時停止は「停止」，再開する時は「再開」ボタンを選びま
　す。また，PC 上に「保存」，「印字」も可能です。

スズキクンはこれから紹介するイントネーションの指導のどれにも使える
と思います。

(2)　平叙文の基本的なイントネーションの学習

①　文を単語で区切って話すときと文として話すときの音の高低の違
　いを聞き取らせます。単語ごとに読むときはヤマが単語ごとにある
　のに対して，文で読むときは語頭が頭高型の語でない限り，第１
　モーラから第２モーラまで上昇し，その後，少しずつ下がってい
　く大きなヤマができることを確認します。

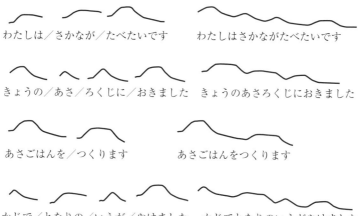

わたしは／さかなが／たべたいです　　わたしはさかながたべたいです

きょうの／あさ／ろくじに／おきました　きょうのあさろくじにおきました

あさごはんを／つくります　　あさごはんをつくります

かじで／となりの／いえが／やけました　かじでとなりのいえがやけました

②　文のイントネーションを再度聞かせます。文が頭高型の語で始まるときは，文頭が1番高く，その後徐々に下がっていくことを確認します。

とうきょうにいきます　　きょうとにいきます

③　スズキクンを使って，平叙文を入力し，イントネーションカーブとアクセントマークを見ながら，平叙文のイントネーションパターンを練習します。

(3) 統語構造を示すイントネーションの学習

イントネーションでのみ統語構造が分かる表現を用いて，イントネーションに合う絵を選ばせます。その後，それぞれの絵についてヤマを描かせ，どのように違うか確認します。

くろいシャツのボタンをさがしています

くろいシャツのボタンをさがしています

図 1-9

図 1-10

ちいさいつくえのひきだしをあけてください

ちいさいつくえのひきだしをあけてください

図 1-11

図 1-12

（4）フォーカスを表すイントネーションの指導

① 話者が強調したい情報を伝えたい場合，つまり文のフォーカスを示す場合についての聞き取りは，文脈を使って行います。このとき，基本的なイントネーションが１つのヤマとなることを学生が分かっていることが前提となります。文脈の初めのほうで特にフォーカスがないものを提示し，その後，一部にフォーカスが当たっているものを提示します。

② 発話者Ａでヤマが１つであることを確認します。Ｂについては，イントネーションの区切りとなる文境界を付けさせます。そして，２番目の文のヤマは，１つだったかどうかを判断させます。

A：さむいですね。

B：そうですか。きのうは　もっと　さむかったですよ。

③　もう一度聞かせ，Bの発話にヤマがいくつあったか確認します。
そしてヤマを複数つけることで，発話者が何を伝えたがっているの
かを考えさせ，フォーカスの意味を確認し，発話の練習をします。

④　同様の練習を他の文でやってみます。

1. とうきょうに　いきます。だから，きょうとへは　いけません。

2. A：せんせい，しつもんが　あります。
B：せんせい，ぼくも　しつもんが　あります。

3. よく　ともだちと　でんわで　はなします。きのうは　さんじかんも　はなしてしまいました。

⑤　授業でフォーカスを当てるイントネーションのパターンを決め，
教科書のダイアローグの中で，そのイントネーションにかかわる部
分はどこかをさがさせます。そして，どのようなイントネーション
で話すかを考えさせます。

⑥　その文の中の語彙アクセントに印をつけ，イントネーションのヤ
マを線で書いていきます。ダイアローグの CD を聞いて，実際に
つけたとおりになっているか確認します。もし違っていたら，どう
して違ったのかについて，クラスで話し合います。

⑦　各学生に皆に伝えたいことを考えさせ，文を書かせます。この
際，最も伝えたい情報に下線を引かせます。そして，語彙アクセン
ト，イントネーションを考えさせ，クラスで言わせます。ほかの学

習者にそれに対する適切な答えを言わせます。この時イントネーションにも気を付けさせます。

(5) 文末表現のイントネーション（疑問文の場合）
① 下の会話を聞かせ，初めの発話と2番目の発話の同じ言葉のイントネーションがどう違うか考えさせます。

  1．A：行く？   B：うん，行く。
   A：これ？   B：うん，それ。
   A：ほんと？   B：うん，ほんと。

② ①で聞いた例を書いたものを見せ，会話を聞きながら，イントネーションを付けさせます。付けたら，答えを確認します。
③ 下の会話を聞かせ，初めの発話と2番目の発話の同じ言葉のイントネーションがどう違うか考えさせます。

  2．A：いい？   B：うん，いいよ。
   A：これ　たべる？ B：うん，たべる。
   A：どれ？   B：それ。

④ ③で聞いた例を書いたものを見せ，会話を聞きながら，イントネーションを付けさせます。付けたら，答えを確認します。
⑤ 1のセットの疑問文と2のセットの疑問文のイントネーションはどう違うのか，考えさせます。そして，その理由を考えさせます。文末の語が平板型の場合，文末の音がさらに上がることを確認します。一方，文末の語がアクセント核を含むものであるとき，イントネーションは文末で下がってから最後に急に上がることを確認します。
⑥ いろいろなフレーズを疑問文にして言わせてみます。

あした　　いま　　マジで　　やめる　　のむ　　できる
やってみる　　どのひと　　このひと　　だれ　　なんじにする
そうなんですか

⑦　教科書などのダイアローグの疑問文を探させ，その文に含まれる
アクセントの下がり目を付けていきます。この時，語のまとまりを
考え，句単位でアクセントを付けていきます。これをもとにイント
ネーションを付けていきます。

⑧　ダイアローグを聞いて，学習者が立てた仮説どおりのイントネー
ションで話されているかを確認します。ダイアローグを使ってロー
ルプレイをします。

⑨　会話練習をかねて，下のような発話を聞かせ，その答えとイント
ネーションを選ばせます。

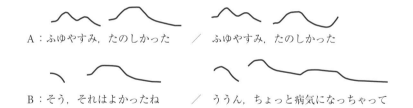

A：ふゆやすみ，たのしかった　　／　ふゆやすみ，たのしかった

B：そう，それはよかったね　　／　ううん，ちょっと病気になっちゃって

6.6.　シャドーイング

　シャドーイングとは，音声を聞いて即時的に同じことを声に出して練習
する方法で，もともとは通訳を目指す人たちのトレーニング法でした。
シャドーイングの効果としては，リスニング能力が上がる，母語話者のス
ピードについていけるようになる，イントネーションやリズムをつかみ，
単語同士の音のつながりが分かるようになり，発音が向上するといったも
のが挙げられます（高橋, 2006; 萩原, 2005）。日本語の音声教育分野では，
シャドーイングをすることにより，特殊拍の間違いが減り，アクセントや
ピッチに改善が見られたという報告があります。

　シャドーイングのやり方は指導目的によって異なります。例えば，リス

ニングに注意をする場合はシャドーイングのテキストを見ないで行うこともあります。また，読解，聴解を目的とする場合，テキストの内容に注意をしながら行う**コンテンツ・シャドーイング**をします。発音に注意をさせたい場合は，聞こえてくる音声に注意をして行う**プロソディー・シャドーイング**を行います。

　どのようなシャドーイングを行うにしてもシャドーイング教材は音読や黙読，リピーティングに比べ，認知的負荷が高い練習法です。ですから，学習者がスラスラいえるやさしいもので，かつ興味をひくものでなければなりません。例えば，教科書の中の復習項目になる簡単なもの，使い勝手のいい待遇表現などが考えられます。また，発音のためのシャドーイング教材では，テキストにアクセント核の位置やイントネーションのヤマを付けておかなければなりません。市販のシャドーイング教材にはこれらのマークが付いていますが，教科書や自作の教材にはマークがありません。ですから，その場合は，授業で，アクセント核の位置，イントネーションのヤマについて考え，皆で印を付けてから，シャドーイングを行うと，日本語のアクセント知識やイントネーションに関する知識を養うのにも役立ちます。

　シャドーイングは創造的な活動ではないため，学習者が飽きてしまうこともあります。ですから，表 1-11 のようなワークシートを使って学習の進み具合を可視化したりシャドーイング教材を段階的に難しくして，ステップが上がっていると目に見えるようなタスクにした方が動機を維持できます。

表 1-11　シャドーイングのワークシートの例

ステップ	テキスト	練習日	練習時間	ふりかえり	先生のコメント
レベル 1	はじめまして。リンです。どうぞよろしく。	7/20〜22	40分	I did well except for　はじめまして.	とてもいいです。「マ」を少しいうともっとよくなります。
レベル 2					
レベル 3 ⋮					

（1）テキストを読みながらするシャドーイング

① モデル音声を聞きながら 2 回ぐらいテキストを小さな声で読みます。アクセントやイントネーションのマークに注意しながら聞きます。

② テキストを見ないで，プロソディー・シャドーイングをします。

③ テキストを見ながら音声ファイルを聞いて，語彙と内容を確認します。そして，アクセントやイントネーションのマークについても確認します。

④ 再びテキストを見ないで，プロソディー・シャドーイングかコンテンツ・シャドーイングをします。

⑤ 十分できるようになったら，シャドーイングを録音して，教師と確認します。

（2）テキストを見ないでするシャドーイング

① リスニングをします。（テキストを見ずに音声を聞きます。）

② マンブリングをします。（テキストを見ずにつぶやく（mumble）ように発音します。）

③ パラレル・リーディングをします。（テキストを見て音声と同時に発音します。アクセントやイントネーションのマークに注意します。）

④　意味内容を確認します。

⑤　テキストを見ないで，プロソディー・シャドーイングをします。

⑥　コンテンツ・シャドーイングをします。

第 2 章

語彙指導

1. はじめに

　語彙は，コミュニケーションを成立させるために，最も基礎的な言語知識です。なぜなら，語彙，特に，名詞，動詞，形容詞といった自立語は，人が何らかのメッセージを伝えたり，理解したりするための基本的な意味を表す言語要素だからです。そのため，単語を間違えると，意味の伝達や理解に大きな負の影響を及ぼします。単語を知らなければ，最低限のメッセージを伝えることも，簡単なメッセージを理解することもできませんし，語彙力は，文法知識よりも，読解や聴解の成功に関与することが多くの言語で明らかになっています。また，語彙の間違いは会話で聞き手の注意をひきやすく，コミュニケーションの断絶を起こしやすいことも分かっています。このように，語彙力は，様々なコミュニケーションの場で重要な役割を果たすのです。

　けれども，日本語教育では，授業で教えるよりも，家で覚えてくる項目として扱われることが多いようです。語彙は数が多く家で覚えられるので，授業では扱わなくてもいい，語彙より文法や会話に授業時間を使ったほうがいいといった考えがあるからかもしれません。しかし，先行研究では，語彙知識は非常に複雑で運用が難しい言語項目であることや語彙の獲得には時間がかかることが指摘されており，積極的に指導すべきとされています。

　そこで，本章では，語彙知識に関する基本的な定義を紹介し，コミュニケーションに必要な語彙数，語彙知識の構成要素とその習得過程について説明します。そのうえで，日本語の語彙の特徴や漢字力と語彙力の関係に

ついてまとめます。最後に，語彙力を増やすための漢字の指導と語彙指導
について紹介していきます。

2. 形態素，語と語彙

　語彙について話すときに，**形態素，語，語彙**という 3 つの表現がよく
使われます。

　「語彙」は語の集まり，総称です。「語」は 1 つ以上の形態素で構成さ
れる単位です。形態素とは，それ以上分解すると意味をなさなくなるとこ
ろまで分割して抽出される意味要素の最小単位です。例えば，下の左の文
を形態素に区切ると，右のようになります。

　私は帰る。

　　　　　　　➡私｜は｜帰｜る。

　妹はお菓子を食べています。

　　　　　　　➡妹｜は｜お｜菓子｜を｜食べ｜て｜い｜ます。

　庭には 2 羽鶏がいる。

　　　　　　　➡庭｜に｜は｜2｜羽｜鶏｜が｜い｜る。

　それは非常識だと思った。

　　　　　　　➡それ｜は｜非｜常識｜だ｜と｜思っ｜た。

　常識的におかしい。

　　　　　　　➡常識｜的｜に｜おかしい。

　昨日はあまり寝られませんでした。

　　　　　　　➡昨日｜は｜あまり｜寝｜られ｜ま｜せん｜でし｜た。

　例えば，「私は帰る」という表現は「私」「は」「帰」「る」に分けること
ができます。そして，「帰る」の意味を示すコアとなる部分「かえ」は**語
基** [2] と，文法的機能を表す「る」は**接辞**と呼ばれます。同様に，「非常識」

2　「語基」と似た言葉に「語幹」という言葉がありますが，語幹は動詞や形容詞など，活用
　形のある語の意味の中心となる部分を指すのに対して，語基は活用のある語だけではなく，

の「常識」は語基であり，「非」は接辞になります。その他，「お菓子」の「お」，「常識的」の「的」も接辞となります。接辞は，それ自体では単語にならず，単語の前か後について，特定の意味を付加したり，単語の文法的機能を変えたりします。「お」や「非」のように単語の前につくものを**接頭辞**，「的」のように単語の後につくものを**接尾辞**と言います。

　「私」「帰る」「菓子」「常識」は単体で単語として辞書の見出しに記載されます。「帰る」には「帰らない」「帰ります」「帰った」「帰らなかった」「帰れば」「帰ろう」など様々な活用形がありますが，辞書には，基本形の「帰る」のみが記載され，単語としては 1 つと扱われます。この基本形のことを**レンマ**と呼びます。日本語で「語」というと大抵はこのレンマのことを指します。「語」は 1 つ以上の形態素で構成される意味の単位で，「私」「帰る」「菓子」「創造的」「非常識」はすべて語になります。これらの語の集まりを意味する総称が「語彙」です。

　日本語では，形態素をそれ自体が**文節**になるかならないかで**自立語**と**付属語**という 2 種類に分けています。文節とは，人が話をする際，文を区切る最小の単位です。例えば，「私は帰る」という文では，人は「私」「は」「帰る」というようには発話せず，「私は」「帰る」というように文節と文節の間で区切ります。自立語はそれだけで意味を成し，単体で文節になりえるという特徴があります。一方，付属語は，単体では意味をなさず，自立語の後について文節を構成するのです。

　自立語には，動詞（食べる，書く），名詞（卵，私），形容詞（大きい，小さい），形容動詞（元気だ，安全だ），連体詞（この，ある（人）），副詞（とても，すっかり），接続詞（でも，だから），感動詞（こんにちは，おや，いや）の 8 種類があります。また，付属語は，助詞（が，は，を，に）と助動詞（ない，ます）の 2 種類があり，文法上の機能のほとんどを付属語が担います。

　活用のない語についても意味の中心となる部分として使われます。例えば，「帰る」の「かえ」には語幹も語基も使えますが，「非常識」の「常識」には語基を使います。

3. 語彙数と語彙頻度

3.1. ワードファミリーとレンマ

　では，言語を運用するために，いくつ単語を知っていなければならないのでしょうか。英語では語数を**ワードファミリー**（Word Families）という単位を用いて示します。ワードファミリーとは，単語の語基と接辞を合わせたすべての形式を1つと数えた単位です。例えば，図2-1では help という語とこれに接尾辞や接頭辞が付いたものを図式化しています。この図には help に関連する語が11ありますが，ワードファミリーは1つです。

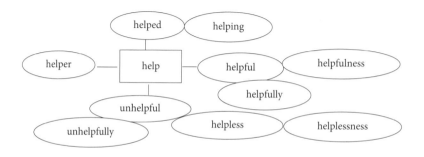

図 2-1　ワードファミリー（help）

　Nation（2001）によると，英語の母語話者の語彙サイズは，幼稚園入園前の幼児が1,000ワードファミリー，幼稚園児が3,000〜4,000ワードファミリー，高校卒業時で20,000ワードファミリー，成人では20,000〜80,000ワードファミリーと変化していきます。成人のワードファミリー数をレンマに置き換えると60,000〜240,000レンマになります。つまり，母語話者は，平均で年間1,000ワードファミリーを獲得することが期待されます。

　日本語では，ワードファミリーを使わず，レンマで語彙サイズを表現します。林（1971）は，日本人は小学校卒業時で20,000レンマ，中学校卒業時で36,000レンマ，高校卒業時で46,000レンマ，そして成人期は

48,000 以上のレンマを習得すると推定しています。つまり，日本語母語話者は 20 歳までに年間平均で 2,500 以上のレンマを獲得すると考えられます。ただし，その獲得数は年齢によって異なります。藤田他（2020）は公立の小学生〜高校生 2,800 人以上を含む，約 4,600 人の語彙数調査を行い（図 2-2），語彙数は小中学生では急激に増え，成人になっても年齢とともに増えることを報告しています。また，母語話者の語彙数には成長期でもかなりの幅があり，成人になるとその幅はさらに大きくなる傾向があります。

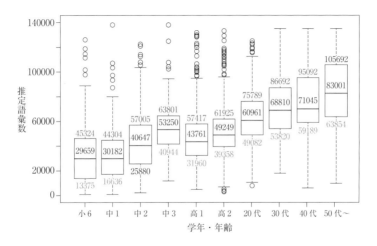

図 2-2　学年・年齢の語彙数推定結果（藤田他, 2020, p. 357）

　では，日本語学習者の場合はどうでしょうか。旧日本語能力試験では，1 級（現日本語能力試験の N1）で 10,000 レンマ，2 級（N2）で，6,000 レンマ，3 級（N4）で 1,500 レンマ，4 級（N5）で 800 レンマと，上級でも日本人の小学校卒業時の語彙数よりも少ないです。このことから，旧日本語能力試験で指定されている語彙数は日本語を運用するには十分でないと考えられます。

3.2.　1 年間に習得する平均語彙数

　では，L2 学習者は 1 年間にいくつ語彙を習得するのでしょうか。この点については，日本語では，研究がないのではっきりしませんが，英語については様々な研究がなされています（Milton, 2006; Milton & Meara, 1995; Orosz, 2009）。対象とする学習者の年齢や学習環境，授業時間数によって幅がありますが，年間 200 レンマから 500 レンマ，1 時間の授業に換算して 3 語から 5 語習得すると報告されています。例えば，Milton（2006）は 11 歳から 18 歳までのイギリス人フランス語学習者の語彙数を調査しました。その結果，11 歳から 15 歳までは 1 年間に平均 170 レンマを，16 歳から 18 歳までは 530 レンマを獲得したと報告しており，1 回の授業で平均 3〜5 レンマを獲得すると推定しています。また，Orosz（2009）では英語を学習するハンガリー人児童は年間に 300〜400 レンマを習得していましたが，子供によって習得する語彙数にばらつきがあり，年間 1,000 レンマを獲得する子供もいました。さらに，Yoshida（1978）は 3 歳の日本人幼児の 1 年間の英語の語彙数の変化を調査し，520〜600 レンマであったと報告しています。これらの研究から，L2 学習者が 1 年に獲得する語彙数は，年間平均で考えると，500 レンマ，多く見積もっても 1,000 レンマ程度で，母語話者が獲得する語彙数の 1/5 から 1/3 程度ではないかと推測されます。

3.3.　語彙頻度とカバー率

　どの言語にも頻繁に使われる語とそうでない語があります。そのため，高頻度語を知っていると，文章中や会話に現れるかなりの語彙をカバーできることが分かっています。例えば，英語では表 2-1 にあるように，最も頻度が高い上位 1,000 レンマがテキストをカバーする割合は 72 ％にもなりますが，1,001〜2,000 レンマのカバー率は全体の 7.7% で，2,001〜3,000 レンマのカバー率は 4.3% と頻度が極端に低くなります。上位 1,000 レンマから 1,000 レンマずつ増やしていくとテキストカバー率は少しずつ上昇し，5,000 レンマでは 88.7% にもなります。さらに 14,851 レンマで 97.8% となり，15,000 レンマから 20,000 レンマを知っていれば，英語の

テキスト中に現れるほとんどの語彙をカバーすることになります。

表 2-1　Brown Corpus をもとにした英語のテキストカバー率 (Francis & Kucera, 1982)

語彙頻度ランク（レンマ）	テキストカバー率（%）	
1,000	72.0 %	(72.0%)
1,001〜2,000	79.7 %	(7.7%)
2,001〜3,000	84.0 %	(4.3%)
3,001〜4,000	86.8 %	(2.8%)
4,001〜5,000	88.7 %	(1.9%)
5,001〜6,000	89.9 %	(1.2%)
6,001〜14,851	97.8 %	(7.9%)

　同様の傾向が日本語でも言えます。表 2-2 と図 2-3 は出版物のメディア別にテキストカバー率を示したものです。上位 1,000 レンマで 74.3% から 84%，その後 1,000 レンマずつ足していくと徐々にカバー率が上がり，20,000 レンマで 97.3% から 99.2% まで上がります。このことから，より高頻度の語を知っていればいるほど，目標言語を理解するのに役立つということが分かります。ただし，テキストカバー率は，書き言葉コーパスをもとに調査されているため**理解語彙**を対象としています。**産出語彙**については調査が困難であることもあり，結果が出ていませんから，話し言葉でも同様のことが言えるのかは，今後の調査を通して明らかにしていく必要があります。

表 2-2　メディア別テキストカバー率（Matsushita, 2012, p. 153 を一部修正）

語彙頻度ランク	雑誌（国立国語研究所, 2006）	新聞（天野＆近藤, 2000）	書籍（国立国語研究所, 2009）	フォーラム Web サイト（国立国語研究所, 2009）
1,000	75.3 %	74.3 %	78.7 %	84.0 %
2,000	81.6 %	81.3 %	84.5 %	89.1 %
3,000	85.3 %	85.2 %	87.7 %	91.8 %
4,000	87.6 %	87.7 %	89.7 %	93.5 %
5,000	89.3 %	89.5 %	91.2 %	94.7 %
10,000	93.9 %	94.2 %	95.2 %	97.8 %
12,000	94.9 %	95.2 %	96.0 %	98.1 %
15,000	96.0 %	96.2 %	96.9 %	98.6 %
20,000	97.3 %	97.4 %	97.9 %	99.2 %
25,000	98.2 %	98.1 %	98.5 %	99.5 %

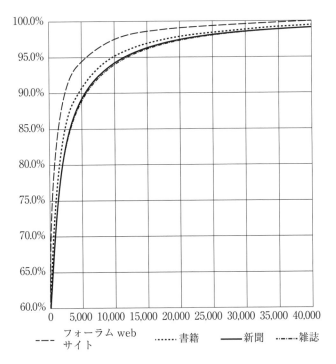

図 2-3　メディア別テキストカバー率（Matsushita, 2012, p. 154 を一部修正）

　ただし，テキストカバー率は，低頻度語が重要ではないということを意味するものではありません。例えば，会社，魚屋，肉屋，病院など特定の職場のみでしか使われない言葉は，その場面ではたくさん使われるのですが，全体を通してみると頻度が低くなります。けれども，その場面で言語活動をする可能性のある人にとっては非常に重要な言葉になります。同様にアカデミックな言葉や教科書で多用される言葉，説明書やマニュアルに使われる言葉にも普段の生活では使わない言葉が多々あります。これらもやはり低頻度語になることが多いです。

4.　語彙知識

　語彙数は**語彙の広さ**を表す指標です。語彙の「広さ」とは単語の中核となる基本義が分かる単語をどのくらい知っているかということです。語彙数は，字形と発音と意味を暗記すれば増やすことができるでしょう。しかし，覚えた単語と学習した文法を組み合わせて文を作っても，適切な外国語使用になるとは限りません。適切に使うためには**語彙の深さ**に関する知識が必要です。語彙の「深さ」とは，ある語について，どれくらいのことを知っているかということで（中西・島本, 2003），語彙が深くないとコミュニケーション上，様々な問題が起こります。

　例えば，ある日，筆者の学生の 1 人が，「先生，ニキビが発達しました。」と言ってきました。英語では，pimples develop と言えることから，この学生は英語の pimples と develop の訳を調べ「ニキビ」「発達」という単語を使ったのですが，意味は通じても，日本語では不自然になってしまいます。この場合，「ニキビ」と共起する表現は「大きい」（ニキビが大きくなる），「できる」（ニキビができる）で，「発達」のような硬い表現はニキビなどの平易な言葉には使われません。つまり，その語がほかのどのような語と共起するのか，その語がどの程度改まった場で使われる語なのかを知らなければ，適切な使用になりません。

　また，辞書や単語リストでは，単語のニュアンスまでは分かりません。ある学生が，家族の話をするとき，父親が再婚しているので，自分には生みの母と育ての母がいることを説明しようとしていました。その際，その

学生は育ての親のことを「継母」という単語を使って「母親」と区別しました。英語の stepmother には，特に否定的なニュアンスがないので，その訳語である「継母」も当然使えると思ったからでしょう。しかし，日本語の「継母」には必ずしも良好な関係を示さない否定的なニュアンスがありますから，同じ母親のことを話していても，聞き手に与える印象はかなり異なってしまいます。

　それから，語の知識が浅いと，多くの誤用を生み出すことになります。例えば，中国人学習者は，概念が似ている場合，母語（L1）の品詞や用法を転移する傾向があります。日本語の「発達」は名詞ですから，「する」を付けないと動詞として使うことができませんが，中国語の「発達」は，この語形で，形容詞にも動詞にもなります。そのため，中国語話者は，「日本はせまいです。でもとても発達です」（河住, 2005）というような誤用をします。同様に，日本語では形容動詞ですが，中国語では「快適」は名詞ですから，「快適を感じない」（河住, 2005）というような誤用も産出します。これらは形容動詞に「さ」をつけるという文法が使えないからだと考えることもできますが，単語の属性である品詞の間違いが原因である可能性が高いです。

　また，複合語の組み合わせの知識がないために，「明確的な」「不発達」など日本語にはない接辞を付けたり，「公共施設」ではなく「公共場所」といった誤用を産出することもあります。

　さらに，日本語には，「開く」「開ける」のように自動詞と他動詞の語形が異なる動詞対がありますが，多くの言語では同じ語形の動詞が自動詞と他動詞として機能します。例えば英語の open は主語が動作主であれば他動詞（she opened the door），動作の対象であれば自動詞（the door opened）になります。日本語に自動詞・他動詞の対があるということを学習しても，多くの場合，この区別が難しいのは，L1でこの区別がなされていないため，概念を共有している単語の品詞を語形で区別することができないからだと考えられます。

　このほかにも，漢語の中には「する」を付けるものと「をする」を付けるもの，両方が可能なものがあります。例えば，「支出する」は言えます

が，「収入する」は言えませんし，「勉強をする」「勉強する」は両方とも可能です。これらは文法規則を知っていてもその語の使用制限に関する知識がなければ使いこなすことはできません。このように語彙の深さにかかわる要素は多々あることが分かります。

　Nation（2001）は語彙知識の構成要素を表 2-3 のようにまとめました。表 2-3 では，語は語形，意味，使用の 3 つの要素によって構成されています。語形に関する知識とは，語の発音や表記，そして，接辞などその語を構成する部分を理解し産出する知識のことです。また，意味には，基本義だけではなく，その語によって表される概念や指示対象との関係を理解し，使用するために必要な知識も含まれます。具体的には，その語が表す概念に含まれる概念や対象物（事）とそれを表す語，その語と関連性のある概念や対象物（事）とそれを表す語に関する知識も含まれます。さらに，使用に関する知識は，語が他のどのような単語と共に使用されるかといった共起性に関する知識や，文型や文法上の機能，その語がいつ，どこで，どの程度の頻度で使用されるかという使用上の制約に関する知識です。日本語には和語や漢語，外来語など，同じような意味を表すものの使用場面や頻度が異なる語彙が多々ありますから，この知識がなければ使い分けはできなくなります。Nation はこれらの 3 つの要素について，受容（聞く・読む）と産出（話す・書く）に分類しています。

表 2-3　Nation（2001, p. 27）の語彙知識の構成要素

語形	音声	受容	その語がどのように聞こえるか。
		産出	その語がどのように発音されるか。
	表記	受容	その語はどのように見えるか。
		産出	その語はどのように表記されるか。
	語の構成素	受容	その語の構成素（接辞など）を見分けられるか。
		産出	構成素（接辞など）を使って意味を表せるか。
意味	語形と意味	受容	その語がどのような意味を表すか。
		産出	ある意味を表すための語形を使用できるか。
	概念と提示物	受容	ある概念に含まれる物は何か。
		産出	ある概念が指示する物は何か。
	連想	受容	その語は他のどの語を連想させるか。
		産出	その語の代わりに他のどの語を使用できるか。
使用	文法的機能	受容	その語はどのような文型で現れるか。
		産出	その語をどのような文型で使わなければならないか。
	コロケーション	受容	その語はどのような語と一緒に現れるか。
		産出	その語をどのような語とともに使わなければならないか。
	使用における制約(使用域, 頻度など)	受容	どのような場面で，いつ，どれぐらいの頻度でその語に遭遇するか。
		産出	どのような場面で，いつ，どれぐらいの頻度で当該語を使用できるか。

　ただし，これらすべての要素が一度に獲得されるわけではありません。語の構成要素の全部を知らなくても，語を使ったり理解したりはできます。つまり，語の構成要素は経験によって拡張していくと考えられています。また，産出語彙は受容語彙よりも習得するのが困難であり，習得しやすい語彙としにくい語彙では受容と産出に至る段階が異なると考えられています。なぜなら，受容の場合，未知語であってもある程度文脈から推測することが可能ですが，産出の場合は，語形，意味，使用に関する正確な知識を必要とし，文法や用法も関わってくるからです（Laufer, 1998）。

　語彙の広さと語彙の深さは，密接に関係していることが分かっています。人間の長期記憶の中では，語彙に関する様々な情報がネットワークを

形成していると考えられています。その意味のネットワークの中で，関連する概念が活性化され，記憶から意味情報が取り出され，語の理解が起こると考えられています。そして，ある語が活性化されるとその概念に近い語ほど活性化されやすいとされています。例えば，「赤」に関連する語を言ってくださいという指示を出すと，「リンゴ」「サクランボ」「火」「バラ」「消防車」など赤い色のものが思い浮かぶでしょうが，「学校」

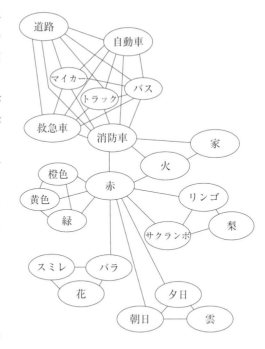

図 2-4　Collins & Loftus (1975, p. 412) のモデル

「ベッド」「キリン」など赤とは関係のない概念を表す語彙は，思い浮かばないでしょう。また，「リンゴ」というと，「梨」「サクランボ」などの果物の概念が活性化されやすく，「じゃがいも」「レタス」などの野菜は，果物ほど頭に浮かばないでしょう。このような現象は，人の記憶に**語彙ネットワーク**が存在するからだといわれています。

　語彙ネットワークが詳細で精緻化していればいるほど，語彙知識は深くなります。そして，語彙知識が深ければ深いほど，その語やその語が表す概念にかかわる新しい知識を獲得しやすくなります。このことは，語彙ネットワークが詳細であればあるほど，いろいろな語彙を知っている，つまり広い語彙知識を持っているということにつながります。いろいろな語彙を知っていると，読解や聞き取りなどから新しい語彙を獲得しやすくなります。その結果，使用頻度の高い語彙は，強固なネットワークを構成し

ており，その語彙に関する知識も深い傾向が見られます（堀場・松本・鈴木, 2006）。

5.　L2 学習者の心内辞書

　L2 学習者の語彙習得は L1 の影響を受けますが，心理学の分野では，L1 と L2 がどのような関係にあるか検討されています。この関係を示す初期の考え方には，L1 と L2 の単語は語彙表象同士が直接結びついて翻訳されるという**語彙連結仮説**，L1 と L2 の単語は 2 言語共通の概念を媒介して翻訳されるとする**概念媒介仮説**があります（Potter et al., 1984）。これまでの研究では，L2 学習の初期には，L1 から L2 は語彙連結仮説にしたがっていることが分かっています。けれども，習熟度が上がると，概念媒介仮説にそった処理へと処理過程が移行することが明らかになっています。習熟度の高い学習者は，L1 の単語を見せて L2 を言わせた場合よりも，その言葉を絵として見せた場合のほうが，L2 の単語を早く言えるからです。

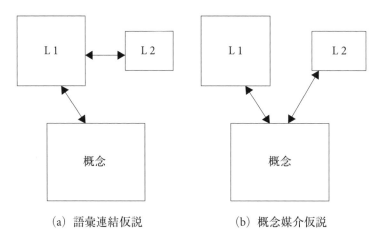

（a）語彙連結仮説　　　　　（b）概念媒介仮説

図 2-5　Potter et al. (1984) の 2 つのモデル（Heredia, 2008, p. 53）

　ただ，この 2 つの仮説は，L2 から L1 へ翻訳するときのほうが L1 から L2 に翻訳するよりも時間がかかることや，L1 から L2 では絵を見せると処理が速くなるのに対し，L2 から L1 では，文字を見せても絵を見せても

翻訳速度が変わらない点については説明できません。

そこで，Kroll & Stewart（1994）は L2 学習者は L1 がある程度確立してから L2 の学習を始めるので，L1 の単語と概念の結びつきは L2 の語彙と概念との結びつきより強いと考え，この翻訳の方向性による違いを説明

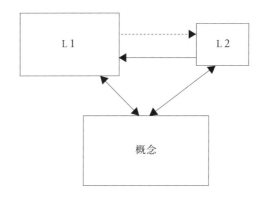

図 2-6　改訂階層仮説（Kroll & Stewart, 1994, p. 158）

する改訂階層仮説を提唱しました。この仮説によると，L1 から L2 に翻訳する場合は，L1 単語を認知すると対応する概念の検索がなされ，その概念を通して L2 が認知されるため，翻訳に時間がかかります。一方，L2 から L1 に翻訳する場合は，L2 の語彙と概念の結びつきがさほど強くないため，L2 単語を認知するとすぐ L1 の単語が検索され，結果的に処理時間が短くなるのです。

これらの仮説は L1 から L2，L2 から L1 への翻訳にかかる時間を説明できますが，抽象的な語彙が具体的な語彙よりも認知されやすいことや L1 では語に関する様々なセンス[3]が引き出されるのに対し，L2 では限られたセンスのみが認知されることについては十分説明ができません。しかしながら，習熟度の発達に伴い，L2 語彙の処理が変化するという点で，この仮説は語彙指導における L1 の扱いについて重要な示唆を与えています。

3　意味論では，センスは語が持つ意味の一部と定義されています。多義語のそれぞれの意味は，センスになります。例えば，「とる」という動詞のセンスは，数え方によって，10 〜 20 以上あると考えられます。また，「表」と「裏」が反意関係にあり，「物忘れ」と「失念」が類義関係にあることや，「時計」と「腕時計」では「時計」が上位概念で「腕時計」が下位概念になるといった関係もセンス同士の関係で説明されています。

6. 定式表現

　どの言語にも1つの命題を表す複数の語彙の固まりがあります。例えば，「腹が立つ」は「怒る」の意味で，何らかの操作をしてお腹を立てた様を表すわけではありません。また，「開いた口がふさがらない」は，あきれる様を表す表現であり，口を開けた後に口を閉じることができない状態を意味しているわけでもありません。さらに，「目から鱗（が落ちる）」は，「今までわからなかったことが，何らかのきっかけで突然理解できるようになる」という意味ですが，この句を名詞「目」「鱗」や助詞「から」を組み合わせた句だと考えると，目の中に入った鱗が目から出て落ちるという，実際はほとんど生じない現象を示してしまうことになりますし，「目」「鱗」「から」のどれかをほかの語と入れ替えて，同じ意味を表すことはできません。このように，複数の単語が組み合わさって1つのまとまった意味や機能を表す表現は，**定式表現**と呼ばれます。

　1980年以降，英語教育の分野ではコーパス分析が盛んになり，コロケーションや慣用句など複数の単語の組み合わせが1つの命題を表す表現は，構成語の共起関係が非常に強く膠着しているという特徴があることが明らかにされました。その結果，文法規則に従い単語を組み合わせて文を生成する自由結合とは区別すべきだという主張がなされるようになりました（Wray, 2009）。また，心理学の分野でも，母語話者がこれらの表現の統語構造を分析せず，1つの固まりとして記憶していることが分かってきました（Altenberg, 1998; Jiang & Nekrasova, 2007）。これらの研究では，自由結合は語彙処理と文法処理にかかる認知的負荷が高いため，処理に時間がかかり，脳が活性化されることが明らかになりました。一方，定式表現は，語彙処理だけがなされるため，脳もあまり活性化せず，速く処理されることが分かりました。

　日本語でも，蘇・畑佐（2018）が日本語の定式表現と自由結合を含む文の処理時間を測定したところ，同じ長さの自由結合よりも定式表現のほうが早く処理されていたと報告しています。また，梁・松野・杉浦（2008）は，定式表現を理解する際の脳の活性化パターンを調べたところ，定式表現を処理するときは，統語処理をするときと比べ脳が活性化せず，単純な

処理が行われていることを確認しました。これらの結果から，日本語の定式表現も印欧語と同様固まりとして処理されていると考えられます。

　定式表現は，構成語の組み合わせ，**意味的透明性**，談話機能など，様々な観点から分類されています。蘇（2019）は，構成語の組み合わせと意味的透明性をもとに表 2-4 のように分類しています。

表 2-4　定式表現の分類（蘇, 2019, p.16 をもとに筆者が構築）

定式表現の種類	意味	例
ことわざ・格言	固まりで使用され，1 つの意味単位を構築している句や文	雨降って地固まる 石の上にも三年
慣用句	2 語以上の自立語を含み，構成語の総和が表す意味と句の意味が異なるもの（意味的透明性が低い）	間に合う 虫がいい
コロケーション	2 語以上の自立語を含み，構成語から句の意味が類推しやすいもの	迷惑をかける 調子がいい
語彙束	連続した自立語と付属語を含む 2 語以上の語から成るもの	なければならない のために
パターン	連続しない複数の語から成る句で，構成語の入れ替えはできないが，ほかの語句の組み合わせが可能なもの	〜ば〜ほど とても〜ない

　定式表現は構成語の置き換えができない点，固まりとして処理される点以外に，母語話者らしさを特徴付けると言われています。ある命題を表すために，語彙と文法規則を組み合わせて様々な句や文を作ることは可能であり，多くの日本語学習者は定式表現も統語処理をすることが分かっています（蘇・畑佐, 2018）。しかし，その結果，意味は通じるけれども，母語話者が絶対言わないような不自然な表現を産出する可能性があります。一方，母語話者は，同じ意味を表す文法と語彙の組み合わせを使うのではなく，1 つの定式表現を繰り返し使うため，不自然な日本語を産出しないと考えられています。

　文法と語彙の処理をするよりは，定式表現を処理する方が早く，脳の活性化も少ないということは，定式表現の知識が豊富であれば，多くの認知

資源を使わずとも言語処理が迅速にできるということを意味します。テキスト中にどの程度の定式表現が含まれるかはジャンルにもよりますが，英語では 59 %（Wei & Li, 2013）から 80 %（Altenberg, 1998）と非常に多いことが分かっています。日本語ではこのような調査はまだ見られませんが，定式表現が言語処理の効率化を支えていることを考えると，かなりの割合を占めるのではないかと思います。したがって，自然な日本語を効率的に運用するためには，多くの定式表現を獲得することが重要だと言えます。

7.　日本語の語彙の特徴

　語彙は言語の運用に重要な役割を果たし，すべての技能に深くかかわるものですが，数が膨大で語彙知識は複雑なため，日本語学習者にとっては習得が難しい言語項目でもあります。本節では，日本語の語彙の特徴について説明し，学習者にとってどのような点が難しいのかを検討していきます。

　日本語の名詞は，性や数を表さないので，男性名詞，女性名詞，単数，複数などによって異なる語形を使うことはありません。また，格は助詞で表すため，英語の he, him というように格によって異なる語を使うこともありません。音声的にも，英語や中国語などに比べ，音節の数も少なく構造も単純で，音節の組み合わせの数も少ないです。

　しかしながら，音の組み合わせが比較的少ないことは，同じ音で違う意味を表す**同音異義語**が多いということでもあります。例えば，「きかん」という言葉には「機関」「期間」「器官」「気管」「帰還」「季刊」「基幹」などの同音異義語があります。音声，表記，意味が 1 対 1 対応していないのは，L2 学習者にとっては学習が困難な要因になります。

　また，日本語を使うのには印欧語よりもより多くの語を知っていなければならないと言われます（松下, 2018）。その理由として，まず日本語では，同じ意味を表す表現が話し言葉と書き言葉で異なることが多いことがあります。例えば，量が多いことを表すのに，話し言葉では「いっぱい」や「たくさん」を使いますが，書き言葉では「多くの」や「〜が多い」を

使います。そして，話し言葉だけをとっても，性差，会話の相手や対象によって敬語や非敬語を使い分けなければなりません。例えば，英語の I に当たる日本語には「あたし」「わたし」「わたくし」「ぼく」「おれ」「自分」などがあります。

　加えて，日本語には日本古来の言葉である**大和言葉（和語）**，中国語由来の**漢語**，そして非漢字圏由来の**外来語**の 3 つの語種があり，和語はひらがなのみか漢字とひらがな，漢語は漢字，外来語はカタカナというように表記が異なります。この 3 つの表記は，ニュアンスが異なり，和語は平易な印象，漢語は改まった印象，外来語はモダンな印象を与えると言われます。その結果，「速さ」，「速度」，「スピード」といった同じ意味を表しながら，使用場面が異なる単語が存在します。例えば，国立国語研究所（2006）の雑誌の語彙調査では，漢語が 7 割を占めたのに対し，話し言葉の調査（国立国語研究所, 1980）では和語が 7 割を超えていました。また，明治以降，欧米の影響を受けて増えた外来語は，社会のグローバル化の進展に伴い，海外からの新しい概念やニュアンスを取り入れていく過程で，さらに増える傾向にあります。

　最後に，日本語の語彙を読みから習得する場合，非漢字圏学習者にとって大きな障害となるのが，文字認知の問題です。日本語の語彙力と漢字力の相関は r =.82[4] と非常に高く（松下, 2018），漢字ができないと日本語の文章を理解することは不可能です。日本語では，ひらがな，カタカナだけで文字数が 100 を超えますが，漢字は 2,000 を超え，日本人の子供も読めるようになるまでに何年もかかります。この文字学習を通して，複雑な線の組み合わせを見分ける能力，漢字の中に繰り返し出てくる形の認知，その形が漢字のどこに出現しやすいかなどの知識も習得します。

　漢字圏の日本語学習者は，母語で同様の学習をしてきていますから，漢字の文字認知が自動化されており，発音以外の漢字語彙の処理は容易にで

4　r=.82 の r は相関係数を示しています。r の範囲は -1 から 1 までで，係数が -1 か 1 に近いほど相関関係が強く，0 に近いほど弱いです。.82 は 1 にかなり近いので強い相関関係があると言えます。

きます。しかし，漢字は多くの非漢字圏日本語学習者にとって，難しい学習項目です。字形の複雑さ，数の多さ，字形と音の対応の悪さなどからくる負荷だけではなく，文字認知力をつけること自体が大変です。例えば，アルファベットは26文字しかありませんから，アルファベット言語圏の学習者は，漢字圏学習者と比べ，複雑な字形を区別する能力が発達していません。そのため，字形の認知は学習初期のみならず，2，3年と学習を続けても困難要因となります（谷口, 2017; 玉岡, 1992, 1997）。

　字形が認知できなければ，音韻処理も意味処理も不可能です。字形の認知が遅いということは，文字情報から語彙を認知するのにも労力が費やされるということであり，すらすらと読めるようになるには相当の時間がかかります。そのため，多読により語彙力をつけることも容易ではありません。中国語母語話者が3年で日本語能力試験のN1を取得することができるのに対し，欧米の英語母語話者が大学で4年日本語を学習してもN1が取れない理由はここにあります。

　次節からは，和語，漢語，外来語，そして，これらの語種を組み合わせた混合語について概観します。そして，語彙力をつけるために重要だとされる接辞についても簡単に説明します。

7.1.　和語の特徴

　和語は漢語や外来語に比べ，比較的モーラ数が少なく，短い言葉が多いです。特に，「山」「川」「雪」「雨」などに見られるように自然にかかわるものを表す単語に和語が多いです。また，和語は「いぬ」「ねこ」「さくら」「うめ」「父」「母」「兄」「姉」「妹」「弟」など具体的なものに使います。一方，これらの語の総称や概括的概念を示す「動物」「植物」「家族」は抽象度が高く，和語が用いられません。また，「自由」「能力」「観点」など抽象的な概念を表す語にもほとんど使われません[5]。

　品詞としては，「勉強する」「ノックする」というような漢語や外来語に「する」を付けた複合動詞を除くと，動詞や形容詞のほとんどが和語であ

5　例外的に「恥」や「誇り」「わび」など抽象概念を表す和語も存在します。

り，文法機能を表す助詞や助動詞などの付属語はすべて和語です。また，擬声語（ピーピー），擬音語（ピチャピチャ），擬態語（ふわふわ）などのオノマトペや「とても」「あまり」などの副詞も和語が多いです[6]。

　音声的には，語頭がラ行で始まる和語はありません。また，「ばら」「抱く」などの例外を除いて，濁音（/g, z, d, b/）で始まる語も非常に少ないです。それから，二つの語が重なって複合語を作る場合，和語の音が変わることが多いです。例えば，/ame/（雨）と /kasa/（傘）から成る複合語「雨傘」では /ame/ の語末の母音が /e/ から /a/ に，/kasa/ の語頭の /k/ が有声化して /g/ になり，/amagasa/ と音が変化します。同様に，「木」と「陰」の複合語「木陰」では「木」の語末の母音が /i/ から /o/ に変わり，「白」と「玉」の複合語「白玉」では「白」の語末の母音が /o/ から /a/ になります。

　和語の表記はひらがなが基本ではありますが，漢字が日本に導入されてから和語の訳語となる漢字を当てはめた結果，漢字の読みに「訓読み」という日本語独自の漢字の読みが生まれました。例えば，「来る」の中国語訳は「来」/lái/ ですが，漢字のみを当てはめ和語の発音を維持したため「来」の訓読み /ku/ が使われるようになりました。

　和語の動詞は，大まかな行動を表すことはできても，その行動が起こる場面や事象を明示的に表せないことから，**多義性**があると言われます。そのため，表記では異なる漢字を用いることによって，より正確に事象を示すことがあります。例えば，「見る」という動詞は，外を見る場合には「見る」を，観劇をする場合は「観る」を，診療する場合は「診る」を，看病する場合は「看る」を，観察する場合は「視る」をというように，状況や実際の行動をより詳しく説明するために異なる漢字で表されます。同様に，犯人や落とし物など見えなくなったものをさがす場合は「捜す」，職や新車などほしいものを見つけようとする場合は「探す」が使われます。このように，日本語ではおおむね同じ行動を表す動詞で異なる漢字が使われる語が多く，日本人でも使い分けは難しいです。

6　ただしオノマトペはひらがなよりもカタカナで表されることが多いです。

7.2. 漢語の特徴

　漢語は，中国語から借用され日本語として定着した語彙体系で，1つ以上の漢字で表され，音読みからなる語彙です。一字漢語には，「愛」「天」「死」などがありますが，圧倒的に多いのは二字熟語と呼ばれる漢語です。

　漢字の借用は5世紀から6世紀に始まり，その後，鎌倉・室町時代まで漢字の日本語への借用が続いたと考えられています。長期にわたって輸入されたため，多くの漢字に複数の発音があります。最も古い発音は「呉音」であり，奈良・平安時代より前に輸入された発音ですが，いつ始まったのかははっきりしません。奈良・平安時代に輸入された発音は「漢音」と言い，さらに鎌倉・室町時代に輸入された発音を「唐音」と言います。例えば「脚」は呉音では「カク」，漢音では「キャク」，唐音では「キャ」になります。「行」の呉音は「ギョウ」か「ゴウ」，漢音は「コウ」，唐音は「アン」です。どの音読みをどの語彙に付与するかは単語ごとに決まっており，予想できません。「行」の発音は，「行列」では「ギョウ」，「銀行」では「コウ」，「行脚」では「アン」，となるほか，「行く」に「イ（ク）」と「ユ（ク）」，さらに「行う」に「オコナ（ウ）」と3つの訓読みがあり，非常に複雑です。

　漢語は中国語の発音の影響を受けるため，音読みの拍数も1拍か2拍が多いです。また，和語にはない，濁音 /g, z, d, b/ で始まる語が多くあります。例えば，「言語」「磁石」「大学」「文学」などがそれに当たります。その一方で，/p/ で始まる語は存在しません。また，「食堂」「越境」などに見られるように拗音や長母音を含む語も多いです。

　漢語は和語と反対に抽象的な概念を表し，名詞や形容動詞に多いです。また，先述したように，漢語は堅く改まった印象を与えるため，新聞や公文書などの書き言葉に多い語種です。さらに，漢字は表意文字ですから，和語のような多義性はなく，語の意味を限定的に示すことができます。例えば，「発達」「進展」「発展」といった概念的に類似している語彙も，表記で違いを明確に示すことができます。そのうえ，漢字は造語力が高いため，漢字を組み合わせて，様々な語を作ることができます。例えば，「強」という漢字は「強力」，「強運」，「強化」，「強肩」，「強固」，「強行」などが

あります。加えて，「強力殺虫剤」，「強力接着剤」などの複合語を作ること
とも可能ですから，現代日本語には日本でしか使われない和製漢語も多々
あります。

　さらに特徴的なのは同音異義語のほとんどは漢語であるという点です。
以下は，漢語の同音異義語の例です。

　　いし（意思，意志，遺志）
　　いどう（移動，異動，異同）
　　かんし（監視，看視，環視，冠詞，諫止，漢詩）
　　きかん（期間，機関，器官，気管，帰還，基幹，季刊）
　　こうせい（校正，構成，厚生，公正，攻勢，後世，恒星，抗生）
　　こうそう（構想，高層，香草，抗争，降霜，後送）
　　さんか（参加，賛歌，酸化，傘下，惨禍，産科，讃歌）
　　せいか（製菓，成果，盛夏，生家，聖歌，生花，正貨，聖火）

7.3.　外来語の特徴

　外来語は主として西洋諸言語からの借用語で，より現代的で洗練された
印象を与えます。例えば，「台所」と「キッチン」，「喫茶店」と「カ
フェ」，「鞄」と「バッグ」では，いずれも外来語のほうがモダンに感じま
す。

　外来語はカタカナで表記されるため，カタカナ語ともいわれます。た
だ，外来語の中でも借用された時代が古く日本語として定着している言葉
は，カタカナだけではなく，ひらがなや漢字で表されるものもあります。
例えば，タバコは 16 世紀半ばにポルトガル人が持ち込んだ tabaco に由来
していますが，現在，カタカナ以外にも，ひらがなの「たばこ」や漢字の
「煙草」と表記されます。日本語に取り入れられてから年月が経っている
ため，外来語という意識が薄れた結果ではないかと思います。

　外来語は，江戸時代にはオランダ語やポルトガル語に由来するものが多
く，江戸末期からはフランス語，ドイツ語，イタリア語から借用されたも
のが多いです。しかし，現代は英語から借用された言葉が最も多くなって

います。漢語と同様，名詞が多いですが，「スマート」，「シック」といった形容動詞もあります。また，漢語とは異なり，「コップ」，「コンピューター」，「カーテン」，「キッチン」など具体的なものを指す傾向があります。

　それから，和語と異なり，外来語には濁音で始まる語もありますから，語頭に /g, z, d, b/ がある単語は少なくありません。また，本来の外国語の音声を示すため，カタカナには本来日本語にはない「シェ」「チェ」「ジェ」「ティ」「ディ」「フィ」「フェ」「フォ」などの音の組み合わせを示す表記があり，長音は「ー」で示されます。

　ただ，リズムは日本語のモーラ拍リズムであり，音節単位でないことから，元の外国語よりも，音節数が多くなる傾向があります。例えば，英語の street は 1 音節ですが，日本語のストリートは，4 音節 5 モーラになります。外来語は拍数が多くなりがちであることから，コンビニエンスストアがコンビニ，テレビジョンがテレビ，パーソナルコンピューターがパソコンというように日本語では 2 モーラから 4 モーラに短縮される傾向があります。加えて，外国語には存在しない，和製外来語も存在します。この例としては，マイカー，ワイシャツ，サラリーマンなどがあります。

7.4. 混種語

　混種語は和語，漢語，外来語を組み合わせてできている語で，その組み合わせは多岐にわたります。和語と漢語の組み合わせは訓読みと音読みの組み合わせを意味します。訓読み＋訓読みの語は和語，音読み＋音読みの語は漢語であるのに対し，混種語には音読み＋訓読み，または訓読み＋音読みの組み合わせがあります。

表 2-5　混種語の組み合わせ

組み合わせ	例
外来語＋和語	ガラス窓　ビニール袋　コーヒー豆
和語＋外来語	窓ガラス　生ビール　輪ゴム　粉ミルク　紙コップ
外来語＋漢語	ビール瓶　バス停　スキー場　アルコール除菌
漢語＋外来語	缶ビール　屋内プール　除菌シート
漢語＋和語	缶切り　大根おろし
和語＋漢語	空き缶　空き瓶　車椅子　赤信号　花火大会
和語＋漢語＋外来語	折れ線グラフ　大型観光バス
和語＋外来語＋漢語	おまかせネットワーク設定
漢語＋和語＋外来語	客寄せパンダ
漢語＋外来語＋漢語	録画モード選択
外来語＋漢語＋和語	マンション管理組合
外来語＋和語＋漢語	パン食い競争

7.5.　接辞と語構成

　未知語に遭遇した時，その語の構成要素の発音や意味を知っていると，未知語の意味が類推できますし，語彙力を増やすこともできます。**語構成**を分析することは，初級でもできますから（Mori & Nagy, 1999），頻度の高い，学習者にとって身近な接辞を積極的に教えていくことで語彙力が高まります。特に高頻度で使われる接頭辞や，接尾辞の知識は重要だと言われています。日本語は，接尾辞が多いという特徴があります。品詞を変える接尾辞や，規則性が高い接尾辞は文法項目として扱われること（e.g., 助数詞）があります。接頭辞や接尾辞は動詞，形容詞，名詞につくものがあり，品詞の制約に注意しなければなりません。

表 2-6　接頭辞の例

接頭辞	意味	例
うす〜	うすい，程度が小さい	薄紫，薄紅，薄味，薄明かり，薄曇り，薄笑い
うち〜	すっかり，強く	打ち消す，打ち砕く，打ち切る，打ち勝つ
おお〜	大きい，程度が甚だしい	大空，大川，大声，大雪，大けが，大騒ぎ，大喜び
おし〜	強く，無理に	押し入る，押し通す，推し進める
かき〜	一気に，短時間で	かき集める，かき消す
こ〜	小さい，僅か	小石，小径，小鳥，小ぶり，小走り，小一時間
さい・さ（再）	もう1度	再検査，再開発，再試験，再来週，再来年
さい（最）〜	最も	最大，最下位，最年少，最先端
さし〜	積極的に，はっきり	差し出す，差し戻す，差し替える，差し押さえる，差し迫る
す〜	そのまま	素顔，素手，素足，素肌，素うどん，素泊まり
ちょう〜	かけ離れている	超特急，超高層ビル，超音波，超満員
とり〜	（語勢を強める）	取り掛かる，取り決める，取り調べる，取り繕う，取り急ぎ
はつ〜	はじめて	初恋，初仕事，初日の出，初もうで，初夢，初売り
はん（反）〜	背く，反対の	反則，反社会的，反転，反面，反対
はん（半）〜	半分，不完全	半年，半月，半日，半分，半減，半煮え，半人前
ひ（非）〜	〜ではない	非常識，非科学的，非公開，非漢字圏
ひき〜	（語勢を強める）	引き下がる，引き受ける，引き起こす，引き締める
ひと（一）〜	1つ，少ない	一握り，一回り，一冬，一言，一安心
ふ〜	〜ではない	不必要，不確か，不出来，不機嫌，不景気，不都合
ま・まっ・まん〜	中心の，際立った	真っ白，真っ赤，真夜中，真夏，真冬，真ん前，真上
まい〜	それぞれの	毎年，毎月，毎日，毎朝，毎晩，毎分，毎回
み〜	まだ	未完成，未経験，未成年，未知，未来
む〜	〜がない	無関心，無力，無責任，無条件，無理解，無能
もの〜	なんとなく	物静か，物悲しい，物足りない，物珍しい

表 2-7　接尾辞の例

接尾辞	意味	例
〜あげる	完成する	書き上げる, 作り上げる
〜いん	メンバー	会社員, 係員, 組合員, 駅員, 店員
〜おわる	おわる	食べ終わる, 書き終わる
〜か（化）	かわる	一般化, 国際化, 情報化, 高齢化, 自動化, 無料化
〜か（家）	専門職	専門家, 政治家, 実業家, 小説家, 芸術家, 音楽家, 作家, 画家
〜がい	そと	屋外, 国外, 専門外, 想定外, 目的外
〜かん	見方	人生観, 世界観, 宗教観, 国家観
〜きる	完全にする	やりきる, のりきる
〜さ	（名詞化：程度）	高さ, 深さ, 痛さ, 広さ, 悲しさ, 面白さ
〜しつ	へや	会議室, 休憩室, 研究室, 試着室, 社長室, 図書室
〜じゅう	その範囲を通して, 最中	1 日中, 1 年中, 町中, 世界中
〜じん	ひと	外国人, 日本人, 中国人, フランス人
〜だす	始まる, 出る	降り出す, 取り出す, 作り出す
〜ちゅう	最中	仕事中, 授業中, 営業中
〜っぽい	傾向が強い	あきっぽい, 忘れっぽい, 安っぽい, 怒りっぽい, ほこりっぽい
〜てき	（形容動詞化：そのような性質がある）	印象的, 積極的, 定期的, 相対的, 事務的, 常識的, 一般的
〜てん（店）	みせ	書店, 喫茶店, 本店, 支店, 売店, 代理店
〜はじめる	始める	食べ始める, 走り始める, 読み始める
〜み	（名詞化：性質）	高み, 痛み, 悲しみ, 苦しみ
〜や	みせ	魚屋, 肉屋, 本屋, 文房具屋

8.　L2 語彙習得に影響する要因

　先述したように産出語彙は理解語彙よりも習得が困難です。なぜなら,理解語彙にかかわる字形, 発音, 意味はすべて産出語彙にも必要ですが,産出に必要な書字, 統語構造などは必ずしも理解に必要ないからです。このほかにも, 語彙によって習得しやすいものとしにくいものがあります。この原因は, 学習者の言語処理ストラテジーや L2 語彙そのものの特徴に

よることもあれば，学習者の L1 と L2 の関係によることもあります。

　語彙を習得するためには，**形式と意味のマッピング**が不可欠です。形式には表記と発音があります。学習者は 1 つの形式に 1 つの意味を付与する傾向があり，形式と意味が 1 対 1 対応であるものは文法も語彙も習得しやすいことが分かっています。例えば，外来語のバナナやトマトなどは表記と発音と意味がすべて 1 対 1 対応であることから獲得しやすい語と言えます。しかし，日本語には以下のような 1 対 1 対応がないものが多々あります。

（1）同音異義語
　　・きかん（期間，機関，器官，気管，帰還，基幹，季刊）
　　・こうせい（更生，校正，恒星，更正，構成，公正，攻勢，後世，抗生）
（2）類義語
　　・うるさい／にぎやか
　　・へん／ユニーク
　　・いいにくい／いいづらい／いいがたい
（3）助数詞
　　～つ，～枚，～本，～冊，～個，～式，～匹
（4）代名詞・指示代名詞
　　・あなた，あんた，きみ，おまえ，おたく，きさま
　　・かれ，かのじょ，あのひと，あのかた
（5）和語動詞
　　取る（塩を取る），撮る（写真を撮る），録る（ビデオに録る），採る（キノコを採る，決を採る），執る（筆を執る），獲る（ねずみを獲る），捕る（魚を捕る），摂る（栄養を摂る），盗る（金を盗る）
（6）複合語と単純語
　　・肌寒い／寒い
　　・ほろ苦い／苦い
　　・取り返す／取り戻す／取り出す／取る

　次に，高頻度語は低頻度語より習得しやすいです。一般的に，広告やコマーシャルでも，よく聞いたり見たりするものは，気づきやすく記憶に残りやすいですから，同じ言葉や画像が繰り返し出てくるように作られています。語彙の場合も同様で見たり聞いたりする頻度が高ければ高いほど記憶に残っているものです。

　また，発音しやすい語彙は覚えやすいことが分かっています（Ellis & Beaton, 1993）。つまり，字形から発音がすぐ分かる語彙は覚えやすいといえます。ひらがなやカタカナは字形と音の対応関係が良いので，ひらがなで書かれた語は覚えやすいと考えられます。これに対して，漢字は1,000 年以上かけて借用されてきましたから，現代日本語では複数の発音や意味を持つものが多く存在します。字形と発音の関係は複雑で語ごとにきまっているため，字形から発音を予測するのは容易ではありません。そして語に含まれる漢字の数が増えれば増えるほど，音の配列と字形の組み合わせが複雑になり，覚えにくくなります。

　さらに，どの言語でも，意味が分かりやすい語のほうが覚えやすいです。意味が分かりやすい語とは，具体的な事物を指すものや，イメージがすぐ浮かぶようなもののことで，抽象度の高い語彙ほど覚えにくいです。品詞としては，動詞や副詞は抽象度が高いため，名詞よりも覚えにくいと言われます。

　それから，定式表現や複合語，熟語の場合，構成要素から全体の意味が分かりやすいものは習得しやすいです。例えば，蘇・畑佐（2018）では，句の構成要素から句全体の意味が分かりにくい慣用句と，句の構成要素から全体の意味が分かるコロケーションについて，理解課題と産出課題を課しました。その結果，後者の方が覚えやすいことが分かりました。また，漢字二字熟語に関しては，老平（2013）や Kondo-Brown（2006）が，熟語を構成する漢字から熟語の意味が類推しやすい意味的透明性の高い未知語（e. g., 古本，山道）と透明性が低い未知語（e. g., 手本，青春）の意味を学習者に推測させました。その結果，透明性の高い語のほうが推測に成功し，覚えやすかったと報告しています。本多（2017）は，現代日本語書き言葉均衡コーパスの中の高頻度の二字熟語 958 語を旧日本語能力試

験の級ごとにまとめ，意味的透明性の高い語の割合を調べました。結果として，全体の 47.4 ％は透明性が高い語であり，級が上がるに伴い，透明性の高い語が増える傾向が見られました。このことから，高頻度語については，習熟度が上がるにつれ，漢字を知っていれば，漢字表記から語を理解することが容易な語の割合が増えると考えられます。

　語彙習得の難易度は，目標言語の語彙の特徴だけではなく，L1 と L2 の関係によっても影響を受けます。特に L1 の語彙知識が発達している成人学習者では，L1 が L2 語彙の習得に大きく影響します。まず，L1 と L2 で音韻体系が似ていると習得が容易になります。前述したように，発音しやすい語は習得されやすい傾向がありますが，そのためには，学習者の L2 の**音韻意識**（phonological awareness）が高くなければなりません。音韻意識とは，言葉がいくつの音でできているか，どのような音の固まりで構成されているかなど言語の音韻の単位を操作する能力です。音韻意識があると単語のモーラ数が分かったり，モーラの中の音が分かったり，文字と音を対応させることができます。例えば，複雑な音節構造と強弱アクセントを持つ英語の母語話者にとって，同じ音節言語で比較的音節構造が複雑なドイツ語の単語の聞き取りは容易です。けれども，モーラ言語であり，リズム，アクセントすべてにおいて英語とは著しく異なる日本語の単語，特に特殊拍を含む語は，聞き取りにくく習得が難しいです。しかし，同じ音節言語でも，L1 の音節構造が単純で，音の高低によって音素が区別される中国語母語話者は，英語母語話者ほど日本語の単語の聞き取りに苦労しないと考えられます。

　次に，L1 と L2 の表記システムが同じだと習得は容易になり，違うと難しくなります。漢字圏学習者は漢字の文字認知が自動化されており，多くの漢字を知っているため，初級から日本語の漢字かな交じり文を読みながら日本語学習もできますし，文章から日本語の語彙を獲得することが比較的容易にできます。一方，アルファベット言語を L1 に持つ学習者にとっては，日本語のひらがなやカタカナだけでも文字数が多く複雑に見えるため，学習の負荷になります。これに加え，漢字は，文字体系が全く異なる上に文字数が多く，認知的にも表音文字とは異なる処理を要するので，習

得するのが非常に難しいです。

　そして，L1 と L2 の語彙のオーバーラップが大きければ大きいほど，語彙習得は楽になります。表 2-8 は日本語と中国語の同形語の分布を示しています。総語数の中に占める同形語の割合は 30.9 ％から 38.82 ％と非常に多く，そのうち意味が合致する同義語は 70 ％から 80 ％を超えます。松下・陳・王・陳（2020）では，中国語と日本語では頻度が高い 20,000語の内，約 30 ％が同形同義語と報告されています。そのため，中国人日本語学習者は，読むだけであれば，日本語の発音が分からなくても多くの単語が理解できます。ただし，中国語で理解できるだけに，読みを学習しないという問題もあります。

表 2-8　同形語の分布

	総語数	同形語	同形語に占める割合		
			同形同義語	同形類義語	同形異義語
橘（1994）	8,882	3,448 (38.82 %)	2,496 (72.39 %)	748 (21.69 %)	204 (5.92 %)
曽根（1988）	1,000	309 (30.90 %)	223 (72.17 %)	73 (23.62 %)	13 (4.21 %)
王（1998）	34,997	13,026 (37.22 %)	10,480 (80.45 %)	1,911 (14.67 %)	635 (4.87 %)

9.　語彙の指導

　ここまで語彙に関する知識とその習得について述べてきましたが，本節では L2 学習者の語彙力を伸ばすために，どのような指導が必要かについて考えていきます。まず，読みから語彙を学ぶために必要な漢字の指導について紹介します。次に，語彙数と語彙の選択，語彙学習の 2 つのアプローチ，付随的語彙学習と意図的語彙学習について検討します。

9.1.　漢字の指導

　SNS でのコミュニケーションが一般的になっている今日，漢字を知らなければ，教室外のコミュニケーションにも支障が生じます。そのた

め，非漢字圏学習者にとって漢字学習は書かれたものから語彙知識を得るための大事な手段です。

　非漢字圏学習者用の初級教科書の多くは，漢字，音読み，訓読み，筆順，単語例がある漢字リストが含まれています。授業では，漢字リストにある漢字を教師が書き順を教室で指導し，漢字が含まれる単語を読ませ，自宅で何度も漢字の書字練習をすることが多いのではないでしょうか。しかし，漢字リストには多くの情報が含まれるため，学習者に精神的な負担を与える可能性もあります。もちろん，字形，音，意味，そして用法すべてを習得しなければなりませんが，すべてを同時に学習するのは初級学習者には困難です。そのため，段階的な指導を考えなければなりません。

9.1.1.　予備段階

　非漢字圏学習者にとって，漢字学習の初期の段階では複雑な線の認知が問題となります（伊藤・和田, 1999, 2004）。母語話者は，縦線１つにしても，縦線の終わりが止まっているのか，ハネやはらいがあるのかで全く異なるものに見えます。ところが，学習者は，この違いやその重要性に気づきません。線の区別ができないため，縦線とカーブのある縦線（e.g., |，ノ）や漢字の構成要素（e.g., 扌，犭）の区別ができません。これが語，そして熟語となるとさらに負荷が高まります。

　ヴォロビヨワ（2011）や Taha（2020）は自身の学習者としての経験から，非漢字圏学習者が複雑な漢字を学ぶためには漢字学習の予備段階が必要だとして，**筆画の学習**を提唱しています。筆画とは漢字の字体を構成する最も小さい単位で，紙面にペンを付けてから離すまでの形を指し，筆順を決めるものです。ヴォロビヨワと Taha は，漢字を構成する形を体系的に学ぶことにより，日本語の漢字がよりきれいに書けるようになると述べています。また，早い段階から筆画を学ぶことで，字形に対する感度が高まり，複雑な漢字の識別力を養えると考えられます。筆画表には色々なものがありますが，石沢（2018）は日本語の筆画を表 2-9 と 2-10 のようにまとめています。

表 2-9　日本語の筆画

	筆画	名　　称	例字		筆画	名　　称	例字
1	、	点（たて）	文	15	く	く折	女
2	丶	点（ななめ）	主	16	ㄥ	ム折	去
3	｜	たて	十	17	ㄱ	横折たて	国
4	ｊ	たてはね	小	18	ㄱ	横折たてはね	司
5	ノ	たてそり	子	19	フ	フ折	水
6	一	よこ	大	20	フ	フ折はね	刀
7	⌐	よこはね	皮	21	し	たて曲り	七
8	ｊ	月はらい	月	22	し	たて曲りはね	元
9	ノ	左はらい	八	23	乙	横たて横	凹
10	✓	はね上げ	冷	24	乚	横折曲りはね	九
11	＼	右はらい	人	25	㇄	たて横たて	呉
12	＼	右そりはね	代	26	㇆	弓あし	弓
13	㇄	たて折横	山	27	㇋	連続フ	及
14	し	レ折	良	28	㇋	連続フはね	乃

表2-10　筆画一覧

点	① 、 ② 丶						
たて画	① ｜ ② 亅 ③ 丿						
よこ画	① 一 ② 一						
斜め画 左斜め	① 丿 ② 丿			はね上げ ① ✓			
斜め画 右斜め	① ＼ ② ＼						
折画 たて折	① ㇄ ② 亅			く折 ① 乀 ② 乀			
折画 横折	① 乛 ② 乛 ③ フ ④ フ						
曲角 たて曲	① ㇄ ② ㇄						
複合画	① 乙 ② 乙 ③ 乚 ④ 与						
複合画	① 了 ② 了						

Taha（2020）はＫコードと呼ばれる簡略化した筆画システムを開発しています（表2-11）。このシステムでは，6つの基本形に，大小のサイズ，ハネがあるかないかで分類しており，これに英語の頭文字を付与してコード化しています。すべての筆画をカバーしているわけではありませんが，これらの形でカバーできる漢字も多く，初級者にとってはわかりやすいシステムとなっています。

表2-11　Ｋコード

コードの由来	基本線とコード	サイズ・オプション	ハネ・オプション	基本線の書き方
Horizontal（水平）	一 H	一 h	一 Hw	左から右に書いて止める
Vertical（垂直）	｜ V	｜ v	亅 Vw	上から下に書いて止める
Ｚの中央線の傾き	丿 Z	丿 z	丿 Zw	上から左下に書いてはらう
Ｎの中央線の傾き	＼ N	＼ n	＼ Nw	上から右下に書いてはらう
Check（✓）	✔ C	✔ c	-	下から右上にはらう
角のない「L」	㇄ L	㇄ l	㇄ Lw	上から右下に曲げて止める

　中村（2019）は筆画の中にはカタカナにも見えるものがあることから，カタカナ指導の際，カタカナに含まれる筆画を導入し，漢字指導の際に増やしていくといった段階的な指導法を提唱しています。

　筆画の練習としては，学習者に特定の筆画を見せて，それを含むカタカナをできるだけ早く声に出して言わせたり，書かせたり，50 音図の文字を指させたりすることができます。そのほか，文字のリストの中で筆画が同じものを探させたり，逆に 1 つだけ違うものを探させる活動もできます。また，碁盤の目にいろいろな文字を書いたビンゴシートを使って，指定された筆画を探しながら行うビンゴゲームなども可能です。筆画はできるだけ早く認知できることが重要ですから，これらの活動をするときは，時間制限を設けるか，グループ対抗戦などにしてできるだけ早く回答させるようにします。

9.1.2.　漢字指導の段階

　母語話者は部首などの繰り返し使われる構成要素を利用して複雑な文字を認知することが分かっています。構成要素の中には，信頼性の高い音韻や概念情報を示すものがあり，これらの情報も文字認知に有効に働きます。また，母語話者は，構成要素が漢字のどの部分に現れやすいかの知識を持っており，この知識も漢字や非漢字の認知に役立ちます。学習者はこれらの技能を習得していかなければなりませんが，漢字はその複雑さから段階的な指導が必要ですし，何をどう指導するかには注意を要します。加納他（2011）の『漢字教材を作る』では漢字指導の目的，習熟度，母語に合わせた漢字の指導法について細かく紹介しています。

　漢字の習得には何年もかかることから，漢字の導入は，画数が少ない基礎的な字形，意味が分かりやすい字形，構成要素になりやすい字形，学習者が知っている語を中心に指導していきます。

　個々の漢字の導入については，以下のような手順があります。

（1）漢字の字形の筆画を分析し，字の構成を視覚的に把握します。
（2）空書をします。空書は 1 度だけではなく，テンポよく早くできる

まで行い，感覚をつかみます。

(3) その後，漢字をなぞったり，書く練習をします。この時，最初に視覚的に焼き付けたイメージと自分が書いた文字を比較します。

　パソコンが普及している今日，書くことは時間の無駄だと思う人もいるかもしれませんが，漢字のように画数が多く形態が複雑な文字は，運動感覚的な処理を伴って学習されることが分かっています（佐々木・渡辺，1983, 1984; 佐々木，1984）。漢字は，1つのまとまった図形のような表象として捉えられ，空書やなぞり活動などの視覚運動的な処理を通して記憶されます（成・高芝・小池，2006）。そのため，日本人の子供であっても，空書は膨大な数の漢字を覚えるのに有効な手段です。ただし，日本人でもすべての漢字の書き方を知っているわけではありませんから，すべての漢字の書き順を練習する必要はありません。空書などを通した運動感覚的メモリーの育成は，漢字の筆画と基本的な構成要素がうまく書けるようになるまで行えばよいと思います。

　漢字が増えてきて，繰り返し使われる構成要素が出るようになると，構成要素の指導をし，複雑な漢字も複数のパーツの組み合わせとして意識できるような練習を行います。例えば，パーツから漢字を当てる練習や，漢字をパーツに分解する練習，部首が同じ漢字をグループにする練習などがあります。

　漢字の読みと意味は単語レベルで扱います。漢字の意味は「山」などイメージ性が高いものは記憶に残りやすい（桑原，2000）ので，漢字を覚えるのに役立ちます。しかし，イメージ性が低いものの場合，日本人でさえ意味が分からないものも多いですから，学習者に覚えさせる必要はありません。ただ，日本語には，「外国」「早朝」「入学」など意味的透明性の高い漢字2字の組み合わせから成る熟語が一定数あります。これらについては，個々の漢字を学習した後，語構成から意味が分かる語を提示して，意味を考えさせる練習をするとよいでしょう。Mori（2003）では，非漢字圏学習者は，意味的透明性の高い二字熟語の類推は，語構成と文脈からの類推を組み合わせると成功しやすいと報告されています。

　また，漢字には読みが複数あるものがあり，語によって読みが異なるので，単語として覚える方が効率的です。非漢字圏の学習者は，母語で表音文字を使いますから，形態と音を結びつけることには比較的慣れています。学習した漢字を含む単語を表に，母語訳を裏に書いたカードを各学生に作らせておくと，様々なゲームができます。例えば，ペアになり，ペアの間に単語カードを表にして並べます。教師が母語訳を言うと，学習者は，教師が読み上げた母語訳と対応する日本語のカードを取り，取ったカードの日本語を読みます。正しければカードをもらいます。

　このほかにも，日本人を対象にした様々な漢字のゲームがあります（表2-12）。これらのゲームは，プレーヤーが声を出すものではないので，作成した漢字，熟語を声に出して言わせたりして，音との連結をさせる必要があります。

表 2-12　L2 学習者にも使える市販の漢字カードゲーム

ゲームの名前	概要
『京大・東大式 頭がよくなる漢字ゲーム 新装版』	小学 1〜4 年の漢字 124 字を選定。中央に積み上げたカードをめくって持ち札と「部首」「読み」「熟語」のいずれかで合わせるゲーム。
『楽勉 同音異義ゲームカード』	96 種類の同音異義語を含むカードで，問題文の内容にそってカードを取る「カルタ」や「神経衰弱」ができる。
『熟語トランプ 初級編 カードゲーム』『熟語トランプ上級編 カードゲーム』	漢字を組み合わせて熟語をつくる「熟語神経衰弱」「熟語七並べ」「熟語花札」ができるカードのセット。初級編は小学校 1〜3 年，上級編小学校 1〜5 年の漢字からなり，セットにより漢字は異なる。
『漢字博士　No.1 ポピュラー版』	120 種類の偏と旁のカードを組み合わせて漢字を作るゲームで，中央に積み上げたカードをめくって持ち札と合わせるゲームや「神経衰弱」ができる。

　漢字語彙を覚えるときに気を付けなければならないのが，活用形のおくりがなや二字熟語の品詞です。中国語と日本語では同形語であっても，中国語と日本語で品詞が異なるものがありますから，漢字を書かせる課題では，語形変化を伴う穴埋め問題などを取り入れることも重要です。

9.2. 指導項目

　L2学習者，特に外国語として日本語を学習する人は限られたインプットしか受けられません。また，その語がコミュニケーションの中で実際にどのように使われているのかを体験する機会も，自分で使ってみて，そこから学ぶ機会も限られています。そのため，学習者が1年間に習得すると期待できる語彙は母語話者の1/5から1/3（500〜1,000レンマ）程度と限られています。特に初級の学習者の場合，日本語の音韻体系や表記を学びながら語彙や文法を学んでいくことになり，語彙習得にかかる負荷は，運用能力が発達した中上級学習者に比べ，はるかに大きく，習得可能な語彙数も，中上級よりは少ないと予測されます。

　語彙を指導するということは，個々の単語を教えることだけではありません。先述したように，接辞や語構成は造語力を高めるのに必要不可欠な指導項目です。また，定式表現も，日本語らしい使用に強く関与する重要な指導項目です。定式表現は，命題を表す文脈で高頻度に使われるものが多いです。ですから，定式表現の指導は，低頻度語の指導同様，どのような文脈で多く使われるのかを考えて，最も使いやすい文脈で導入します。さらに，語彙獲得を促す学習ストラテジーも指導項目だと言えます。

　単語は，学習者にとって最も汎用性の高い語彙から指導するのが基本です。汎用性が高いものとは，一般的に高頻度に出現し，使用範囲が広いもののことを指し，このような語彙はテキストカバー率も高いため，早い段階で学習することで様々な場面での言語使用に役立ちます。高頻度語の場合は，文脈に関わらず様々な場面で使われることが多いので，使用場面の多様性に注意します。一方，低頻度語は特定の使用場面で高頻度に使われることが多いため，どの使用場面でよく使われるかを考える必要があります。

　英語教育では古くからコーパス分析の結果をもとにした言語教育のための語彙リストが作成されており，市販の教科書もレベルによって指導すべき基礎語彙がある程度決まっています。日本語でも1984年に国立国語研究所が日本語教育のための基礎語彙調査を行い，基礎語彙2,000語と6,000語のリストを作成しています。ただ，このリストは，1962年の雑誌

の用語調査と阪本（1958）が国語教育のために作成した教育基本語彙を材料として，専門家の主観的判断をもとに選定されている点，書き言葉に偏っている点，データベースが 50 年以上も前のものである点，選定された語彙の日本語テキストのカバー率が調査されていない点で限界がありました。それが原因かもしれませんが，日本語の教科書で基礎語彙の採用基準を示したものは見られず，執筆者の主観によって語彙が選定されているようです。筆者が外国語学習向けの初級日本語教科書を書いたときも，国立国語研究所のデータでは，海外の学習者に合わなかったため，海外で広く使われている教科書数冊の語彙をもとに共通語彙リストを作成しました。

　近年，書き言葉についてはコーパス分析をもとに様々な語彙リストが提唱されています（Matsushita, 2012; 本田, 2016）。コーパスの作成方法やデータベースに含まれる資料によって，語彙頻度にばらつきがありますが，比較的新しいものとしては，「日本語を勉強する人のための語彙データベース」（松下, 2011）や「日本語教育語彙表」（李・砂川, 2012）があります。読解指導では，これらのリストを参照し，リストにある言葉がより多く含まれている教科書や読み物を使用することができます。しかしながら，初級の学習者に必須と思われる話し言葉については，まだ語彙リストは作成されていません。話し言葉に高頻度に出現する語の談話テキストにおけるカバー率もわかりませんが，基礎語彙がより有効である点については，同じだと推測できます。

　初級から中級に向けて指導する語彙は，理解語彙よりも産出語彙を，**書き言葉よりも話し言葉**を中心にすべきです。また，教科書を使うことが多いと思いますが，教科書の語彙を基礎語彙だとうのみにすることは，必ずしも得策ではありません。教科書の語彙リストには，ダイアローグや例文を作るため便宜的に紹介されている語彙もありますが，もしこれらの語彙の汎用性が低い場合，産出語彙として覚える必要はないかもしれません。ですから，教師は，教科書の語彙リストに基礎語彙かどうか疑わしいものが含まれている場合，「日本語を勉強する人のための語彙データベース」や「日本語教育語彙表」の高頻度語に当たるかどうか確認するとよいと思

います。そして，その語が話し言葉でどれだけ使われるかを考えて，導入されている語彙がどのような場面で使われているのか，ほかの言い方，単語がないかをインターネットや辞書で調べてみるとよいでしょう。そうすることで，自分が気が付いていない語彙の用法や使用場面が分かり，学習者に不十分な情報を提供することを避けることも可能です。

　また，教科書はすべての学習環境を想定して書かれているわけではなく，執筆者が教えている学習環境で必要な語彙が選ばれていることも少なくありません。つまり，執筆者以外の教師が教えている現場の学生にとっては必ずしも重要ではない語彙もありますし，学生にとって必要な語彙も多々あります。ですから，教科書の語彙をすべて覚えさせるのではなく，学習者のニーズによって，削ったり足したりして，現場の学習者に最も適した語彙リストを構築していくことも大事です。

　中級になると，アカデミックな日本語を学ぶ人などは，産出語彙だけではなく理解語彙を増やす必要も出てきますから，学習者のニーズによって語彙リストは変わってきます。読解については，「日本語を勉強する人のための語彙データベース」[7]をはじめとする様々な語彙リストが構築されていますから，これらを活用し教材を選択したり，書き換えたりすることができます。

9.3. 語彙学習のアプローチ

　語彙学習には，**付随的語彙学習**と**意図的語彙学習**があります。付随的語彙学習とは，語彙を学習する目的ではないほかの活動をしている最中に未知語に遭遇した際，類推を通して意味を理解し，習得していくことを意味します。例えば，よく聞く音楽のさびの部分を知らないうちに覚えていたり，あるテーマについていろいろ調べているうちに，そのテーマにかかわる重要な表現を覚えているような場合が想定されます。

7　松下言語学習ラボ（http://www.17408ui.sakura.ne.jp/tatsum/list.html）では「日本語を読むための語彙データベース」のほか「日本語学術共通語彙リスト」，「日本語文芸語彙リスト」などがダウンロードできるようになっています。

　これに対して，意図的語彙学習は意図的に語彙を学ぼうとすることで
す。例えば，暗記や，リピート，フラッシュカード，語呂合わせ，未知語
について調べて文を作ってみるなど，語彙を覚えるための活動を通して語
彙を獲得します。付随的語彙学習と意図的語彙学習は，語彙学習をする意
図があるかないかで区別されますが，実際は，同一直線上の連続体とも考
えられます。なぜなら，読解中に未知語に遭遇したとして，その語の意味
を文脈から偶発的に学ぶか，より注意を向けて分析して意味を類推する
か，あるいは辞書を調べて学ぶか，学習者によって注意の向け方には幅が
あるからです。ですから，付随的語彙学習をしているような活動の中でも
実は意図的に学習することもあり得るのです。

9.3.1.　付随的語彙学習

　付随的語彙学習は母語話者が語彙を獲得するために非常に重要な学習方
法です。母語話者は L1 のほとんどの語を付随的に学習すると言われま
す。母語話者は幼少期から大量の聴覚的視覚的インプットを受けますか
ら，日々の生活の中で同じ未知語を繰り返し見たり，聞いたりします。そ
して，その語を使ってみることによって，自然に語彙を獲得していきます。
　付随的語彙学習を通して，未知語を獲得するためには，インプットのほ
とんどが理解できなければなりません。英語では，材料の 95 ％の語彙を
知っていなければ，聞き取りや読解資料を十分理解できず，辞書なしに理
解するためには 98 ％の既知語率が必要です（Hirsh & Nation, 1992; Hu &
Nation, 2000; Nation, 2006）。また，日本語でも，内容を理解するために
は，読解で 96 ％，聴解で 95 ％の既知語率が必要だと報告されています
（小森他, 2004; 三國他, 2005）。つまり，ほとんどの語を知っている状況で
なければ，未知語に注意を向け，類推に成功する可能性は低いと考えられ
ます。ただ，ここで気を付けなければならないのは，材料によって，含ま
れる語彙の難易度が異なるということです。例えば，英語のテレビや映画
に低頻度語が含まれる率は 1 ％程度と低く，頻度の上位 3,000 ワードファ
ミリーに入る語が頻繁に出現します（Webb & Rodgers, 2009a, 2009b;
Rodgers & Webb, 2011）。ですから，高頻度語については，1 時間の視聴

でも付随的語彙学習が起こる可能性が高いことが分かっています。日本語ではこのようなデータはありませんが，テレビでは視聴率が評価指標の1つになるため，より多くの視聴者に観てもらえるようなものでなければなりませんし，幼児がテレビなどのメディアから多くの語彙を獲得することを考えると，日本語でも，テレビでは高頻度語が出やすいと考えられます。一方，読者の範囲がテレビよりも限定される雑誌や本は，低頻度語が増えると思われます。

　付随的語彙学習は，一度未知語に遭遇し類推に成功しさえすればよいというものではありません。類推に成功した語を習得するには，その後何度もその語に遭遇する必要があります。英語の先行研究では，母語話者の場合，10回以上語に遭遇しなければならず，L2学習者の場合，それ以上必要だと言われています。

　L2学習者は母語話者と比べ，学習過程で受けられるインプットの量もアウトプットの機会も少なく，既知語率が低いインプットを受けることが多いため，未知語を類推しようとしてもその成功率は低く付随的語彙学習にはつながりにくいです。また，L2学習者は言語処理の速度が遅いので，インプット中の多くの情報に注意資源を取られてしまい，効果的な未知語の類推がなかなかできません。これまでの研究では，L2学習者の付随的語彙学習で獲得できる語彙は母語話者ほど多くないことが分かっています。

　付随的語彙学習を通した語彙習得は短期間で起こるものではなく，インプットを受け続けることで徐々に進んでいくので，長期的に語彙を獲得していくためにはL2学習者にとっても重要な学習方法です。付随的語彙学習は，語彙サイズが大きいほど語彙を習得する効率が上がりますから（Liu & Nation, 1985; Webb & Chang, 2015），中級以上になると高い効果が期待できます。中級では，人から教えてもらう学習から自律学習に移行し始めますから，現実的なコミュニケーションを通して語彙を増やしていく自律学習力をつけるためにも，付随的語彙学習は必要になります。

　ではどのようにすれば，より効果的な付随的語彙学習ができるのでしょうか。まず，付随的語彙学習は語彙力や言語処理能力の低い初級者にとっては，効率的な学習方法ではありませんから，初級では，付随的語彙学習

のための基礎学習をする方がよいと思います。例えば，音楽やアニメ，簡単なストーリーなど楽しく興味が持てるものをたくさん聞くようにし，日本語を聞いて何かが分かることを楽しむ活動をします。また，初級者用の多読教材を用いて，日本語を読むことに慣れ親しみ，楽しむことに焦点を当てます。これらの活動では，付随的語彙学習が進むことに期待しすぎないほうが良いと思います。まずは，読んで聞くことに慣れることで，日本語の音声や文字に対する不安感を取り除き，付随的語彙学習の基盤を作ります。

　次に，付随的語彙学習で未知語を習得するためには，インプットとなる読み物やスピーチの既知語率が 96 ％以上でなければなりません。これは，20 語から 30 語に 1 語ぐらい未知語が出るようなものですから，学習者にとっては非常に簡単で，内容が容易に理解できるものです。統語的に学習者のレベルに合わない，理解を妨げるような文法なども避けたほうがいいと思います。

　第 3 に，材料は，学習者の興味を喚起し，最も読みたい，見たい，聞きたいと思うものを大量に用意します。付随的語彙学習は時間をかけて徐々に進むものですから，学習者がつまらないと思うようなものを使うと長続きしません。最近は，『にほんごよむよむ文庫』や『にほんご多読ブックス』など，段階的に難易度を調整した多読用教材があります。多読は学習者が本を選ぶことが基本ですから，学習者の興味に合うものがあれば，これらを活用するのもよいと思います。

　ただし，日本語の多読教材にはすべてフリガナがついていますから，非漢字圏学習者の場合，フリガナを読んで語彙を習得するため，多読教材から漢字表記を習得できるとは考えにくいです。一方，漢字圏学習者は漢字を読む傾向があるため，音を聞きながら多読教材を読んだり音読したりすることで，語彙の発音を学ぶことができると思います。

　第 4 に，同じものを何度も読んだり聞いたりするだけではなく，関連するものを読んだり，聞いたりする方が，様々な用法に触れることができます。例えば，アニメ，漫画，テレビ番組，歌などのシリーズ物や関連性のある物を視聴すると，同じような語彙が繰り返し提示されるため，高頻

度語の付随的語彙学習に役立ちます。また，学習者がすでに内容を知っている人気の日本のアニメなどについて，ほかの人が語ったもの，書いたもの，そして実物というように様々な形で提供するのも一案です。上級では，講義のビデオ，講義のビデオの文字おこし，配布資料などを多角的に使うことで，より現実的な練習が可能です。

　第5に，付随的語彙学習は，時間をかけて進むことを念頭においた指導が必要です。一度に集中的に目標語彙に触れさせても，その後遭遇する機会がないと，学習者は語彙を忘れてしまいます。ですから，一度に集中的に大量に提示するよりは，間隔をあけて，様々な形で，同じ語彙に触れるようにする方が効果的です。

　さらに，特に習熟度が低い場合，付随的語彙学習で目に留まった語彙を意図的語彙学習で扱うことが有効です。付随的語彙学習のみでは定着しない語彙を意図的語彙学習で強化することで，習熟度が低くても定着させることができます。また，これに関連して，授業中，未知語について教師が説明したり，例を挙げたり，言い換えたりすることも語彙学習を促します。特に学習者が疑問に思ったものに対して教師が答えると，効果があります（Chaudron, 1982; Ellis, Basturkmen, & Loewen, 2001）。

　最後に，付随的語彙学習を成功させるための**学習ストラテジー**の指導も重要です。学習ストラテジーには，未知語類推ストラテジー，ノート・テイキング・ストラテジー，辞書・インターネット使用などがありますが，どれもすぐ身につくものではありません。ですから，読解や聴解などをしているときにも使わせてみて，徐々に身につけさせていきます。以下に，付随的語彙学習を支援するストラテジーについて説明します。

9.3.1.1.　未知語類推ストラテジー

　未知語の類推に成功すれば，その語を意図的に学習することもできます。未知語の類推をする際の手掛かりには，①接頭辞，接尾辞など語彙の構成要素，②文法，③文脈があります。このうち，文脈は習熟度が上がらないと使えませんが，接尾辞や接頭辞は，指導すれば，初級からでもできます。語構成の分析方法は次節の意図的語彙学習で説明していますが，こ

の分析方法を応用して，読解中の未知語の語構成を考えさせます。文法を使った類推も既習の学習項目であれば，行うことができます。例えば名詞の未知語を含む簡単な文を学生に提示します。そして，未知語の品詞（名詞，動詞，形容詞など），格（主格，目的格など），意味役割（動作主，対象，経験者，道具など）を考えさせます。さらに未知語が名詞で文の中でどのような役割を果たすのかを助詞や名詞と共起する形容詞や動詞の活用，文法から類推させます。その際，未知語の意味が類推可能な文脈を持つ分かりやすい文を使います。

　人や物を利用するのもよいストラテジーです。子供は未知語に遭遇すると，周りにいる大人に聞くことが良くあります。L2 学習者も，わからないときは日本人に聞くというストラテジーを使わせたほうがいいです。この時，相手にどうやって聞くかを教えておかないと，使うことができません。例えば，読み物であれば，未知語を指して，「この漢字は何と読みますか」「この漢字の意味は何ですか」「この単語はどういう意味ですか」などの質問ができるように指導します。また，普段から教室活動でも聞かせたり，自分の選んだ未知語を日本人に聞いて意味を書いてくるといった宿題をさせます。聞き取りは，その場にいないと聞けないことが多いので，「今何って言いましたか」や，もし最初の音が聞き取れていたら，「今の，「朝」で始まる単語はどういう意味ですか」などの質問をさせるようにします。

　さらに，読み物の中の語注や辞書を使わせることも大切です。ただし，語注も辞書も，意味が 2 つ程度と限られている場合は，付随的語彙学習に有効ですが，選択肢が多いと学習者を迷わせ，役に立たないことが分かっています。

9.3.1.2. 辞書・インターネット使用ストラテジー

　辞書は，未知語の意味を調べるために使うと考えられがちですが，この使い方だけでは，その時意味が分かっても，語形や発音までには注意が向かず，定着しにくいです。ですから，辞書の持つ様々な情報を効果的に使う使用方法を指導します。例えば，語の意味を類推させた後で確認させた

り，語の共起表現を調べさせ語彙ノートを作らせたり，例文から使い方を勉強させたりすると，より深い処理ができ，定着しやすくなります。また，インターネットなどで，その表現がどのようなジャンルでどう使われているかを調べさせて，語彙ノートに書き写すのもよいでしょう。

なお，習熟度が高い学習者には目標言語のみの辞書を使わせると，より深い処理ができ，語彙習得に役立つと考えられています。

9.3.1.3. ノート・テイキング・ストラテジー

ノート・テイキングは，留学生にとっては，大学での勉強を進めるための重要な技能になりますが，聞き取りから語彙知識を得るためには，効果的な講義ノートの作り方を知っておかなければなりません。欧米の大学では，講義内容のパワーポイントを配布資料として渡すことはまれです。学生は講義を聞いて自分のノートにまとめることを求められますから，ノート・テイキングのスキルが成績に深く影響します。一方，板書文化の日本では，学生は黒板やパワーポイントのスライドを書き写したり，教師からもらった配布資料にメモを書くといった方法に依存しがちです。しかし，この方法は，講義を深く聞くということにはつながらず，記憶にも残りにくいことから，語彙や聞く能力の習得にはつながりにくいです。そこで，授業では，板書，スライドなどを使わないノートの取り方を教えます。例えば，以下のようなノートの取り方を聴解の授業でやってもいいでしょう。

(1) ノートのページに「聞き取り」と，「気づき・理解」の2つの欄を設けます。
(2) 「聞き取り」の欄に聞き取った内容を書きます。ノートを取るときには，情報を整理してから，まず話の要点を掴み，要点を短いフレーズか文で書きます。
(3) 詳細については，キーワードを書きます。
(4) 講義中に気づいたことは，「気づき・理解」欄に短いフレーズでメモします。

(5) 講義の後，後で読むことを考えて，読みやすいかどうかをチェックし，必要に応じて丁寧に書き直します。

(6) 「気づき・理解」欄に，要点も加筆します。

9.3.2. 意図的語彙学習

　付随的語彙学習で高い効果が得られる習熟度に達するまでは，L2 語彙習得では意図的語彙学習が必要不可欠です。教室では，絵カード，レアリア，ジェスチャー，言い換え，例，文脈など，様々なツールを使って語の意味を紹介しますが，その後の練習がなく，あってもリピートだけということもあります。これらは文法や読解，聴解練習の補助的な活動としてよく行われますが，これだけで語を文脈の中で理解し，産出できるようにはなりません。したがって，導入の後，どのような演習をするかが語彙習得には重要です。

　意図的語彙学習については，1980 年代から，どのような指導方法がより効果的なのかについて多くの研究がなされてきました。その成果をまとめると，以下のようになります。

(1) 教師が覚えさせる語よりも，学習者が覚える必要があると感じる語のほうが習得されやすいです。

(2) 語は深い処理を要する活動をするとより記憶に残りやすいです（**処理の深さ理論**）。見て覚える物理的な処理よりも聞いて覚える音響的処理の方が，聞いて覚える音響的処理よりも意味を考えて覚える意味的処理の方が，認知的に深い処理を要します。そのため，4 技能を使わせ，いろいろな文脈で提示し，使わせ，繰り返し練習する方が良いです。

(3) L2 のインプットを理解させる活動よりも，L2 をアウトプットさせる活動の方が効果が高いです。

(4) 暗記は表記と音を結びつけるには有効ですが，語形と意味とを結び付けるには不十分です。暗記よりも，語形と意味を結び付けさせる意識的・分析的活動のほうが効果があります。

(5) **意味カテゴリー**（semantic set）で語彙を導入すると，習得効果が下がります。例えば，「果物」という意味カテゴリーに属する単語，「りんご」「みかん」「ぶどう」「バナナ」「いちご」などの果物を一度に教えると，すべてが果物という共通性があるので，語形と意味を一致させる際，混乱が生じます。そのため，ばらばらで教えた時よりも単語テストの成績が下がることが明らかになっています。特に，「りんご」と「みかん」など，どちらも丸いもの，つまり形状が一致しているものは混乱しやすいです。

(6) 意味カテゴリーではなく，テーマに沿って導入する場合は習得効果があります。例えば，「学校」というテーマで，これにまつわる様々なもの「先生」「学生」「教室」「教科書」「宿題」などを導入すると，効果があります。

(7) 意味カテゴリーは，既習の語彙の練習には効果的です。例えば，いろいろな食べ物についてすでに習っている場合，「果物」という意味カテゴリーに当たる単語を書かせたり，分類させたりするのは効果的です。また，類義語や反意語なども同じ意味カテゴリーにかかわりますから，これらで分類させるのも，それぞれの語についてよい深い処理をさせることになります。

(8) 初級では，単語を母語の翻訳を使って学ぶことは効果があります。その際，派生義ではなく，基本義を教えたほうが良いです。基本義を知っていると派生義の類推や理解ができ，付随的語彙学習にも役立ちますが，派生義から基本義への一般化は起こりにくいです。

(9) 接尾辞，接頭辞を指導し，語構成から意味を類推させる活動は，語彙力を増やすのに役立ちます。

(10) 共起表現は文法として教えるのではなく，固まりで教えたほうが良いです。共起関係の強いものを語と文法の連結で考えさせるよりも，固まり表現として教えたほうが，学習しやすいです。これらの表現は，定式表現として心内辞書に記憶されていきます。

これらの先行研究の成果を踏まえ，語彙学習活動を評価する 2 つの枠

組みが提唱されています。ひとつは，処理の深さ理論を援用し，語への**関わり度**を使って評価する枠組みです（Laufer & Hulstijn, 2001）。この枠組みでは，関わり度の数値が高い活動ほどよい活動だと評価します。関わり度には動機付け要因と，認知的要因があり，前者はその語を学習する必要性がどの程度高いかに関するものです。例えば，教科書の例文の未知語をスキップする場合の必要性は－，教師の指示で未知語の意味を探す場合の必要性は＋，学習者が自発的に未知語の意味を知ろうとして探す場合の必要性は＋＋とします。認知的要因には，語を探す負荷（探索度）や，語を文脈の中でどう使うかを評価し選ぶ負荷（評価）があります。例えば，読解問題で未知語に遭遇しても辞書を調べない場合の探索の負荷は－，辞書を調べる場合，探索の負荷が＋になります。また，評価については，例えば，文中の語を書く穴埋め問題は－，文脈を通して意味を考えながら適切な単語を選ぶ場合は＋，作文中に言葉を選んで書く場合は＋＋になります。これまでの研究では，関わり度が高いアウトプットを要するタスクは，関わり度が低いインプットのみのタスクよりも効果が高いこと，また，タスクに時間がかかるものほど記憶に定着することが分かっています。関わり度の観点で，語彙学習活動を評価してみると，単語を使って文を作る方がより記憶に残りやすい活動ということになります。

　関わり度の枠組みをもとにリピートとフラッシュカードを分析すると，授業で教師が指示して行う単語のリピートは，学習者自身が必要と感じているものではないので，必要性の尺度は－になります。また，リピートでは語彙を探すこともありませんし，文脈もありませんから，探索度と評価も－になります。フラッシュカードを使った練習は，主として教室外で学習者が自発的に行う活動ですから，必要性は＋です。その際，L2 単語を見て L1 に翻訳する場合は L2 の語彙を探索することも文脈から評価することもないので，探索と評価はどちらも－です。一方，L1 単語を見て L2 に翻訳する場合は，目標言語の言葉を探すので，探索度は＋になり，文脈がないので評価は－になります。したがって，この 3 つのうちで最も記憶に残りやすいのは，L1 から L2 に訳すフラッシュカードであり，先行研究でもこのフラッシュカードの使い方が一番有効であることが分かってい

ます。

表 2-13 「関わり度」を使ったリピートとフラッシュカード練習の評価

	必要性	探索度	評価
リピート（教師の発話を学生がリピートする）	−	−	−
フラッシュカード（目標言語→母語）	＋	−	−
フラッシュカード（母語→目標言語）	＋	＋	−

　もう１つの語彙学習活動を分析する枠組みは，Nation & Webb（2011）のテクニック特徴分析（technique feature analysis, TFA）という分析です。表 2-14 の 18 の質問に対して「はい」なら１「いいえ」なら０を付け，得点が高い活動ほど効果が高いとするものです。この枠組みは「動機付け」「気づき」「検索」「産出」「記憶」に関して，それぞれ先行研究で，語彙学習に有効に働くと報告されているものをリストにまとめた形になっています。

表 2-14　テクニック特徴分析項目

	項目	得点
動機付け		
1	この活動には，明確な語彙学習の目的がありますか。	
2	学習者が意欲的に取り組みたいと思う活動ですか。	
3	学習者が学びたい語を選べる活動ですか。	
気づき		
4	学習者の注意を目標語に向ける活動ですか。	
5	目標語の使い方に対する意識を高める活動ですか。	
6	意味交渉を通して目標語を学習する活動ですか。（意味交渉とは会話中に分からないことについてお互いに理解できるよう工夫するやり取りのこと）	
検索		
7	目標語を検索させる活動ですか。	
8	目標語を L1 に訳すのではなく，L2 で検索させる活動ですか。	
9	目標語を想起して産出させる活動ですか。	
10	目標語を複数回検索させる活動ですか。	
11	目標語を時間的な間隔をあけて検索させる活動ですか。	
産出		
12	目標語を異なる場面や分脈で創造的に使わせる活動ですか。	
13	書いたり話したりするなど，目標語のいろいろな技能を使わせる活動ですか。	
14	目標語を習った形態での使い方をさせる活動ですか。	
記憶		
15	形式と意味を強固にマッピングさせる活動ですか。	
16	現実的なコミュニケーション場面での意味のある活動の中で目標語の用法の具体化を促す活動ですか。	
17	目標語を使ってイメージさせたり，連想させたりする活動ですか。	
18	記憶を妨げるような組み合わせが含まれない活動になっていますか。（例えば，意味カテゴリーで語を導入すると覚えにくくなります。）	
計		

　ここからは，主な意図的語彙学習活動のやり方と注意点について説明します。リピートだけでも色々なやり方があります。表 2-15 に，使い方の例と留意点をリストにまとめました。

表 2-15　意図的語彙学習のための活動

活動	方法
リピート	・教師や音声メディアで目標語を聞きながらリピートする。 ・絵カードや文字カードを見ながら，目標語を聞いてリピートする。 ・目標語をリピートした後，母語訳も言う。 ・目標語と母語訳を繰り返し書く。 注：絵カードやレアリアは，具象的でない語には使いにくい。文字カードを使ったリピートは，音声と語形の連結には有効。リピートをする前に意味を考えさせたり，付随的語彙学習を組み合わせたりして，語と意味について考えさせてからリピートすると効果が上がる。
フラッシュカード練習	・目標語が書かれたカードを見て，母語で意味を確認する。 ・母語訳が書かれたカードを見て，目標語を言う。 ・絵カードを見て目標語を言う。 ・母語訳が書かれたカードを見て目標語の関連語や共起表現を言う。 注：目標語が書かれたカードより，母語が書かれたカードを使ったほうが効果が高い。絵カードは具象的なものには有効だが，抽象的なものについては，誤解釈を生む可能性もある。
キーワード	・テーマや場面を指定し，キーワードを作らせる。例えば，インターネットで服を探すというテーマでキーワードを書かせる（サイズ，色，など）。ウェブサイトを見て，キーワードを探し，自分が買いたいものの情報を埋める。 ・キーワードの言いかえをさせる。 ・何かを読んだり聞いたりさせて，キーワードを転写させる。 ・キーワードを言って関連語を言わせる。 ・読解中に，キーワードにハイライトを付ける。キーワードに注釈をつけ，例文を書く。これをもとに例文付き語彙リストを作る。 ・読んだり，聞いたりしたもののアウトラインを書かせる。アウトラインにはテキストの中の重要な言葉を使って書かせる。 注：聴覚連合と視覚連合という複数の認知的処理を組み合わせて記憶する。キーワードからの想起の容易さは個人によって異なるが，学習者にキーワードを作らせた方が効果が高い。
連想法	・その語から連想できる語をできるだけたくさん書き出すか言わせる。 ・連想される語を関連性の高いものから低いものまで並べさせ，ネットワークを作らせる。 ・その語が使われる場面やその語をどう使うかを想像して，文を作らせる。
語構成の分析	・接頭辞，接尾辞を分析することにより，語構成への意識を高める活動。「毎日」「毎年」「毎月」「毎晩」や「花屋」「本屋」「肉屋」など，語構成が分かりやすい語を提示する。そして，形態素の分かれ目に「／」を付けさせ，形態素の意味を考えさせる。 ・「毎」「屋」などを提示し，この形態素が付く語をできるだけたくさん考えさせ，その後フレーズを作らせる。そして，形態素の意味を言わせる。 ・中級，上級では，複合動詞「歩き出す」「食べ始める」などを使って，2

	番目に来る動詞の意味を考えさせる。
語呂合わせ	・テーマ別の単語リストをもとに，語呂合わせを作る。可能であれば，ストーリーや説明になるようなものを作らせる。 注：習熟度が低い学生には難しいが，学習者は深い処理をしなければならないため，記憶に残りやすい。特にストーリー性のあるものは，覚えやすい。
分類	・語のリストやカードを提示し，テーマによって分類させる。 ・類義語をグループ分けし，意味ネットワークを作る。 注：音声を使わない作業が多く，音と語形の連携ができにくいため，分類後の結果を言わせるなど，音声を使った作業が必要。
転写	・何かを読んだり聞いたりさせて，わからない言葉を描写させて，人に聞かせたり辞書を調べさせたりする。 ・1日1語知りたい言葉を書かせ，インターネットや辞書で調べて，自分が理解できる例を書く。 ・家族の説明を聞いて，家系図を作らせる。 注：未知語が認知できるよう，テキストは既知語率が95％以上のものを使う。未知語はできるだけ学習者が必要と感じるものにする。
4／3／2活動	・教師がテーマを指定する。そのテーマに関する言葉を書き出す。 ・ペアになって，ペアの1人がそのテーマについて4分間話す。次に別の人とペアになって，同じ話を3分で行う。さらに別の人とペアになって，2分で同じ話をする。ペアの聞き手となった人と交代し，聞き手となった人が4分，3分，2分間話す。 注：同じ話を形を変えて違う人と話すことで，産出の定着を測る。
ゲーム 注：分脈のないものが多いので，必要に応じて文脈を使わせる活動を取り入れる。	
しりとり	グループで単語のしりとりゲームをする。
借り物ゲーム	教師が単語を言って，学生が教室内の他の人からできるだけ早く単語に当たるものを借りてくる。その際日本語で，「すみませんが，〜を貸してくれませんか」とお願いする。
クロスワードパズル	教師が単語の部分が空欄になった文でできたクロスワードパズルを作り，学生にさせる。これを例として，学生にクロスワードパズルを作らせる。

1. ＿＿＿＿＿＿＿＿＿をさんぽします。
2. ＿＿＿＿＿＿＿＿＿をかけます。

a. きのう ＿＿＿＿＿＿＿＿＿ をみました。

定義ゲーム・連想ゲーム	単語カードを持っている学生に，その単語について，ほかの学生が，「はい・いいえ」でこたえられる質問をする。カードを持っている学生は「はい」か「いいえ」しか答えない。正しく当てられた学生は，カードをもらう。
ジェスチャーゲーム	「お風呂に入る」など共起関係の強い表現のカードを持っている学生がジェスチャーをする。ほかの学生が定式表現を言う。正しく当てた人がカードをもらう。一番多くカードを集めた人が勝ち。
かるた	教師が絵を見せる。絵に合う単語のカードを取る。取ったら，単語を言う。正しく言えたらカードをもらう。一番多くカードを集めた人が勝ち。
頭文字ゲーム	1人が頭文字を言って，その文字で始まる，覚えている単語をすべて書かせる。一番多く書いた人が勝ち。
坊主めくり	絵カードをめくり，その単語が言えたらもらう。一番多くカードを集めた人が勝ち。（習熟度とクラスの学生の構成によって，絵カードの代わりに，母語訳のカード，その語が当てはまる空欄付きの文が書いてあるカード，定義や言いかえのカードなどを使う。）
ばばぬき	目標語と母語訳を別々のカードにする。目標語と母語訳がマッチしたら，グループに見せて，確認が取れたらカードを捨てることができる。一番速く全部のカードを捨てた人が勝ち。

128

第 3 章

読解指導

1. はじめに

　言語の基本は話し言葉であり，書き言葉ではないと言われます。なぜなら，自然言語に口頭言語があって文字がないものは存在しますが，文字があって口頭言語がないものは，ラテン語など口頭言語が死語になったものだけだからです。話し言葉は，その言語が使われる環境にいれば，勉強しなくても習得できますが，書き言葉は，母語話者といえども学習しなければ習得できません。2020 年 9 月のユネスコの調査によると，2019 年の世界の識字率は 86.48 ％で，10 億 7,428 万人（15 歳以上）が文盲だと報告されています（UNESCO, 2021）。

　日本では 9 年間の国語教育を通して，読解力と文章産出能力を育成しており，その目的は，教科学習の基礎を養うだけではなく，理解力・表現力を育成することにあります。そのため，文字教育のほか，詩や小説などの文学作品や，説明文や意見文などまとまった文章を読ませることが多いです。

　これに対して，L2 学習者の場合，学習対象となる読み物は多岐にわたります。例えば，銀行口座を開いたり，電車の時刻表を見たり，インターネットで買い物をしたりする際など，日々の生活で様々な物を読みます。母語話者がこれらの資料の読み方を学校で勉強することはありません。しかし，L2 学習者にとっては，これらは日本で生活していくために必要な学習対象となります。また，日本研究をする学習者は，習熟度が低くても，難解な原文を研究のために読まなければならないこともあります。このように，L2 学習者に対する読解教育の目的は，学習者のニーズに左右

されます。

　L2 学習者は，母語話者と同様の学習時間やインプットとアウトプット
の機会を持つことはほとんどありません。また，母語話者と異なり，目標
言語の書き言葉を学習する前に話せるようになっているわけではなく，話
し言葉と書き言葉をほぼ同時進行で学習する人も多いです。さらに，母語
での読解教育の影響も受けますし，母語の文字体系が日本語の読解力に与
える影響も大きいです。

　このように L2 学習者の読解指導は，様々な制約のもとになされる難し
い活動で，単に読んで質問に答えさせるといった活動では効率的かつ効果
的な指導にはなりません。そこで，本章では，まず読むということはどの
ような活動なのか，上手な読み手と下手な読み手の違いについて考えま
す。そして，流暢な読み手の特徴や読みのプロセスについて考察し，読解
力にかかわる能力とはどのようなものかを明らかにします。そのうえで，
L2 学習者が日本語の読解力を習得する際の問題点と，指導について検討
します。

2.　読むということ

　人は何かを「読む」ときには，何らかの目的があって読みます。例え
ば，スーパーの特売のチラシを見るときは，買いたいと思う物があるか，
あったらどのぐらい安いのかといった特定の情報を探すことが読む目的に
なると思います。また，その日にあったことをざっと知るために，イン
ターネットや新聞のニュースを見ることもあります。そのほかにも，余暇
を楽しむために小説や詩を読んだり，何かを学ぶために，本や論文を読ん
だりと様々な目的があります。

　Grabe & Stoller（2020）は読みの目的を以下の 7 つのタイプに分類しま
した。

（1）簡単な情報の検索をする。
（2）概要を掴む。
（3）テキストから学ぶ。

（4）情報を統合する。

（5）書くために読む（書くのに必要な情報を調べる）。

（6）批評する。

（7）内容を理解する。

　「簡単な情報の検索をする」とは特定の単語や表現を探すことです。スーパーの特売で目当ての商品が安いかどうかを探すときには，商品名と値段だけを見ます。インターネットで本を探すときも，その本のタイトルだけを探し，ほかの情報は無視するでしょう。このように特定の情報を探すときには，人間はその情報だけに集中し，ほかを無視した読み方，つまり**スキャニング**をしています。スキャニングでは速く特定の情報を探すことが目的ですから，読み速度も著しく速いですが，読んだ後に覚えている内容は探しているものに限られます。

　「概要を掴む」ことが目的となるのは，今日の出来事をインターネットでざっと知りたいというような場合です。この状況では，特定の言葉だけを探すのではなく，主要な情報が書いてある部分を拾い読みして概要を掴もうとし，テキストの細かい内容までは注意を払いません。このような読み方を**スキミング**と言います。スキミングは概要を掴むことが目的で，読み速度はスキャニングほど速くはありません。そのほかの読みよりは速くなりますが，読後に覚えている情報も概要に限られます。

　これに対して，「テキストから学ぶ」という目的は，大学の授業や仕事で何かを学ぶために読むことを指します。この場合，細部にわたって詳細に読み込まなければなりません。読んでいる最中には，主要なアイディアだけではなく，そのアイディアと論拠を示す内容とを関連付けられるよう細かい部分を覚えていなければなりません。また，今読んでいるものが問題解決型のテキストなのか，原因結果型のテキストなのかなど，テキスト構造を把握する必要もあります。さらに，テキストの内容について，批判的に読まなければなりません。このような読み方は，小説や雑誌を読むといった一般的な読みに比べ，時間がかかります。また，テキストの内容と自分の背景知識と連結させるために推論をしなければなりません。より深

い理解が要求されるため，自身の読む過程をモニターする能力が必要です。

　「テキストから学ぶ」という目的は一つのテキストにかかわる目的ですが，「情報を統合する」という目的の場合，複数のテキストを読み，そこに書かれてある情報について比較検討することになります。例えば，コロナワクチンの有効性や副作用などについて評価するためには，複数の情報源からの情報を参照し，評価すると思います。このような読み方では，テキストから得た情報を批判的に評価し，その情報を受け入れるかどうか，受け入れるならばどのようにその情報を使うのかなど，自分の目的に合った論理構造を作り上げなければなりません。

　「書くために読む」とは，レポート，卒業論文，学会発表の資料などを作成するといった，アカデミックな場面での活動が目的である場合や，会社でのレポートやプレゼン資料を作成する場合が考えられます。「書くために読む」場合の読み方は「情報を統合する」場合の読み方と似ており，情報の選択，評価，そして，統合をする能力が必要です。

　「批評する」とは，評論，書評，論文のレポートを書く時の目的です。批評するためには，文章の内容だけではなく文章の質を分析し，背景情報や論理的思考を用いて，筆者の主張，話の展開，文章構造，言語使用などを分析し，評価しなければなりません。この場合の読み方も，「情報を統合する」場合の読み方と似ていますが，内容だけではなく，文章の質についても深く読み込まなければなりません。

　最後に，「内容を理解する」とは，小説やエッセイ，雑誌の記事などを読むといった一般的な理解を目的とする場合を指します。この場合，学んだり，情報を統合するために読む場合のように，細かく推論を立てながら読んだり，評価的に読んだりすることはありませんが，読み手は，自分の背景情報と照らし合わせながら，書かれていない部分を埋めたりして，内容理解を進めます。

　このように読みの目的によって，何を読むか，何を無視するか，どの程度注意して読むかなど，読み方が変わっていきますし，読みの速度も変わります。Carver（1992）が調査した英語の1分間の読み速度は，スキャ

ニングで 600 語，スキミングで 450 語，一般的な理解で 300 語，学ぶための読みで 200 語となり，さらに文章を覚えるために読む場合は，200 語未満となっています。

　日本語では，読み方による読み速度の違いを測定した研究は見当たりませんが，英語同様スキャニングやスキミングでは読み速度が上がり，学ぶための読みでは速度が下がると推測できます。また，一般的な理解の読む速度については，小林・川嶋（2018）が大学生 200 名を対象に調査しました。その結果，1 分間に 300 字から 1200 字とばらつきが大きく，平均で 653 文字だったと報告しています。また森田（2012）では，1 分間の平均が 900 字程度でした。

　ただ，読む目的は，読んでいる途中で変わることがあります。例えば，雑誌を手に取り，表紙や見出しを見ている時は，どのような内容があるのかをざっと把握することが目的になります。そして，興味のある記事を見つけて読む段階では，読書を楽しむ目的に変わります。けれども，読んでみたらあまり面白くないと感じ，ほかの記事を探し始めた場合，また新たな記事を探すことが目的になります。このように，同じ物を読んでいても途中で目的が変わることはよくあります。

　読み方は，読みの目的だけではなく，読み物の性質によっても変わってきます。例えば，小さくて読みにくい字で書かれていれば，注意が文字に行きがちになります。また，難解な文章の場合，読み直したり，自分の理解を確かめたりするので，読む速度が遅くなります。一部の文字がにじんで読めないテキストでは，文脈から読めない単語を類推することになるでしょう。さらに，文字だけではなく，図や表がついている物は，テキストと図表を照らし合わせながら読むと思います。このように，「読む」という行為は，目的や読み物の性質によって，読み方が変わり，同じものを読んでいても，状況に応じて流動的に変化する複雑な行動です。

3.　流暢な読みと流暢でない読み

　1960 年代ごろまでは，読むという行為は，紙面上にある文字や言葉を受動的に処理する過程だと考えられていました。そして，語彙認知，主要

なアイディアの探知，原因と結果の関係の特定，比較・対比，順序付けの仕方などを学び，使いこなすことができれば，読解力が付くと考えられていました。けれども，1970年代になっても，これらの方法の指導が理解を深めるかどうかも，どの方法をいつどのように指導すると読解力が上がるのかも明らかにできませんでした。

　1970年代以降，心理学の分野では，人はどうやって文字刺激から意味を構築し，理解するかという読みの過程について研究されるようになりました。その結果，読解は，文字から意味を構築する複雑なプロセスであり，上述したような読みの方法を応用することではないということが明らかになりました。さらに，流暢な読みとそうでない読みとは何が違うのかについて分かってきました。そこで，ここからは，まず流暢な読みの特徴について説明し，流暢ではない読みと比較していきます。

3.1.　流暢な読みの特徴

　Grabe（2009）は，母語話者が行う流暢な読みには，次のような特徴があると指摘しています。まず，正確かつ適切な言語処理がなされること，次に，語彙や文法や基礎的な命題の処理が効率的で速いこと，第3に，様々な認知的活動が同時進行で起こり，相互に影響しあうインターアクティブな過程であること，第4に，背景知識の想起，内容の予測，必要情報の抽出，情報の統合と要約，不要な情報の読み飛ばしなどが臨機応変になされ，読む過程で目的を変えたり，読み方を変えたり，読み直したりする，柔軟で方略的なプロセスであること，そして最後に，読者が自身の理解や解釈を評価する評価的な特徴を有しているということです。つまり，流暢な読みでは，読む前，読んでいる間，そして読んだ後も，様々なスキルやストラテジーが方略的に用いられるということを意味しています。これらに加え，Grabe & Stoller（2020）は読みは目的を達成するための活動であり，理解，評価，学習を伴う言語処理の過程であると述べています。

　すでに述べたように，読みには目的がありますから，流暢な読み手は，読み始める前に何のために読むのかを意識し，どのようなものが読みの目

的に合うものなのか分かっています。読みの目的について言葉で詳しく説明できることもあれば，そうでないこともあります。例えば，電車に乗っていて時間つぶしのために，スマホのニュースを検索する場合，時間つぶしという目的から，自分が関心を持っているテーマや出来事に関するもので，どの程度の長さや構成のものであるかといったことが，漠然と頭に浮かんでいると思います。ですから，読みの目的に合わないトピックは無視するか読み飛ばして，自分が読もうとしているものに遭遇したときは，タイトルや要約に着目し，読んだ方がいいかどうか判断します。

　流暢に読むためには，**文字認知，語彙認知，構文解析，命題（節や文の意味）理解**といった一連の処理が瞬時に行われなければなりません。日本語母語話者が読んでいる最中に 1 つの単語を見る時間は 190 ミリ秒から 250 ミリ秒（神部, 1986; Osaka, 1992）ですから，1 秒間では，3 語程度の単語を処理していると考えられます。その際，単語に複数の意味や品詞があることもありますが，文脈的にまた構造的に最も適切なものが処理され，基本的な意味の理解につながります。例えば，「首」という名詞は，「頭と体をつなぐ体の一部」という意味と，「解雇」という二つの意味がありますが，この単語の後に「凝る」が来ると体の一部の意味になり，「なる」が来ると，解雇の意味になります。同様に「限り」という表現の前に名詞「今夜」が来ると，「限り」は名詞として処理され，「今夜限りのコンサート」が今夜だけ行われるコンサートと解釈されますが，「限り」の前に「私が知る」が来ると，「限り」は副詞として処理され，「私が知る限り」は「私が知っている範囲内では」という意味になります。そして，その後に続くのは名詞ではなく，「彼の言葉に嘘はない」といった文が来ると予測されます。このように文字情報から句や節の意味までの形態素や文法の処理は，秒単位で行われており，読み手は，このような処理をしていることを意識することも，意識的にコントロールすることもできません。つまり，流暢な読みでは，この一連の言語処理は，自動的に起こっているのです。

　さらに流暢な読み手は，すでに読んだ部分と今読んでいる部分の命題を結び付け，全体の意味を理解します。そして，読んだ部分の内容と背景知

識を照らし合わせ，これから読む部分に何がどう書いてあるか予測します。推論は，これから読む部分だけではなく，テキストにはない事柄についても行われることがあります。例えば，『鬼滅の刃』という漫画は，何時代かについて明示していませんが，登場人物の話から大正時代であることが分かります。大正時代がどのような時代かを知っている読者であれば，この漫画に出てくる人々の服装，警察，職業や，店構え，浅草の街灯，電車に違和感を感じないと思いますし，この時代が関東大震災やスペイン風邪という世界的パンデミックで揺れた時代であることを知っていれば，なぜ「鬼」がテーマとして扱われているのかについて深い理解ができると思います。このように，読者は，作者が直接提供していないキャラクターやイベント，設定を，背景情報を使って自分の頭の中に作り出し，テキストの理解を進めようとします。

　また，流暢な読み手は，読みの過程で**メタ認知**を働かせます。メタ認知とは，自分が何を認知し理解しているかを，客観的に把握することを指します。そうすることで，自分の理解の程度を評価し，読みの過程をコントロールすることができます。例えば，上手な読み手は，読んでいる間，継続的に自分の予測や理解をテキストと照らし合わせながら評価し，必要に応じて修正をします。読んでいる途中で内容が理解できていないことに気づいたら，読んでいるものの意味について自問したり，自分の言葉で一部を言い換えたり，難しい単語の意味を調べたり，テキストの内容を要約してみたりします。これにより，理解できない部分を修復し，必要に応じて修正することで，より整合性，一貫性のある解釈ができるようにします。

　さらに，上手な読み手は，選択的に読み進めます。例えば，読んでいる最中に，自分がすでに知っている内容だとか，重要ではないと判断したときには，ざっと目を通すだけにしたり，読み飛ばしたり，残りを読むのをやめたりします。これに対して，内容的に重要だ，興味深いと思った場合は，先に進む前に一節または大部分を読み直して，また頭の中で内容をまとめ，自分の理解を確認したりします。その際，何が最も重要で，何が二次的に重要で，何が重要でないかを判断し，より重要なものを記憶しています。

　上手な読み手は，読んだ後自分が読んだものについて振り返ってみたり，熟考したりします。この過程は，テキストの主要なポイントやイベントを頭の中で整理し，ほかの情報源にアクセスして，読書のトピックに関する追加情報を見つけたりします。また読みの目的に合わせて，自分の意見や次に起こす行動について考えます。

　このように，流暢な読みでは，文字情報からテキストの理解に至るまで，様々な処理が高速で行われます。

3.2.　流暢でない読みの特徴

　下手な読み手は，自分が何のために読むのか把握していなかったり，読む前に読みの目的を設定しなかったりしますから，どのようなものを読むべきかという準備もできていないことが多いです。

　流暢さに欠ける読み手は識字力が低く，語彙知識がない人は単語を処理するのにも，語の組み合わせを解析するのにも時間がかかります。流暢に読めないため，本来自動化しているはずの処理を意識的に行わなければならず，情報処理の負荷が高まります。その結果，自分が読んだものの多くを理解できなかったり，テキストのメッセージを理解できなかったりします。

　また，十分な背景知識がないと，流暢な読みになりません。背景知識が不足しているということは，トピックに関する語彙知識もアイディアを結びつけるための内容に関する知識も足りないので，背景情報を使って予測したり，理解不足を補ったりすることが難しくなります。さらに，テキスト構造にも気づきにくいため，効率的に読むことができないこともよくあります。例えば，言語学を専門としない日本人の学生が言語学の専門書を読む場合，言語学用語も，言語学で研究対象となるテーマや研究方法も知りません。また，どのように論文構成を使って論述するのかなどの知識もありませんから，論文を読んでもあまり理解できないでしょう。これは，背景知識が足りていないことによるものです。

　流暢に読めない場合，読んだ後に，そのテキストについて振り返ることも，自分の考えを構築し，補足情報を探してさらに理解を深めることもで

きません。その結果，読むことに対する自信を失い，読むことを避けるようになります。読む意欲の低下は，悪循環を生み，語彙力と読解力の低下につながります。

4.　読みの過程

　前節で述べたように，読むということは，その目的，素材，そして，読者の言語知識，言語能力，興味，意向など様々な要因がかかわる複雑な言語行動です。そのため，人が文字情報から意味をどのように構築していくかも，活動によって異なると考えるかもしれません。けれども，読みの活動は，その種類にかかわらず，文字情報を処理し，理解する過程は同じだと考えられています。また，この読みの過程はL1，L2で共通していると言われます。そこで，本節では，読みの基本的な過程について概説します。

　読み処理の過程には，**下位レベルの処理，上位レベルの処理，そして一般の認知的処理**という3つの過程があり，それぞれの過程で必要とされる能力があります。下位レベルの処理は，語彙認知や統語処理など流暢な読み手では自動化された処理過程です。一方，上位レベルの処理は，読み手が既有知識や推論を用いて理解する過程です。そして，一般的な認知的処理過程とは，物事を分析したり，解釈したり，記憶したり，学んだりするすべての認知活動で共通して行われる処理過程のことです。一般的な認知的処理過程は，車の運転，スポーツ，音楽などのすべての活動やその学びの際に生じる過程であり，もちろん読解などの言語処理にも作用します。

4.1.　下位レベルの処理過程

　下位レベルの処理過程では，**ディコーディング**，語彙認知，統語処理，命題（節や文の意味）の処理が行われます。ディコーディングとは，文字や単語を音声に変換することを言います。人間は，黙読しているときにも脳内でディコーディングをしており，文字で表されたものを，音の形（音韻表象）に変換して，言語情報として理解します。そのためには，日本語

の文字や単語の形に関する知識と音韻意識，そして形態と音韻の対応に関する知識を備えていなければなりません。ディコーディング能力が弱い人には，正確に音に変換できない，変換に時間がかかる，時間がかかりすぎて単語としてのまとまりが認識できないなどの様々な読みの障害（ディスレクシア）が起こります（天野, 1983; 田中, 2005; 深川・窪島, 2015）。

　語彙認知は，音韻情報をもとに，長期記憶にある**心内辞書**から適切な語の情報（語形，音韻，意味，統語的制約）にアクセスすることで達成されます。いうまでもなく，語彙認知ができるためには，語彙力，つまり，豊富な語彙情報を心内辞書に記憶していなければなりません。それだけではなく，ディコーディングした単語の音韻表象と心内辞書との連結が強固でなければなりません。流暢な読み手は，1秒間に2〜4語を認知し，テキストのほぼすべての単語を認知できると言われます。語彙認知は読者の意思や選択でできるものではなく，一度文字を見ると自動的に処理がなされ，その処理を回避することはできません。日本語は，表記が複雑であることもあり，読解研究の多くがディコーディングや語彙認知を扱っています。

　しかし，下位レベルの処理を流暢に行うためには，語彙だけではなく文法を処理し，命題を理解することが重要です。そのため，豊富な文法知識と流暢な構文解析をする能力が必要です。Jeon & Yamashita（2014）は先行研究で読解に関わるとされる10の要因を対象にメタ分析を行いました。その結果，読解に最も相関関係が高いのは，文法能力（r=.85），語彙力（r=.79），そして，ディコーディング能力（r=.56）であったと報告しています。日本語の場合，文法に焦点を当てた読解研究はまだ少ないですが，Hatasa（1992）は中国語を母語とする日本語学習者では，語彙知識が読解力に影響するのに対して，英語を母語とする学習者は語彙知識よりも文法知識が読解能力に影響すると報告しています。同様に堀場他（2008）でも英語を母語とする日本語学習者では，語彙知識よりも文法知識のほうが読解と相関が高く，中国人日本語学習者は語彙と読解に相関が見られました。読解で重要なのは，正しい文法知識を有しているということだけではなく，これをほぼ無意識に使って文を処理する能力を持っていることで

す。テキストを理解するには，構文解析を行い命題を理解するという作業を逐次的に行わなければなりませんが，流暢な読みでは，文字から命題の理解までが秒単位で行われます。文法を意識的に処理していては，文を理解するのに精いっぱいで，その文の意味を記憶し，先を読み進め，テキストの意味を統合していくことはできません。L2 学習者が流暢な文法処理能力を獲得するには，多くの経験が必要ですし，読解だけでこの流暢さを養うことは現実的ではありません。そのため，初級では総合力を養うような言語指導，中上級では特に読解で問題となる文法についての指導が必要となります。

4.2. 上位レベルの処理過程

　上位レベルの処理過程には 2 つのプロセスがあります。まず，下位レベルで処理された文や節の命題をつなげて，談話，段落，そしてテキスト全体の統語的・意味的結合を処理し，テキストを理解する過程です。ここで構築されるテキスト全体の心的表象を**テキストベース**と言います。もう 1 つのプロセスは，読み手の読みの目的やこのテキストベースを既有知識と統合して解釈，情報補充，精緻化などを行い，自分なりの一貫した表象を構築する過程で，ここで構築された表象を**状況モデル**と言います。状況モデルは長期記憶に表象されるので，読んだ後に，そのテキストの内容について話したり，書いたりするときに使われると考えられています。

　テキストベースを構築する過程では，テキストを読んで何度も繰り返されるアイディアを主題として抽出し，そのほかのアイディアと主題との関係（例えば，原因・結果，主張と根拠など）を分析・統合して，1 つのまとまった意味的ネットワークを作り上げていきます（堀場，2002; Grabe, 2002）。この際，重要なアイディアとあまりかかわりのない命題や，補足的な命題はネットワークに組み込まれず消えていきます。また，実際はテキストにない既有知識もネットワーク構築に必要なものは取り入れられていきます。一般的な理解を目的とした読みでは，難解な文章であったり，自分の言語能力に限界があるような場合でない限り，このテキストベースの構築に読み手の意識はあまり働きません。一方，学んだり批評をするた

めにテキストを読む場合は，読み手はより注意をして読むので，意識が働くことがあります。

　状況モデルの構築過程では，テキストベースと読み手の既有知識を関連付ける高次な認知処理がなされます。この過程では，読み手は，書き手がテキストを通して何を伝えたかったのかを解釈し，この目的を読み手自身の目的と照らし合わせて解釈します。その際，テキストの題材に対する読み手の態度や，過去に似たようなテーマのテキストを読んだときの経験，テキストそのものに関する読み手の評価なども解釈に影響します。これらの要因を調整し，統合して，自分なりの一貫したテキストの心的表象を構築していきます。その結果，もし書き手の目的と読み手の目的との間にずれがあった場合，読み手は書き手の意図と合致した解釈をするかもしれませんし，自分の目的に沿った解釈をするかもしれません。ですから，同じ文章を読んでも人によって解釈が異なることもありうるのです。状況モデルは読み手がテキストを読んで最後に作り上げるものであり，次に同様のテキストを読むときなどは，このモデルが経験として影響します。

　さらに読みの目的によっては，状況モデルを構築しないこともあります。例えば，機械の使い方のマニュアルを読むときは，テキストの情報が理解できればいいので，状況モデルを構築する必要がありません。一方，俳句や詩などの場合，状況モデルの構築がなければ，そのテキストを十分理解したとは言えないでしょう。

4.3.　一般的な認知的処理過程

　先述したように，一般的な認知的処理過程は，すべての学習活動や認知活動で起こる過程です。例えば，コンビニで私服を着ている人を見ると，私たちは「この人は客だ」と思うはずです。なぜなら，コンビニでは制服を着るのは店員だということを経験的に学習しているからです。つまり，特定の事象を繰り返し経験すると，より頻繁に起こったことは，確率的により起こりやすいこととして学ばれていきます。このような学習を**統計的学習**と言います。これに対して，関連付けをもとにして学習することを**連合学習**と言います。例えば，親が子供にお手伝いをしてもらうたびに，お

駄賃をあげたとします。この行為が繰り返されると，子供の頭の中では，お手伝いをする行為と親が自分にお駄賃をくれるという行為が関連付けられていきます。連合学習も統計的学習も意識して学ぼうとする過程ではないので，暗示的な学習の一部で，人間の多くの学びは暗示的に起こることが分かっています。

　暗示的学習は言語でも起こります。移民や外国人就労者，母語話者と結婚した外国人は必ずしも言語を学校で学ぶわけではありません。しかし，大量のインプットと日々のインターアクションを通して，自然によく使われる表現を身につけて使うようになります。教室内学習者でも，教師が教室でよく使う「いいですね」「そうですか」などの表現を自然に覚えますし，教えていなくても「辞書を引く」「気が合う」など，コロケーションを使うことがあります。このことは，指導の有無にかかわらず，言語学習でも統計的学習，連合学習といった暗示的学習がなされていることを示しています。このような暗示的学習は経験を積むごとに自動化し，処理速度も上がります。

　一般的な認知的処理過程では，人はすべての事象に注目するのではなく，特定のものに選択的に注意を向けます。特に，一貫性の高いもの（**一貫性志向**）やパターンが認識できるようなものには注意が向けられます。そして，自分の認知が正しいかどうか，認知した傾向が真正性のある物かどうかをモニタリングし，必要に応じて，ほかの物に注意を向けたり，自分の判断思考を変えたりと柔軟に認知的処理を進めていきます。これらの処理にかかわる重要な2つの記憶，**長期記憶**と**作動記憶**も一般的な認知過程の要素の一部です。人は色々な経験をしていく過程で，多くのことを忘れてしまいますが，一部は長期記憶として保持されます。長期記憶に保存された記憶は，数分から一生にかけて残る安定した記憶で，その容量には制限がないと言われます。個人的体験に基づくエピソード記憶や，語彙に関する情報を貯蔵する心内辞書，言語の意味や知識などの意味記憶，パソコンのタイプや楽器の弾き方など体に身についた動作などの手続き的記憶があります。そして，長期記憶には，**スキーマ**と呼ばれる構造化された知識が存在します。例えば，「教室」という言葉から，黒板と時計，机とい

す，先生と学生，文房具といったイメージが浮かびますが，これらは「教室」という概念に関するスキーマを構築しています。また，「通勤」というと朝，働く人が仕事着を着て職場に行くという一連の流れがスキーマとして記憶されています。都会であれば，満員電車に乗る人の姿もスキーマの一部となっているかもしれません。

　一方，作動記憶とは，情報を一時的に保持しながら様々な作業をするための記憶です。作動記憶では，長期記憶にある膨大な情報を検索し，その一部を取り出して作業します。例えば，久しぶりに会った人の名前を思い出すときには，作動記憶では，長期記憶にあるその人の名前を取り出し，目の前にいる人の姿と照らし合わせる作業が行われます。また，語彙認知では，作動記憶で目の前の文字情報を音韻化し，長期記憶にある語彙情報と照らし合わせ，語彙処理がなされます。作動記憶には容量の制限があり，一度に処理できるのは，数字では 8 語程度，文字では 7 語，単語では 4〜6 語ぐらいで，その情報は 10 秒程度しか保持されず，消えてしまいます。情報量が多く処理負荷が高いと，処理ができなくなったり，時間がかかったりします。例えば，難解な文章を読んでいるときは，下位レベルの処理でも，上位レベルの処理でも負荷が高くなりがちですから，作動記憶にも大きな負担がかかります。その結果文章を読む速度が遅くなるのです。

　一般的な認知的処理過程は，人の成長過程で培われていくものですから，L2 学習者も有していると考えられます。ただ，それが L1 と同様に L2 で作用するとは限りません。例えば，L2 で下位レベルの処理過程の負荷が高い場合，L1 では向けられない下位レベルの言語項目に注意が向けられてしまう傾向があります。

5.　読解ストラテジー

　下位レベルの処理は流暢な読み手では自動化されていますが，上位レベルの処理は必ずしもすべてが自動化されているわけではありません。例えば，読む前にざっと目を通して内容を想像する，頭の中で質問を作る，読み物の内容と既有知識とを照らし合わせたりすることなどは，読解を効果

的に行うためのストラテジーです。また，分からない単語に遭遇した場合，読み手は，読み直してみる，辞書を引く，読み飛ばすといったストラテジーの中からその1つを選択します。これらのストラテジー使用は，意図的になされることが多いですが，流暢な読み手になると，あまり意図しなくても行うようになると考えられています。ストラテジーは読み手が読みの目的を達成したり，読み進める過程で生じた問題を解決したりするのに重要であると言われています（Elabsy, 2013）。読解ストラテジーは大きく分けて，読解に直接かかわるグローバルなストラテジーと読解を進めるための補償的なストラテジーに分けられます。グローバルなストラテジーには，プランニングと読みの目的を構築するストラテジーや書き手や読み物を評価するストラテジーなどがあります。補償的なストラテジーには自分の理解を確認するストラテジーや情報を統合するストラテジーなどがあります。

6. テキスト理解のモデル

　人が見たり，聞いたり，読んだりするものをどのように理解するかという情報処理のモデルとしては，ボトムアップ処理，トップダウン処理，インターアクティブ処理が提唱されており，この3つのアプローチはテキスト理解のモデルに応用されてきました。本節では，この3つの処理を概観するとともに，これらが読解教育に与えた影響について紹介します。

6.1. ボトムアップ処理

　ボトムアップ処理は，下位レベルの処理を読解の基礎とする考え方で，見たり聞いたりしたインプットの構成要素を分析し，それを積み上げることによって，認知が起こるとしています。読解では，読み手は，文字や形態素などの下位レベルの言語処理を行い，次に単語や句の処理をし，さらに，文，複文，段落，そしてテキストの言語処理をするというデータ駆動型の処理プロセスであるため，読解を受容的プロセスととらえたモデルだと言われます。

　ボトムアップ処理を重要視した読解のモデルに Gough & Tunmer

（1986）の **Simple View of Reading（SVR）モデル**があります。このモデルは，文字情報を音韻に変えるディコーディング能力と音声化された単語の意味を理解する言語理解能力の相互作用によってテキスト理解が達成されるという考え方で，読解力は以下の公式によって予測できるとしています。

ディコーディング（D）×言語理解（LC）＝読解（RC）

　この考え方では，単語を正確にディコードして，その意味が理解できれば，書かれた単語が理解できますから，読解が達成されます。しかしディコードできても意味が分からない（例えば，「和三盆」という文字情報から「わさんぼん」という発音が分かっても，それが何か分からない）場合は，読解には成功しません。また，和三盆が砂糖の一種であることを知っていても，「和三盆」という文字情報をディコードできず，発音が分からなければ，読解には成功しないと予測されます。

　そこで，教育現場では，読解力をつけさせるために，文字情報を音声に変換する規則（**フォニックス**）の指導を通してディコーディングの効率化を図る指導と，適切なコンテンツ知識を使用させる語彙から物語の再話，推論の作成などの「多次元認知活動」を通して，言語理解能力を高める指導が提唱されました。

　SVR モデルは，ディコードと言語理解がどのように機能し，発達するのかという認知プロセスが説明できないという理論的な限界があります。また，英語をもとにした理論であるため，文字体系の異なる日本語のような言語にどの程度該当するのかについても不明です。しかし，読解におけるフォニックスの重要性や語彙の重要性を明示的に示した点で，読解教育に多大な影響をもたらしました。

6.2.　トップダウン処理

　トップダウン処理は Gregory（1970）が提唱した理論で，人は何かを認知するとき，自分の既有知識とそこから構築された仮説をもとに，イン

プットを処理するという考え方です。読解では，上位レベルの処理が下位レベルの処理に影響を及ぼすと予測します。例えば，新聞を読むという場面で考えてみると，読み手は新聞にはどのような記事がどこに掲載されるかについてのスキーマや，最近あった出来事に関する背景知識などを持っています。これらの知識を活用し，その日の新聞の一面に何が書いてあるか予測します。また，既有知識をもとにその記事に何が書かれてあるか，記事に書かれてある出来事について，自分がまだ知らないこと，知りたいことはどんなことなのか予測し，記事を読み進めていきます。そのため，その記事で書かれている内容に即した言葉や表現などについても予測が立ちます。これにより，例えば，にじんで読めない単語などがあっても，先行文脈からその単語が含まれる部分に何が書いてあるか想像ができます。さらにその語の前後の統語構造から，その単語を含む句の可能性が限定され，その単語が何であるか推測することができます。このモデルでは，読解は，読み手が書き手の意向を捉えるために文理解に積極的に関わっていくため，主体的・能動的なプロセスと捉えられています。

　実際，L1 でも L2 でも，読み手にとって身近なテキストや既有知識が使える内容のテキストのほうがそうでないテキストよりも速く読め，理解できることが分かっています。また，サスペンス・ストーリーなどを読んでいるとき，読んでいる途中で，その先に起こることや犯人の予測がつくのもトップダウン処理が行われているからだと言えます。

　言語教育現場では，トップダウン処理を使うことで，ボトムアップ処理が自動化されていない学習者の読解を助けるのではないかと考えられた時期があります。牧野（1991）は，1986 年の ACTFL（全米外国語教育協会）プロフィシエンシー・ガイドラインに基づき，日本語教育の在り方について示唆を述べていますが，そこでは，できるだけ真正性の高い生教材を使うことを提唱しています。トップダウン処理を促すストラテジーを使うことにより，習熟度の低い学習者でも生教材の使用は可能だと考えたからです。しかし，その後の読解研究から，習熟度が低い学習者は文章の語彙類推の成功率が低い（Nassaji, 2003）ことなどから，トップダウン処理に過度に依存しても読解には成功しないということが明らかにされまし

た。

6.3.　インターアクティブ処理

　部分的処理を積み上げていくボトムアップ処理と上位レベルから下位レベルへ処理が進むとするトップダウン処理のどちらが読解において重要な役割を果たすのかについては，長い間議論がなされてきました。しかし，脳科学や眼球運動の研究の発展やスキーマ理論にもとづく研究の成果から，どちらか一方を重視するのではなく 2 つの処理はお互いに機能的に作用しあい，テキストの情報と読み手の背景情報やスキーマを照らし合わせながら，理解に至る（**インターアクティブ処理**）と考えられるようになりました。

　ボトムアップ処理とトップダウン処理がどのように作用しあうのかについて，Stanovich（1980）は，ボトムアップ処理とトップダウン処理はお互いを補い合いながら，理解を進めるという**相互補完モデル**を提唱しました。このモデルでは，背景知識が十分でない場合，ボトムアップ処理を駆使して背景知識の不足を補い，また語彙認知や構文解析がうまくいかない場合，背景知識を利用して理解を進めるとしています。これに対して，Rumelhart & McClelland（1987）は，同時進行的にすべての処理が進み，相互に影響しあう**並列分散処理**（parallel distributed processing）モデルを提唱しました。このモデルでは，すべてのレベルで読解に関わるすべての構成要素がお互いに制約し合いながら，言語処理が進むとされています。ですから，語彙もボトムアップ処理だけではなく，背景知識や文脈から予測される語彙情報も処理され，語彙認知が起こると考えられます。さらに，読解中の眼球運動を研究した Just & Carpenter（1992）は，読解過程では，語の符号化，語彙アクセス，文法・意味の解析，指示関係の処理，テキストスキーマの 5 レベルの処理が，作動記憶で同時進行的に処理され，相互に作用し合うと述べています。

6.4.　構成・結合モデル（Construction-Integration Model）

　Kintsch（1998）は，読解の過程では，読み手は読んだ部分について意

味の表象を構築して，これを保持しながら次の部分を処理し，前の部分との関連付けを行い，整合性のある心的表象を構築していくと考え，**構成・結合モデル**（Construction-Integration Model）を提唱しました。このモデルでは，読解とは，テキストの表層的な言語表現を構築過程と統合過程という2つの処理過程を通して，情報を順次処理し一貫した心的表象，理解を形成するプロセスだとされています。読み手が構築する心的表象には，テキストの**表層構造**，**テキストベース**，**状況モデル**の3つがあります。テキストの表層構造とは，テキストに書かれている言い回しや統語的関係のことです。表層構造に関する記憶は作動記憶の中で急激に失われますから，人はテキストを読んだ後，テキストに何が書いてあったか一語一句再現することができません。読み手は読解過程で，表層構造から互いに関連のある情報を命題として抽出し，命題同士の関係に応じて1つのテキストのネットワーク表象（テキストベース）を構築します。この過程を構築過程と言い，構築過程で作成されたテキストベースは，テキストの大体の内容をカバーしています。なぜなら，命題をつなげてネットワークを構築する際，多くの情報と関連した命題は心的表象として活性化されますが，ほかの概念と結びついていない抹梢的概念のような命題は記憶から排除されるからです。

　統合過程では，テキストベースに，読み手の既有知識や理解，推論が統合され，一貫性のあるネットワーク表象（状況モデル）が構築されます。構築過程で作成されたテキストベースの中には文脈や読み手の背景知識に照らし合わせると矛盾した部分があることもあります。このような矛盾を排除して，より整合性の高い安定した心内表象を作り上げるのです。状況モデルは，最も抽象度が高く，読み手がテキストを読んでいる間に形成する最後の心的表象で，テキスト内の出来事の心的なシミュレーションやテキストが記述する現実や想像上の世界について，空間，時間，因果関係，登場人物，感情など様々な特徴を表します。状況モデルを構築する際，読み手はテキストにある情報だけではなく，自身の背景情報を使って推論した情報を統合することもあります。

　このモデルでは実際に読んでいる最中のテキスト処理で何が起こってい

るかを詳しく説明することはできませんし，読みの目的や背景情報がどのように読解過程に影響するか，どのような過程を経て状況モデルが構築されるのかを説明することもできません。そのため，読みの過程で生じる概念の変化を説明するランドスケープ・モデル（van den Broek, et al. 1999; Tzeng, et al., 2005）や状況モデルがどう構築されるかを説明するイベント・インデックス・モデルなど，Kintsch のモデルの一部をより精緻化したモデルも提唱されています。表層構造，テキストベース，状況モデルという 3 つの独立した表象が構築されることを明らかにした Kintsch の包括的な読解モデルは，その後の多くの読解研究の基礎となりました。また，学習者を対象とした研究では，学習者がテキストベースの理解にとどまり，状況モデルの構築が難しいといった読解における学習者の問題点を明らかにすることができました。

7.　L2 日本語学習者の読解の問題

　多くの言語が，ローマ字，算用数字，そして母語の表記 1 種類の 3 種類の文字をテキストに用いますが，日本語は，ひらがな，カタカナ，漢字があるため，世界で最も文字種が多い言語です。また，表音文字（カタカナとひらがな）と表意文字（漢字）をまぜて使う言語は日本語と韓国語のみで，この点でも特徴的です。そのため，日本語母語話者でも，最低 9 年間の義務教育期間を通して，文字学習が継続的になされ，異なる文字種の処理が自動的にできるようになります。しかし，多くの L2 学習者の母語では，文字種が限られ，表音文字か表意文字だけを用いるため，母語にはない L1 の下位レベルの処理能力を高めるのも，複数の文字種を逐次的に処理しなければならない日本語のテキストが読めるようになるのも困難なタスクになります（Warnick, 1996）。この問題は，漢字の処理能力を有さない非漢字圏学習者にとっては特に深刻です。一方，漢字圏学習者にとっては，ひらがな，カタカナの学習がさほど難しくないことから，日本語の読解は難しくないと感じる人も多いです。

　L2 学習者と L1 学習者の読解能力の習得は，以下の点で大きな違いがありますから，L1 の読解指導を L2 に当てはめるのは問題があります。まず

第一に，L1 学習者は，読解を始めるまでに，多くの語彙を知っていますが，L2 学習者は語彙力が備わっていない段階から読解が始まります。日本人の語彙量調査では，6 歳児の語彙量は 5,000 語〜6,000 語（阪本, 1955; 林, 1971）と推定されており，これは日本語能力試験の N2 の語彙量に匹敵します。これだけの語彙を知ったうえで，文字や語彙の表記を学習するのと，そもそも単語も単語の音韻表象も知らない段階で，文字，語彙を学ぶのは根本的に異なる作業です。

　次に，日本人の子供は 2 歳ごろから複文を使い始め，3 歳では，接続詞を使って段落で話すことができるようになります（秦野, 2001）。つまり小学校に上がるころには基礎的な文法の習得は完了しており，統語処理も自動化されています。しかし，L2 学習者はこの点でもゼロからのスタートで，下位レベルの処理を意識的にコントロールせざるを得ない状態で，テキストを読むことになります。そのため，読むことに対する負荷は非常に高く，上位レベルの処理に注意を向けることができません。第 3 に，母語話者は認知的に発達しておらず，メタ認知能力が限られている状態で言語を獲得し始めますが，L2 学習者の場合，年齢が相対的に高く，認知能力が発達していることが多いです。そのため，教育機関では，メタ認知能力を活用した指導が効果を上げる可能性があります。最後に，L2 学習者は読解においても母語の影響を受けます。例えば，英語母語話者は語順を手掛かりに文を理解しようとしますが，英語を母語とする日本語学習者は語順よりも名詞の意味役割や格助詞を手掛かりに文を理解します（Sasaki, 1997; Rounds & Kanagy, 1998）。

　これらを踏まえ，L2 学習者の日本語の読解における問題について，学習者の習熟度別に解説していきます。

7.1. 初級学習者の問題

　いうまでもなく，初級学習者の読解の問題は，下位レベルの処理の自動化が進んでいないことにあります。特に非漢字圏学習者の場合，文字認知と語彙認知が大きな障害になります。まず，字形と音が一致しない段階では，字形の似た文字の読み間違いが起こります。例えば，ひらがな同士の

読み間違いは，「め，ぬ，ね」「ね，れ」「め，あ，お」「お，よ」「よ，は，ほ，ま」「き，さ，ち」「り，い」「い，こ」といった字形の似た文字で起こります。カタカナでは「サ，セ」「ン，ソ，シ，ツ」「カ，ケ」「ア，マ」「セ，モ」「ウ，ワ」などの混同が見られます。また「き，キ」「か，カ」「り，リ，い」など字形の似たカタカナとひらがなを間違えることもありますが，この問題は音が同じ場合は，読みより書く作業で問題になります。加えて，初級学習者の場合，文字の大きさを区別できないことも多々あります。そのため，「ゃ」と「や」，「ゅ」と「ゆ」，「ょ」と「よ」，「っ」と「つ」の読み間違いもよく見られます。さらに，第 2 章で述べたように，漢字は字形の複雑さ，1 文字につき複数の読みがあり，学習しなければならない字数が膨大であることが負荷となり，漢字語彙を読み飛ばしてしまい，結局意味が分からないということが良くありますし（老平，2012），学習初期から漢字嫌い，読解嫌いになる人もいます。

　文字認知ができないことは語彙認知ができないことも意味します。特に漢字語彙の習得には多大な時間がかかるため，語彙力を増やすのも困難です。カタカナは外来語を表し，近年英語からの借用語が増えていることから，カタカナ語は英語話者にとって楽だと考える研究者もいますが，実際はそうではないという報告もあります（Everson & Kuriya, 1998）。なぜなら，日本語と英語では音韻体系が異なるため，カタカナで書かれた語を正しく読めたとしても，英語の発音とはかけ離れていると，英語由来の外来語だと分からないからです。

表3-1 英語と日本語で発音が大きく異なるカタカナ語

アレルギー	allergy [ˈæləˑdʒi]	トラウマ	trauma [trɔːmə]
アルコール	alcohol [ælkəhɔːl]	ヒエラルキー	hierarchy [háɪ(ə)ráˑki]
イデオロギー	ideology [ɑɪdiɑ́lədʒi]	ビタミン	vitamin [vɑ́ɪtəmɪn]
ウイルス	virus [vɑ́ɪ(ə)rəs]	ビニール	vinyl [vɑ́ɪnl]
エネルギー	enery [énəˑdʒi]	フィナーレ	finale [fənǽli]
カオス	chaos [kéɪɑs]	ブッフェ	buffet [bəféɪ]
セーター	seater [swéṭəˑ]	リキッド	liquid [líkwɪd]
テーマ	theme [θíːm]	ワクチン	vaccine [vǽksíːn]

　また，いわゆる和製英語と言われる日本語ではカタカナ語も英語では全
く違う言葉も多いです。

表3-2 英単語と異なるカタカナ語

アルバイト	part-time job	フライドポテト	french fries
ガソリンスタンド	gas station	ペットボトル	plastic bottle
キーホルダー	key chain	ホッチキス	stapler
クレーム	complaint	マンション	condominium
コンセント	outlet	モーニングコール	wake-up call
サラリーマン	businessman	リュックサック	backpack
チャック	zipper	レンジ	microwave oven
チャームポイント	best features	ワンピース	dress

　そのほかにもパソコン（personal computer），エアコン（air condition-
er），カリスマ（charismatic person），コンビニ（convenience store）な
ど，日本語では短縮される語もたくさんあります。英語を母語とする読み
手には，これらが短縮語であるということがそもそも分からないこともあ
りますし，短縮語と分かっても英語のどの表現を短縮しているのか分から
ないことも少なくありません。さらにカタカナで書かれた会社名や固有名

詞などを外来語だと思って意味を推測しようとしたりするなど，読解ストラテジーによる間違いも起こります。

　漢字圏学習者の場合，形状認知力が高いため，非漢字圏学習者と比べひらがなやカタカナの習得は難しくありませんが，初級から漢字が多く含まれた教科書を使って勉強することもあり，過度に漢字依存になり，ひらがなやカタカナを軽視する人も少なくありません。また，漢字語彙と違い，カタカナ語は母語の知識が使えないため，全く新しい単語を学ぶことになります。このような理由から，カタカナ語を難しいと感じる学習者もいます。さらに，漢字語彙については，中国語の過度な転移による間違いがあり，日中の同形同音類義語，同形同音異義語を，中国語で理解し，間違う人もいます。

　個々の単語の問題だけでなく，初級学習者の困難点として，語の区切りを間違えるという問題があります。これは，日本人の子供にも起こる間違いですが，分かち書きをされていない限り，語の境界が分からず読み間違えるということがあります。例えば「そのまちにはいったことがない」という文で，「まちには」できるところを，「まちに」「はいった」と解釈する学習者がいます。この場合，「入る」は，町が封鎖されているといった文脈があれば言えますが，そうでない場合は不自然です。けれども，「入る」という動詞が見つかることで，ほかの動詞の可能性を考えなくなり，結果的に読み間違えてしまうといったことが起こります。中国語話者の場合は，漢字の始まりを語の始まりとして区切る傾向があるため，ひらがなやカタカナの区切りについては，非漢字圏学習者と同じ問題があります。

　初級学習者は文法知識が乏しく処理経験も少ないため，構文解析に時間がかかります。また，知識の不安定さから，統語関係を間違うこともよくあります。そして，個々の文処理に注意を向けるあまり，理解した文を保持しながら先に進むことも難しいので，文章全体の意味を理解し，テキストベースを構築することが難しいです。そのため，漢字圏学習者の場合，漢字語彙をつなげて理解するというストラテジーを使うことが分かっています。このストラテジーは意味理解にかかる負荷を下げますから，より文法に注意を向けられるという利点があります。しかし，ストラテジーに依

存しすぎて，漢字語彙ではない内容語の理解や形態素の分析がおろそかになるという問題も秘めています。さらに，初級学習者は，接続表現や指示詞を利用して，文と文をつなげていくことも困難ですし，省略されている名詞が何であるかを推測することも難しいです。

7.2. 中級学習者の問題

中級になると文字処理の自動化は進みますが，非漢字圏学習者にとってはまだまだ知らない文字が多く，一般の中級のテキストに見られる未知語率が5％を超えるテキストを読むのには時間がかかり，下位レベルの処理の問題が続きます。

また，中級になると，未知語を含むテキストを読む機会が増えます。しかし，学習者の未知語の類推はなかなかうまくいかないことが明らかになっています。類推に失敗する原因は様々です。まず，漢字圏学習者の場合，中国語の語彙の意味を日本語に当てはめる傾向が強いため，形が同じでも日本語と中国語で意味が異なる同形異義語を中国語の意味で理解しようとします。また，日本語と中国語で意味の重なりがある同形類義語は，意味が重ならない部分で，類推に失敗することがあります。

母語知識が使えない非漢字圏学習者は未知語を類推する時，未知語を構成する漢字の意味を，同じ漢字を含む自分が知っている単語の意味から類推したり，部首を使ったりします。しかし，部首が表す意味は大まかなものであり，漢字の意味を明確に示すものは少ないです。また，複数の意味を持つ漢字も多いので，個々の漢字の意味を正しく類推できるとは限りません。それに，日本語の文章に含まれる語彙の大半を占める漢字二字熟語には，単語を構成する個々の漢字の意味をつなぎ合わせても意味が類推できないものが多く含まれます。本多（2017）は書き言葉に高頻度に現れる二字熟語958語を，単漢字の組み合わせで意味が類推できる透明性の高い語（例，表面，国外），単語を構成する漢字の内1つが漢字の意味と関連するやや透明性の低い語（例，経営，人間），単語を構成する漢字が語の意味と結びつかない不透明な語（例，案内，景気）に分類し，その数を調べました。その結果，透明性の高い語は47.5％にとどまり，50％以

上の単語は透明性が低いか不透明な語でした。

　未知語の類推に，文脈を使うことも推奨されています。実際，母語話者は文脈を使って多くの未知語を類推し習得していくことが分かっています。しかし，この場合，母語話者はテキストに含まれる 96 ％以上の単語を知っているからこそ，類推が可能になっています。これに対して，中級学習者が読む文章の既知語率は，80 ％〜85 ％程度だといわれます。ですから既知語率が低いテキストを読んでいるときに，母語話者より言語能力の劣る学習者が未知語の類推に成功するとは考えにくいです。特に，中級学習者は，基礎的な文法を学んでいるとはいえ，複数の文法項目が含まれる日本語の複文や長文を読む経験は少ないです。そのため，文の理解にも負荷がかかり，文脈に注意を向けにくいと考えられます。したがって，文脈を使って学習者が類推できるようになるためには，既知語率が高く，統語的にも難易度の低いテキストでなければなりません。

　では，文脈と語構成を使えば，未知語の類推の成功率が高まるのでしょうか。Mori（2003）は透明性の高い語と，未知語の意味が類推しやすい文脈を使って，この 2 つを使うことが意味類推の成功につながるかどうかを調べました。その結果，語構成か意味類推のどちらか一方を使うよりも，両方を組み合わせて使った方が成功しやすいことが分かりました。ただ，この研究は単文の実験で，意味類推がしやすい文脈と意味的透明性の高い語の組み合わせであったから得られた結果でもあります。実際の文章では，単語の意味的透明性が低い未知語もありますし，未知語の意味推測に役立つ分脈も役立たない文脈も含まれますから，この 2 つを使えばうまく類推できるかどうかについては疑問が残ります。

　学習者が困難を感じるもう 1 つの語彙の問題に，語の多義性の問題があります。習熟度が上がるに伴い，学習者は初級で習った単語でも，実際は複数の意味があることに気が付きます。しかし，これらがどう違うのか，どの語と共起するのかについては，学習しないことの方が多いですから，多義語の意味選択を間違えてしまうことがあります。

　また，中級では複合語の理解ができなくて読めないこともあります。向井（2020）では，読解中に「ひとり歩き」という語に遭遇した学習者が，

「ひとり」と「歩く」の意味を理解し，かっこの組み合わせが複合語である可能性を考えていたにもかかわらず，意味が分からなかった事例が挙げられています。そのほかにも，「こぼれ落ちる」「泣き寝入りをする」など，複合語の構成要素は知っていても，意味が推測できない語がたくさんあることが指摘されています。

　そこで，中級学習者は，未知語や多義語の意味を辞書で調べるようになりますが，ここでも困難に遭遇することが多々あります。まず，未知語がどこから始まりどこで終わるのかを見極められないことがあります。そのため，検索時に間違った表現を検索して失敗することがあります。単語の区切りが正しくできた場合，発音を知っていたり，ひらがなやカタカナ表記の単語であれば，インターネットで簡単に検索できます。けれども，漢字で書かれた未知語の発音は分からないので，発音を類推するか，漢字を検索して調べるしかありません。漢字圏学習者は母語の知識を生かし，漢字を組み合わせて未知語の表記を完成させ，辞書を使って調べることができます。しかし，非漢字圏学習者の場合，検索する語をオンライン辞書や辞書アプリに入力する段階で失敗することが多々あります。未知語には，その語に含まれる漢字がすべて既知漢字である場合，一部が既知の漢字である場合，全く知らない漢字しかない場合があります。すべてが既知漢字の場合は，既知語の発音や，字形の似ているほかの漢字の発音を入力して単語を探しますが，推測した発音が間違っていたり，少しでも入力ミスをすると検索に失敗します。また，未知の漢字と既知の漢字が混ざっているような単語の場合，既知の漢字の発音を使って，既知の漢字が含まれる単語を探すこともありますが，単語が多い場合，大変な作業になります。全く知らない漢字で構成されている単語については，字形から音を類推して失敗する，部首や構成要素から漢字を検索して単語を探そうとして探せないといった問題が生じます。さらに複合語を検索する場合，必ずしもその語が辞書に収録されていないことがあります。「セレブ買い」や「両片思い」といった流行語は，一時期雑誌などに記載されることがありますが，定着しないものも多いため，必ずしも辞書に収録されるわけではありません。その場合，複合語を分解して検索しなければなりませんが，その際区

切り方を間違えてしまうこともあります。

　以上，中級になって，様々な語彙に触れるようになるため，語彙処理の負荷は，初級に比べて楽になるというわけではなく，辞書使用のように，負荷が高まることもあります。

　中級学習者が困難に感じる問題は，文法の複雑さによるものもあります。(1) にあるように日本語は，英語と比べて，一文に含まれる従属節の数が多いため，文が長くなり，構造的にも複雑になります。

（1）アマニ油は揚げ物や炒め物には加熱すると酸化するため適していませんが，癖が少ないので，そのまま飲むかできあがったさまざまな料理にかけて摂取するのが一般的です。

「アマニ油は揚げ物や炒め物には適さない」という主節の中に，「（アマニ油は）加熱すると酸化するため」という条件節を含む理由の従属節が含まれています。そして「（アマニ油は）癖が少ないので」という節の後に，「（アマニ油の接取の仕方は）〜が一般的です」という主節が続き，その中に，「料理にかけて摂取するの」という形式名詞節があり，「料理」が「できあがった」で修飾された関係代名詞節を構成しています。学習者は，「〜ので」「〜ため」「〜と」などの接続表現，形式名詞の「の」，関係代名詞節などを初級で学習しますが，それぞれ別の項目として学習します。この例のように，一文に複数の文法項目が現れる場合，節と節の境界がどこにあるのか判断することが難しいだけではなく，節と節の関係を理解することもできなくなる可能性があります。また，上の例にもあるように（アマニ油は）や（アマニ油の接取の仕方は）は文中では省略されますが，何が省略されているか分からないと，意味が読み取れなくなってしまいます。

　日本語の文章では，上記の例にあるような省略が，談話レベルで起こりますから，文中の節と節の関係だけではなく，文と文の関係，段落と段落の関係を理解するのも，非常に困難です。同時に，指示詞と省略が混在するテキストで，「こ，そ，あ」が何を指すのかを理解することも困難で

す。中国人日本語学習者の中には，漢字で表記される内容語だけをつなげて文を理解しようとする癖がついている人がいます。このようなストラテジーを使う人の中には，ひらがな表記の文法形態素や接続詞に対して十分な注意を払わないため，読み間違える人もいます。

7.3. 上級学習者の問題

上級学習者になると語彙力も増え，日本語の統語構造の処理も流暢にできるようになります。語彙力が高まることから，頻繁に辞書を引かなくても読めるようにもなります。けれども，上級では，学習者のための教材よりは，日本語母語話者が読むテキストを読むことになり，談話構造も文もより複雑になります。そのため，中級で指摘した，長文読解に伴う問題は上級でも続きます。例えば，以下のような文章では，主語の特定に困難さを感じる学生もいます。

(1) 近年，世界的な環境問題として挙げられている「地球温暖化」に対して，各国で様々な取り組みが始まっている。しかしながら，どのようにして温室効果ガスを削減するかについては，国家間で温度差があり，なかなか合意に至らないのが実情だ。

一般的に主語は文頭にきますが，この例の冒頭の文は，冒頭の副詞節が長く，「様々な取り組み」という主語が文の後のほうに出てくるため，特定しにくくなります。また，2番目の文の「どのようにして温室効果ガスを削減するか」の主語は明示されていないので，主語が「一般の人」や「各国」など，筆者と解釈が異なることがあります。さらに，この文の主節の主語が「なかなか合意に至らないのが」であることも，その前の部分が複雑で，節関係を把握することが難しいため，分からない人がいます。

また，この例には，複数の複文があり，「地球温暖化」を修飾する節が「近年」から始まるのか，「世界的な」から始まるのかが分からなかったり，形式名詞「の」の節の始まりがどこにあるか分からないというように節境界を見分けることも難しいようです。同様に，(2) の「大気中の二

158

酸化炭素などの温室効果ガスが地表からの熱線を吸収することで」という部分では，複数の名詞句が修飾関係にあるため，どの名詞句がどの名詞を修飾しているのかで困惑する学習者もいます。

(2)　地球温暖化とは，大気中の二酸化炭素などの温室効果ガスが地表からの熱線を吸収することで地球の平均気温が長期的に上昇することである。

　小説などでは，文章が登場人物の視点で書かれることもあれば，筆者の視点で書かれることもあります。また，会話を直接引用する場合は，その会話の話し手の視点での発話が示されます。このように様々な人の視点を含む文章で主語が省略されると，誰が誰の視点で何について話しているのかが分からなくなることがあります。例えば (3) では「佐渡」と「彼」という 2 人の登場人物が出てきます。話し手が引用部の前に書かれていると，誰が何を話しているのか分かりやすいですが，1 行目の「この人はね，酔って来ると，すぐに判るよ」の話し手「佐渡」は引用の後に書かれています。学習者の中にはこのことに気が付かず主語がだれか分からないという人もいます。また，その直後の「道でも廊下でも，曲り角に来ると，壁にへばりつくようにして，直角に曲るんだよ。さっきから見ていると，もう直角になって来たようじゃないか。そろそろ帰ったらどうだい？」という部分の話し手は明示されていませんから，「佐渡」だと気が付かない学習者もいます。それから，引用部の「直角に曲る」人と，「さっきから見ている」人が異なる人物であることも主語が明示されておらず，かつ直接引用の中にあることから，学習者には分かりにくいです。さらに，その後の，「へばりつくなんて，ヤモリじゃあるまいし」の「へばりつく」と「ヤモリじゃあるまいし」の主語が特定できないという問題が生じることもあります。

(3)「この人はね，酔って来ると，すぐに判るよ」
　　その夜も佐渡が笑いながら皆に説明した。

「道でも廊下でも，曲り角に来ると，壁にへばりつくようにして，
直角に曲るんだよ。さっきから見ていると，もう直角になって来た
ようじゃないか。そろそろ帰ったらどうだい？」
「へばりつくなんて，ヤモリじゃあるまいし」
彼は答えた。いくらか舌たるくなっているのが，自分でも判った。
　　　　梅崎春生（2000）「記憶」『ボロ家の春秋』講談社（p. 211-212）

　このほかにも，日本語のナラティブでは，主人公など特定の人の立場で
物語を語るのに対して，英語や中国語では，視点を統一せず，出来事を順
に語っていくという方法を取るため，主語や語り手の特定ができず，理解
が妨げられることがあります。
　以上，日本語学習者の読解の問題について，習熟度別にまとめてきまし
た。教師はこれらの問題を念頭において，学習者の習熟度に合う適切な教
材，学習目的や，読解の目的にあう教材を選定し，指導していかなければ
なりません。

8.　読解の指導

　ここまで述べたように，読み方は，読解の目的やテキストの特性によっ
て異なります。ですから，L2学習者が，流暢な読み手になるためには，
読みの目的に合う読み方ができなければなりません。また，L2の語彙力，
文法力，文字，語彙，文法，命題の処理といった下位レベルの処理の自動
化，文章，談話構造に関する知識，背景知識の活性化，効率的な読解スト
ラテジーの運用力など，様々な能力を身につけなければなりません。
　読解力を付けるのには多大な時間と多くの経験が必要ですから，非漢字
圏学習者の中には日本語の読解に対する苦手意識を持つ人が少なくありま
せん。そのため，読解指導では，学習者がやや難しいと感じながらも努力
すれば達成可能な活動を行い，挑戦することを楽しみ，達成感を感じさせ
ることが重要です。そこで，本節では，まず，読解指導における留意点と
して，テキストの選び方や授業活動について説明し，その後，レベル別の
指導について述べます。

8.1.　テキストの選び方

　学習者のモチベーションを持続させ，読むチャレンジを楽しいと感じてもらうには，学習者に合った教材を選ぶことが重要です。テキストが学習者に合っているかどうか判断するためには，以下の点に注意します。

(1) 学習者の習熟度とテキストの難易度が合致していること
(2) 学習者の興味と合致する内容，学習者が関心を持つ内容であること
(3) 学習者の年齢や認知的発達度と内容が合致していること
(4) 学習者のニーズや読みの目的と合致する内容であること
(5) 学習者の文化的背景を考慮した内容であること

　下位レベルの処理の自動化が進んでいる超級学習者であれば，難しいテキストにもチャレンジしようと思うかもしれません。けれども，まだ読むためのスキルを伸ばそうとしている段階で，学習者の能力を超えたテキストを用いることは，プラスよりもマイナスのほうが上回ります。レベルに合わない難しいテキストを使うと，学習者の注意は下位レベルの処理に向けられます。そのため，自動化した流暢な下位レベルの処理ができなくなり，上位レベルの処理に注意が向けられなくなります。その結果，学習者にとって読む経験は達成感を感じられないものになります。

　レベルに合うテキストは，読み方によって異なります。簡単な情報の検索をする場合，検索する情報は学習者が知っている表現である方が望ましいですが，無視すべき情報のすべてを学習者が知っている必要はありません。概要を掴んだり，一般的な理解，批評のためのテキストは 95 ％以上の単語を知っていて，殆どの文法が既習項目であることが望ましいです。**速読**や**多読**，シャドーイングなど，時間的，量的，認知的負荷を伴う読みについては，学習者のレベルよりやさしいものでなければその効果を発揮しません。何かを学んだりそれを統合することが目的の場合，学ぶ内容は学習者が容易に理解できるものとは限りませんが，努力をすれば読めるものでなければなりません。

初級の教科書にはその課で紹介された単語や文法を埋め込んだテキストが読解教材として使われることがありますが，この種の教材は，読解力を伸ばすための教材というよりは，文法や語彙が分脈の中でどのように使われるかのモデルを見せることが主目的になっています。ですから，テキストを読ませて理解させたからと言って，読解力を伸ばす指導ができているとは考えにくいです。

　次に，学習者の関心を引く読み物を選ぶことも重要です。読み手は，自分の目的に関係ないものを読もうとはしませんし，楽しみのために読む場合も興味があるから読むのです。興味のあるテキストを使うことで，「読みたい」という気持ちも高まり，「読もう」と努力します。漫画が好きな学習者が，全く読めない漫画を読み続け，読めるようになるということはよくある話です。

　テキストを選ぶ際は，学習者が興味を持つであろうと思って教師が選ぶものには当たりはずれがあります。ですから，教材化の手間はかかりますが，学期初めや終わりに学習者に興味を持っていること，知りたいと思っていることを聞いたり，普段学習者が面白いと思ったトピックについて話してもらったり，読んで面白いと思ったものについて報告してもらうことも適当な読み物を探す助けになります。

　学習者の興味や関心と同様に重要なのは，学習者の認知レベルや年齢に合致したテキストであることです。初級学習者は語彙知識も文法知識も限られているため，やさしいテキストを使う必要があります。その際，成人学習者に子供向けテキストを読ませるべきかどうかについては注意を要します。子供向けの読み物は視覚情報も多く日本語もやさしいという利点はありますが，成人学習者の知的欲求を満たす内容ではありません。そのため，子供扱いをされている，言語弱者として扱われていると感じる人もいます。ですから，選択肢として子供向けの読み物を含めてもかまいませんが，必須にする場合，学習者特性を考えて使うかどうかを検討する必要があります。

　学習者は，読みたいから読むだけではなく，読むことが必要だから読む場合もありますから，読み物を選択する際には，学習者の読みに対する

ニーズや読みの目的も検討材料とします。学習者が何のために読むのかを把握することで，どのようなテキスト・タイプを選択すべきかが分かります。例えば，来日したばかりの学習者は，駅のサインや銀行の用紙，病院の問診票など，生活のために読まなければならないテキストがあります。けれども，これらのテキストは，海外で日本語を学習する人にとっては，あまり必要だと感じるものではありません。また，工学部の学生と文学部の学生では，読まなければならないテキストの種類が異なります。工学分野のテキストはカタカナで書かれたものが多く，文体も文学作品とは大きく異なります。

　最後に，学習者は自己の経験，価値観，背景知識をもとに，L2 のテキストを読みますが，これらは学習者の母語文化の影響を受けます。そのため，日本文化では当たり前のように受け入れられていることが，母語の文化では許しがたい問題であることもあります。このようなトピックに関わる文章を読むと，理解できなかったり，感情的になったりすることがあります。例えば，日本では 12 歳以下の子供に「おつかいをさせる」ことがありますが，北米では 12 歳以下の子供を一人で留守番させたり，おつかいに行かせたりすることは，子供に対する虐待と受け止められます。そのため，このようなトピックに関するテキストを扱うときは注意が必要です。実際，読解ではありませんが，筆者が「はじめてのおつかい」という番組を授業で扱ったとき，「これは幼児虐待ではないか，日本人はなぜそのようなことをするのか」と不快感を示した学生がいました。ですから，教師は学習者の背景にも注意を払ってテキストを選択しなければなりません。

8.2.　教室外活動：多読

　読解力を養うには，読む経験を増やさなければなりませんが，授業中に読むだけでは限界があります。そこで，教室内指導と教室外活動を組み合わせることが重要になります。

　そのためには，学習者が読みたいものを読めるような環境づくりも重要です。例えば，教室外で読む活動については，単に宿題をするのではなく，読むことを楽しみ，もっと読みたいというモチベーションを高めるよ

うなものを用意します。人はだれしも自分の関心を持っていることについて知りたいという欲求があります。ですから，学習者自身が読みたいと思うものを読むことができれば，学習者の知的欲求を満たし，モチベーションを高め，読むことを楽しむ習慣の形成につながります。学習者が多読を楽しむことができれば，読む頻度，文字に接する機会も増え，読解力も高まります。

多読で重要なのは，辞書を使わずに読んでも楽しいと思えるものを読むことです。学習者が読みたいと思うトピックのもので，知らない言葉を読み飛ばしてもある程度意味が分かるものがよいです。ですから，学習者の能力よりもやさしいテキストを選ばせた方がよいです。初級ではイラストや音声，ルビなどのサポートがついているもので，分からない単語があっても，全体的な内容が分かったという達成感を与えるものが適しています。習熟度が上がるに伴い，段階的に難易度の高い本を読ませるようにします。

多読を学習活動に取り入れるには，学習者が読み物を選べる多様なトピックやジャンルの読み物を集めた仮想図書室を作らなければなりません。多様な種類の読み物があれば，様々な学習者の趣向にこたえるだけではなく，新たな興味を喚起する機会を提供することができます。もともと関心のあるトピックではなくても，タイトルを見て興味を持ち，読みを進めることは，新たなトピックに関する語彙知識を増やすことになります。そのような機会を提供するためにも，多種多様な読み物を用意する必要があります。もちろん，一度に膨大な数の読み物を用意するのは不可能ですから，学期ごと，年ごとに数を増やしていきます。

表3-3は多読に使えるサイトです。ほとんどが無料のサイトで，レベル分けもなされているものが多いです。しかし，サイト間でレベルが統一されておらず，サイトが作られた環境の学習者を対象としたものが多いので，各サイトのテキストを見て自分の学生に合うレベルを選択しなければなりません。

表 3-3　多読に使える読み物のサイト

サイト	内容
にほんごたどく（無料のよみもの） https://tadoku.org/japanese/	レベル 0〜5 の難易度順に多読本を掲載，種類が多く，子供向けのものから大人向けのものまである
たどくのひろば https://tadoku.info/	「ちょっとストーリーズ」「現代社会再考」「試験対策」の 3 つのカテゴリーから記事を選択でき，語彙と文章の難易度が★印で示してある，ルビの有無が選択できる，音声あり
日本語多読道場 https://yomujp.com/	JLPT のレベルごとに日本文化，日本事情に関する記事を掲載，ルビあり，音声あり
KC よむよむ https://kansai.jpf.go.jp/clip/yomyom/index.html	初級日本語教科書『まるごと』に準拠した多読教材，レベルも『まるごと』に準拠，子供向けのものから大人向けのものまである
読み物いっぱい http://www17408ui.sakura.ne.jp/tatsum/project/Yomimono/Yomimono-ippai/index.html	3 レベル（初級から中級），ルビあり，音声あり
さくら多読ラボ https://jgrpg-sakura.com/	テキストの長さによって 8 レベルに分類されている，文学作品をやさしい日本語で書きなおしたものを掲載，会員登録が必要
NIHONGO BLOG https://www.nihongoschool.co.uk/nihongoblog	日本文化や日常生活について書かれた日記を掲載，初級，中級，ルビなしの 3 つのレベルがある
多読日本語学習読本 https://nihongotokuhon.jimdofree.com/	子供用多読教材，レベル 0 からレベル 4 の難易度が設定されている
日本語の読み物 https://j-nihongo.com/yomimono/	初級者向けの短編を掲載，ルビあり，音声あり
TONGARI BOOKS https://tongari-books.blogspot.com/	学習者のために書かれた小説が多い，ルビあり，初級〜中上級，難易度は★の数で示してある
SC Tadoku Books https://dornsife.usc.edu/ealc/tadoku/	初級用多読教材，テキストの数は少ない，年少者向けの内容
Japanese Tadoku Books By Students https://sophia.smith.edu/japanese-book-review/stories-by-levels/	スミス・カレッジの学生が書いた多読用文章を掲載，レベル 0 から 4（米国の中上級，日本の中級）
日本語の先生が作った読み物 https://www.jfkl.org.my/language/tadoku/malaysia-books	マレーシアの生活や体験談を掲載，初級
モンゴルにほんご多読（たどく）ライブラリー https://padlet.com/mitsumototomoya/qlhrwdr1vlu-aqctd	モンゴル事情について書かれた文章を掲載，レベル 1 から 3 まで，レベル 3 は初級後半から中級
がいこくじんと にほんじんを つなぐ ひらがなネット http://www.hiragana-net.com/	在住外国人のためのイベントの案内や生活情報を集めたサイト，ひらがなで読めるレシピや新聞もある，初級〜中上級
withnews　#やさしい日本語 https://withnews.jp/articles/series/60/1	在住外国人のための記事を集めたもの，生活におけるトラブル，災害情報など，注意すべき事柄について書かれたものが多い，中級以上
NHK NEWS WEB EASY https://www3.nhk.or.jp/news/easy/	NHK の記事をやさしい日本語に書き換えたもの，ルビ，音声，動画あり

西日本新聞　やさしい日本語コーナー https://www.nishinippon.co.jp/theme/easy_japanese/	西日本新聞の記事をやさしい日本語で書いたもの，ルビ，動画あり
和夕のC https://watanoc.com/	日本の食文化についてやさしい日本語で書いたもの，ルビなし，音声あり
民話の部屋 https://minwa.fujipan.co.jp/	日本各地の民話を集めたもの，一部ルビあり，方言あり，初級から上級
MATCHA https://matcha-jp.com/easy	日本の観光情報や日本文化に関する読み物を収録，ルビあり
ひろがる　もっといろんな日本と日本語 https://hirogaru-nihongo.jp/	「アウトドア」「アニメ」「寺」「本」など12のトピックに関するビデオと関連記事が掲載されている，ルビあり，会話は自然会話，記事はやさしい日本語で書かれている
青空文庫 https://www.aozora.gr.jp/	文学作品を収録したサイトで，日本語は原文のまま，上級
BookLive https://booklive.jp/index/no-charge/category_id/J	日本人用の電子書籍のサイト，無料で読める書籍も掲載，上級
にほんごよむよむ文庫 https://www.ask-books.com/jp/tadoku/	有料多読教材

　多読は教室外で行いますが，ただ授業外で多読をしなさいと言っても，学習者は読み方も知りませんし，自由選択なら負担にも感じます。そこで，多読を授業に取り入れる導入や，授業で多読の成果を共有する機会を持ちます。

　多読の導入は以下のようにします。

1日目

(1) クラスで一番読めない学生でもすぐ読めるやさしい読み物で，20分ぐらいで読める物を1つ選びます。これをクラスの人数分か，半数分コピーします。

(2) 学生には多読用のノートを作らせます。このノートには，読み物のタイトル，読んだ日，読んだページ数，読んだ部分に関する要約や感想を書く欄を作らせます。

(3) 学生に読み物のコピーを渡し，トピックやイラストからどんな読み物か考えさせます。初級の場合，「～の話」といった簡単なものでも構いません。

(4) 10分ぐらいの時間を与えて，学習者に黙読させます。あるいは，教師の音読か読み物の録音を聞きながら，読ませます。

(5) 教師がホワイトボードに簡単な質問を書きます。例えば，初級で
あれば，「この話はどこでありましたか。」「いつありましたか。」
「誰の話ですか。」といったストーリーの主要な部分にかかわるもの
です。

(6) ペアで質問に答えさせ，その後クラスで発表させます。

(7) まだ読んでいないところに何が書いてあるか，ペアで学生に考え
させます。

(8) また 10 分ぐらい読んで，同じように簡単な質問をします。

(9) その後，「やさしい」，「たのしい」，「おもしろい」，「つまらない」
など，本を読んで，感じた形容詞を書かせたり，中上級であれば，
感想を言わせたりします。

2 日目

(10) 本のライブラリーと本のリスト，そしてその本が掲載されている
リンク情報を配布し，学習者に読みたい本を選ばせます。読んだ後
に学習者が達成感を感じられるよう，ここで渡すリストはできるだ
けやさしいものにします。

(11) オンラインブックの場合は，サイトに行って，読みたいかどうか
チェックさせてもいいです。友達と一緒に調べて，選んでも構いま
せん。

(12) この本を毎日自宅で読みたいページ数だけ読んで，記録を付ける
ように指示します。その際，以下の点を確認します。

① すべてを理解する必要はない。ストーリーがだいたい分かれば
いい。

② 読むとき，辞書を使わない。

③ 分からない言葉があったら読み飛ばす。

④ 毎日読むようにする。初級であれば，1 週間に 20 分ぐらいで
も十分。

⑤ 読んでいる本が楽しくない，面白くないと思ったら，途中でや
めて，別の本を選んでいい。とにかく楽しく読めることが大
事。

⑥　本を読んだ日に読んだ本のタイトル，ページ数，読んだ時間，
　　要約，感想などをノートに記録する。上級の場合は，要約や
　　ブックレポートなどを書かせるのもよい。

⑦　毎週ノートを先生に提出する。

　学習者が本を読み始めたら，最初の2，3日は，ノートを持ってきてもらい，ノートの書き方を確認したり，読んでいるかをクラスで確認します。その際，お互いに読んでいるものについて話し合わせてもいいでしょう。グループワークで自分の読んだものについて話したり書いたりすることは，読み物の中の語彙や表現の使用を促し，定着させるのに役立ちます。

　多読を始めたばかりのときは，多読に慣れずに負担に感じる学生もいるので，学習者が難しいと感じていたら，よりやさしい本を提案します。また，通常の読みとは違い，多読の目的は楽しく読むことであること，読み物の細かい点は気にしないことを確認します。

　学習者が慣れてきたら，週に1度ノートを確認したり，授業で自分の読んだ本について報告させたり，ロールプレイをしたりするなど，ほかの活動と組み合わせた活動をします。

　多読の評価は，テストで理解度を測るといった形式ではなく，たくさん読むことによって，流暢に読めるようになるかどうか，読むことに対する自信を持つようになるかで評価します。ですから，短期的には，学習者が1週間に読んだページ数や単語数，本の数などで評価をします。中級では要約，上級ではブックレポートを提出させ，それを評価することもできます。

　さらに多読を始めてから，定期的に読み速度を測ることで，読みの流暢さが高まったかどうかを確認させます。例えば，読み物を与えて3分間読ませ，その後読めた単語の数を数えさせます。これを定期的に繰り返し，記録を取ることで，学習者自身に読めるようになっていることを確認させます。

　日本語の多読用の読み物はルビがついているので，非漢字圏学習者はル

ビしか読まないのではないかと思う人もいるかもしれません。日本人の子供については，ルビ付きの読み物を読むことは，漢字語彙の学習にプラスに働くという報告がありますが，日本語学習者については，この点は証明されていません。けれども，やさしい読み物であれば，ルビが付いている漢字語彙にも注意が向きやすいですし，たくさん読むことで，インプットも増えます。また，要約を書かせたりすれば，漢字を書く練習にもなりますから，課題を工夫して，漢字語彙の定着を図ります。

　要約のほかにも多読の後に以下のような書く課題を課すことができます。

　（13）感想文を書く。
　（14）登場人物の人物像について描写し，評価する。
　（15）登場人物のある日の生活を想像して書く。
　（16）登場人物に手紙を書く。
　（17）クラスメートにも読んでもらえるよう，本をアピールする紹介文を書く。

　教室内では，教室外での活動では伸ばすことが難しい読みのスキルの指導をしたり，一人ではなく共同学習を通してできる読解活動を取り入れたりするとよいでしょう。例えば教室外で読んだものについてクラスメートで伝え合ったりすることは，学習者のモチベーションを高めるだけではなく，読み物の中に現れた表現を使う練習にもなります。同様に，授業中にペアやグループで同じ読み物を読むと，お互いに理解できないこと，問題になったことを解決していくことができます。また，そのやりとりの中で読み物の中の表現や語彙を使わせ，定着を図ることもできます。

8.3.　読解ストラテジーの指導
　読解ストラテジーは主として上位レベルの処理をするときに使うストラテジーで，背景知識を使ったり，自分の予測や理解を確かめたり，自分の読みの過程をモニターしたりといったテキストベースや状況モデルの構築

を助けるストラテジーです。ストラテジーを使うことで，読み方のコツが
分かるようになり，テキストベースや状況モデルの構築を助けます。

　読解ストラテジーには読み手の背景情報を使って推論をするストラテ
ジーや，読みながら全体の内容やこれから読むところについての仮説を立
て，それを検証するストラテジー，読み取った情報や内容を統合するスト
ラテジー，文章構造を使って読みの展開を予測したり，情報を統合するス
トラテジーなど，読みを効率的に進めるための様々なストラテジーがあり
ます。また，読みながら，自分の理解度を確認し，必要に応じて問題解決
をし，理解を深める**メタ認知ストラテジー**などもあります。表 3-4 に主な
ストラテジーをまとめます。

表 3-4　主な読解ストラテジー

グローバル・ストラテジー
1　著者に対する質問を作る。
2　文章に関する質問を作る。
3　質問に答える。
4　読む目的，何のために読むかを意識する。
5　目的に沿って選択的に読む。
5.1　高頻度語やキーワードに注意し，重要でない語は無視する。
5.2　形容詞や副詞などは無視する。
6　テーマやジャンルに関係する背景情報を想起する。
7　必要に応じて，目的に合う類推をする（情報にギャップがあるところで背景情報を使う）。
8　自分の背景情報と読んだ内容を照らし合わせる。
9　読み物を表面的に理解するのではなく，内容を評価しながら読む。
10　読んだ内容と読みの目的を照合する。
11　読んだ内容について心的イメージを作る。
12　中心的なアイディアを見つけ，まとまりのある解釈を探す。
13　内容のつながりに気を付けて読む。
14　読み手や文章およびそれに対する自分の反応を評価する。
15　心の中で母語に翻訳し，理解を確認する。
16　要約する。
類推ストラテジー

17	主題や副題から内容を推測する。
18	接尾辞や接頭辞，文脈から単語の意味を類推する。
19	単語，特に多義語の意味を共起表現や文法から類推する。
20	語彙の文法的機能を見極めて，語彙の意味を類推する。
21	代名詞や，省略された名詞，トピックが何を指すのかを類推する。

文章構造を利用したストラテジー

22	表，図，絵を利用して，重要なアイディアや文章構成を見極める。
23	文章の中に提示される情報の重要度を評価し，中心的なアイディアを見つける。
24	段落の区切り方を使って個々の情報を統合する。
25	文章の中に現れるアイディアの相互の指示関係を読み取る。
26	部分的情報と部分的情報，部分的情報と全体的な情報との関係を理解する。
27	接続表現，指示表現など文と文の論理関係を表す単語や句を使って文章の流れをつかむ。
28	文構成のパターン（原因結果，問題解決，比較，描写，分類，分析，論証，手順，時間）を利用して文章の流れをつかむ。

メタ認知ストラテジー

29	理解度のモニタリング
	29.1　理解度をチェックする。
	29.2　理解できないところについて，問題点を分析し，解決策を練る。
	29.3　理解を妨げる問題点について，解決策を練る。
	29.3.1　前後を読み直す。
	29.3.2　図表を確認する。
	29.3.3　自分の理解を確認する質問をする。
	29.3.4　メイン・アイディアをつぶやく。
	29.3.5　既知情報をもとに振り返ってみる。
	29.4　読みの目的がどの程度達成されたかを評価する。
	29.5　これまで読んだところから理解できたことを振り返る。

そのほか

30	メモを取りながら読む。
31	辞書を引く。
32	グラフィック・オーガナイザー（トピックとの間の関係やリンクを図示するもの，pp. 187〜189 参照）を活用する。

　ストラテジー指導は文章理解に役立つことが分かっていますが，1970年代は，グローバル・ストラテジーや類推ストラテジーを使えば，下位レ

ベルの処理能力が低い初級者の理解を助けられると考えられていました。しかし，その後の研究で，初級者にストラテジーを使わせても類推の成功率が低いことや，初級者は文脈情報をうまく使えないことが分かりました。さらに類推に成功するためには，テキストの既知語率が 96 ％以上必要であることが分かりました。そのため，習熟度にかかわらず，ストラテジーを効果的に使うためには，テキストの難易度や既知語率がレベルに合うものでなければならないと言えます。

　読解ストラテジーは使えるようになるまでにある程度練習が必要です。ですから，即時的な効果を求めるべきではありません。また，一度にたくさんのものを教えるのではなく，使えそうなものから徐々に指導していきます。ストラテジーを指導する際，言葉で説明するのではなく，教師がモデルを見せながら，1つずつやってみて，その結果を振り返ります。
　指導の仕方には様々なものがありますが，ここでは代表的なものを紹介します。まず，**3 ステップ指導**は，読解活動を 3 段階に分けてストラテジーを指導する方法です。以下は 3 ステップ指導を用いた，主なストラテジーの指導の手順です。

(1) 既知情報→未知情報→学び（3 ステップ指導例 1）
　　① 読み物のテーマについて学習者が知っていることを想起させる（背景情報の活性化）。
　　② 学習者がそのテーマについて知りたいと思うことを考えさせる（読みの目的の設定，読みの計画，読み方を考える）。
　　③ テキストを読んで何を学んだかを振り返る（重要情報を意識しながら読む，文章の中の情報を評価しながら読む，文章の中の情報と目的を照合する）。

(2) 背景情報→文章→関係（3 ステップ指導例 2）
　　① 学習者の背景情報を想起させ，テキスト内容を予測させる。
　　② 読みながら理解度をチェックする。予測した内容と照らし合わ

せる。

③　読後に文章の内容と自分の経験とを関連付けたディスカッションをする。

(3)　質問→答え→反応（3 ステップ指導例 3）

（子供には効果があったが大人では証明されていない）

①　教師が以下の 3 種の質問をする。

(a)　文章から直接答えられる質問

(b)　文章の情報をもとに類推する質問

(c)　背景情報と関連付けさせる質問

②　学生は教師の質問に答えることによって，これらの質問に答えるためには，文章の情報と質問がどのように関連付けられているかを分析する。

③　学生自身が 3 種の質問を作る。

(4)　指示された読解＋考察（3 ステップ指導例 4）

①　教師が途中まで読む文章を指定する。

②　学生は，自分の背景知識と関連付けながら指示されたところまで読む。そして，読みの目的を決定し，そのあと何が書いてあるか推測する。

③　自分の目的と予測が合っているか確認しながら残りを読む。

　次に，ペアやグループで行う活動として，相互教授学習（Trabasso & Bouchard, 2002）と方略的共同読解（Klingner, et al., 2001）があります。相互教授学習では，学習者が教師や学生の役を演じ，お互いから学んでいく方法です。ペアやグループを作り，1 人が先生になり，ほかの人が学生になります。全員で読みながら，お互いに，下記の作業を共同して行います。

（5）相互教授学習

　　① 文章に関する自分の質問を作る。

　　② どのような情報が文章に含まれているか推測する。

　　③ 分からないところをチェックする。

　　④ 要約する。

　このとき，質問を作る先生役を区切りのいいところで交代しながらすることもあります。

　方略的共同読解は，メタ認知ストラテジーに着目した活動で，ペアかグループになって以下のような活動をします。

（6）方略的共同読解

　　① トピックから背景情報を想起する。

　　② 読みの目的を設定し，文章の内容に関する予測を立てる。

　　③ 読んでいる間に，理解度をチェックし，分からないところを共同して解決する。

　　④ 互いの理解をチェックし，明確化する。

　　⑤ 重要なアイディアを自分たちの言葉で言いかえる。

　　⑥ 要約をする。

　日本語が話せるけれども読めない継承語学習者や難解な文章を読まなければならない上級の学習者のためのストラテジー指導としては，McNamara（2004）の**自己説明読解トレーニング（Self-Explanation Training, SERT）**があります。SERT では，文章の一部を音読または黙読し，自分の理解を確かめながら，分かったことを声に出して言います。その際，ストラテジーを使わせることで，ストラテジーの意識化と，効率的な読み方について学ばせます。

　SERT を行う前の準備として，まず指導項目とするストラテジーを 3 つか 4 つ選択します。SERT で使われる主なストラテジーは以下のようなものですが，一度にすべてを教えるのではなく，3 つか 4 つ程度にとどめま

す。

　　（7-1）SERT ストラテジー
　　　　①　理解度のチェック
　　　　②　文章の情報の言い換え
　　　　③　背景知識の想起
　　　　④　目的の設定と文章の内容の予測
　　　　⑤　文章の内容と背景情報の照合と流れの把握
　　　　⑥　情報の統合

　次に，トレーニングビデオを作成します。200 字〜400 字程度の文章を 3 つ用意します。3 つの文章を使ってトレーニング用のビデオを作ります。SERT に慣れている別の人に 3 つの文章を使って SERT をしてもらい，録画します。具体的には 1 段落を音読し，その後，どのようにして理解したのか，あるいは理解ができなかったのかを話してもらいます。例えば，どのような背景知識を使って文と文のつながりを理解したのか，分かりにくかった部分をどう言い換えてみたか，文章のどの部分が分かり，どの部分が分からなかったか，その理由はなぜかについて話してもらいます。さらにそれぞれの文章について，1 つか 2 つ理解を確かめるための質問を作成します。

　SERT のトレーニングは以下の手順で行います。

　　（7-2）SERT トレーニング
　　　　①　ストラテジー指導をします。やや難解な短い文章を見せながら，選択したストラテジーを使わせる指導をします。
　　　　②　SERT の紹介をします。1 つの文章を見せて，学生に，その文章について先に録画した別の人のビデオを視聴させます。その後，各学生に SERT をやってみてもらいます。最後にその文章に関する簡単な質問をします。同様の手順で 2 つ目と 3 つ目の文章を用いて SERT の練習をします。

③　SERT で使われているストラテジーを当てる活動をします。
　　SERT の紹介ビデオを見せ，学習者にどのストラテジーが使わ
　　れていたか探させます。ペアでいくつストラテジーが使われた
　　か，どこで使われたか話し合い，クラスに報告します。

　このほかにも，読みを中心としたプロジェクトワークの指導に，ストラ
テジー指導を取り入れた概念志向指導などもあります。例えば，6 週間程
度のプロジェクトワークで以下のような課題を出してストラテジーを使用
させます。

(8) 概念志向指導
　　①　あるテーマについて自分で観察したり，人に聞いたり，自分の
　　　　経験と照らし合わせたりして，背景情報，既有知識を構築す
　　　　る。
　　②　そのテーマに関する様々な文献や情報を集める。ここではスキ
　　　　ミングをして関連がありそうなものを集める。
　　③　読解ストラテジーの指導を受け，②で集めたものを読んでまと
　　　　める。
　　④　自分が学習したことについて発表できるようにまとめる。

8.4.　4 技能を用いる指導とペア・グループワークの活用

　読解指導は，背景情報を活性化する前作業をして，読んで，質問に答え
るだけと考える人もいるかもしれません。しかし，流暢な読み手になるた
めに必要なスキルを獲得するためには，それだけでは十分ではありませ
ん。語彙力，語彙認知，統語解析などの下位レベルのスキルを一人で意図
的に学習するのは大変です。また，上位レベルの理解も，他の人と相談し
ながら，自分の予測と相手の予測の仕方などを比べ，方略的に読むほうが
効率的です。ですから，現在は，グループワークやペアワークなど共同で
読解活動をすることが推奨されています。下位レベルの処理では，一緒に
読み合うことで，語彙の読み間違いや，語の区切りの間違いに気づく機会

も増えます。また，相手に伝えることで，読んだものを産出する練習にもなりますから，読みから学習する項目を定着させるのに役立ちます。上位レベルの処理では，ストラテジー指導でも紹介したように，共同学習をすることで，様々なストラテジーを相手から学ぶこともできるほか，自分のストラテジー使用の誤りに気づく機会も増えます。

　共同活動同様に大事なのは，ほかの技能と組み合わせて指導することです。語彙指導では，様々な技能を使ったほうが語彙が定着しやすいことを指摘しました。読解でも同様で，4 技能を組み合わせると，インプット量が増えるだけではなく，テキスト中の言語インプットを視覚的，聴覚的に処理し，産出する機会が増えます。また，言語形式が何度も異なる文脈の中で現れるため，用法に関する気づきも促されます。多読ではルビが付いたものを読むことが多いですが，教室ではルビを取り，音読したものを聞きながら読んだり，お互いに読み合わせたりすることで，語彙の形態と音声を合致させることもできます。例えば，読み物に関連するものを読解の前作業や後作業で聞くことで，言語形式が異なる形，異なる文脈で提示されますし，視聴したものをもとにディスカッションをしたり，読んだものをもとに新たなストーリーを作ったりすることもできます。聞いたストーリーと読み物の内容を一部変え，違いを探させるなどのタスクも言語形式の繰り返し使用と定着に役立ちます。

　以上，ここまでは，習熟度に関わらず，読解指導に取り入れるべき活動について紹介してきましたが，次節からは，習熟度別にできる活動について述べます。

8.5.　習熟度別の指導

8.5.1.　初級の読解指導

　初級の学習者は，下位レベルの処理能力を高めなければなりませんから，その基礎となる文法や語彙の指導が重要です。語彙指導については第 2 章で，文法指導は第 5 章で扱っていますので，本章では，読解力を高めるという点に焦点を当て，語彙や文法について考えていきます。読解で求められるのは，獲得した語彙知識や文法知識を流暢に使えるようになるこ

とです。

　初級の読解は，漢字圏と非漢字圏では，指導内容が異なりますから，本項ではまず，非漢字圏学習者について説明し，その後，漢字圏学習者について述べます。

　非漢字圏学習者にとって，読解の障害となるのは，日本語の複雑な文字の認知と漢字語彙の認知になります。非漢字圏学習者は母語で表音文字を使いますし，複雑な字形に慣れていない人も多いので，まず文字を速く認知できるような指導が必要です。そのためには，スキャニングを利用した活動をします。スキャニングは文字，単語，文字の構成要素など，様々なものについてすることができます。目を速く動かし，文字や語彙を認知することが重要ですから，①時間制限を設ける，②情報を探す速度を競わせる，③速く探せたらご褒美をあげます。例えば，お菓子の袋などのレアリアのコピーを学習者に渡し，時間制限を設け，できるだけ多くのカタカナ語に○をつけさせます。また，実際に教室外でスキャニングをする可能性のある状況を使って，教室でやってみることもできます。例えば，3つのスーパーのチラシの中で，同じ商品で一番安い店を探させたり，アパートの広告を使い2階のアパートや南向きの部屋を探させたりする，といった活動などです。また，図3-1のように漢字を並べて，木偏の付いている漢字だけを探させるなど，漢字の構成要素に着目したスキャニングもできます。そうすることで，1つの絵でしかない漢字がどのような形の組み合わせでできているかを意識させ，覚えやすくすることができます。

学	待	日	小	社	食	強	歩
便	校	来	姉	生	行	物	木
教	元	病	曜	先	招	休	水
話	兄	天	飲	火	朝	林	親
気	大	切	駅	走	持	万	院

図 3-1　漢字グリッドを使ったスキャニング

　ある米国の日本語の授業で，1 日 5 分程度のスキャニング活動を 1 学期間続けたところ，文章を読む速度が上がったという報告もあります。ゲーム感覚でできるようなスキャニング作業を毎日少しずつやると，流暢さが高まるだけではなく，学習者に授業を楽しいと感じてもらうこともできると思います。

　このほかにも，キーワードの探し方を教えるのにスキャニングを使うことができます。学習者はそもそもキーワードとは何かが分かりませんから，スキャニングで，文章の中で複数回出てくる語を探させます。そして，その言葉がなぜ繰り返し出てくるのかを考えさせると，繰り返し出てくる言葉はキーワードになりやすいということが分かると思います。初級では難しいですが，慣れてきたら，キーワードの言いかえを探させる活動を取り入れるのも一案です。

　速く読む方法には速読もあります。速読は，文字の音声化を避け，句や節を 1 つの固まり（チャンク）として読む方法です。速読では，だいたい何が書いてあるかといった概要を理解することは可能ですが，普通の読みを通して起こるような内容の理解はできません。スキャニングよりも広い範囲のテキストを処理することから，構文解析の速度を上げることができます。その一方で，文字と音声の強固なつながりを構築しなければなら

ない初級学習者に文字の音声化をしないよう指導するのは矛盾しています。そのため，速読をするならば，すでに文字と音声の連結が図られている表現を用いてするのが望ましいです。例えば，あいさつことばや決まり文句といった簡単なものを，ごく短い時間だけ見せ，それが何であったか言わせるといった，速読み練習から始めます。これができるようになったら，徐々に単文で練習します。その後，3つか4つの文，段落に広げて練習をしていきます。このようにできるだけやさしい文章で段階的に行うことで，概要を掴むためにチャンクで読むといった方法も徐々に身についていくと思います。

　初級者の場合，単語の区切りを見分けることも難しいです。そこで，初級・中級レベルでは，聞きながら読む活動を取り入れます。母語がアルファベット表記の外国語学習者にとって，スペイン語を読む場合と中国語を読む場合では，聞きながら読むことの効果が異なります（Koh, 2022）。スペイン語の場合，文字から発音が分かるため，聞きながら読んでも効果は見られません。一方，中国語は文字から発音が分からないので，聞きながら読むと理解度が高まります。さらに，聞きながら読むことで，文字と音声の連結が強固になり語彙力がつくと言われています。ですから，特に漢字を含む文章を読む場合は聞いている最中に指でなぞりながら読むといった活動を取り入れるとよいでしょう。

　また，音読は，語の区切りが正しいかどうかを確かめるための手段にもなります。そこで，学習者に，内容を気にせず，文章をざっと見ながら，語の区切りに「／」を付けさせ，ペアで音読させる練習をします。また，音読音声を聴きながら，語の区切りに「／」を付ける練習などもします。

　漢字圏学習者の場合，文字認知や語彙認知能力がすでに備わっていますから，これらの認知速度を上げる練習は必要ありません。ただ，漢字語彙を中国語の語彙として処理するため，シャドーイングや音読を通して，字形と発音を結びつける練習が必要になります。加えて，漢字圏学習者は中国語と意味のずれがある同形類義語や表記は同じで意味が異なる同形異義語の意味を間違えることがあります。ですから，これらの単語をハイライトさせたり，動詞と組み合わせてセットで覚えさせたりして意味の取り違

えが起こらないよう注意をさせます。

　シャドーイングは，流れてきた音声を 1，2 語遅れて声に出して復唱する練習で，発音，リスニング，語彙，表現の獲得に有効だと言われています。シャドーイングでは文章を読みながら，音を聞いて，さらに声に出すという 3 つのタスクが含まれるため，非漢字圏学習者の場合，認知的負荷が高く，初級では勧められません。しかし，漢字圏学習者であれば，初級後半から使うことも可能かと思います。そうすることで，漢字と日本語の音を結びつけることが早くからできるからです。第 1 章でのべたシャドーイングのやり方には様々な方法があります。以下は読解練習に用いられるコンテンツ・シャドーイングの一例です。

(1) 音読音声を聞く。80〜90 ％以上理解できる程度のものであるかを確認し，そうでない場合は，やさしいものを選ぶ。
(2) シャドーイングのスクリプトを読んで内容や意味がよく分からない語句を調べて確認する。
(3) 目でスクリプトを追いながら，音読音声を聞く。
(4) スクリプトを目で追いながら，音声に自分の声を重ねる（パラレル・リーディング）。
(5) スクリプトを目で追いながら，音声に少し遅れて復唱する（シャドーイング）。
(6) リスニングや発音練習をするためには，さらに，テキストなしで，音声に少し遅れて復唱する。

8.5.2.　中級からの読解指導

　中級以降の学習者は，日本語の文字・語彙処理がある程度速くできるようになっており，基礎的な文法についても一語一句気を付けることなく処理できるようになっています。非漢字圏学習者は，中級，上級になっても，漢字語彙の獲得は読みの課題となりますから，多読や教室での語彙指導は引き続き行ったほうがいいです。

　中級以降になると，すでに学習した語と新たに学ぶ語とが概念的に似て

いる場合も多々あるため，用法や使用範囲に気を付けさせる必要があります。そのため，用法が分かりやすい文脈や類義語との使い分けの指導も重要です。また，漢字圏学習者の場合，同形語の意味のずれだけではなく品詞のずれについても注意を要します。張（2009）は，日中同形語に見られる主な品詞のずれを以下のように分類しています。このような品詞のずれが，読解上どのような問題を引き起こすのかはまだ明らかにされていませんが，中国人学習者の誤用の原因になっていることが報告されています。そのため，同形語についても用法の指導が重要だと言えます。

表 3-5　日中同形語の品詞のズレ

タイプ	中国語	日本語	用例
1	動詞・形容詞	形容詞	明確
2	動詞・名詞	名詞	迷信
3	形容詞・動詞・名詞	動詞・名詞	失敗
4	形容詞・名詞	名詞	消極
5	名詞	動詞・名詞	故障
6	名詞	副詞・名詞	結局
7	副詞	動詞	徹夜
8	副詞	形容詞	完全
9	副詞	名詞	共同

8.5.2.1.　目的別の読解指導

　中級になると，読みの目的に合った読み方ができるように指導する必要があります。例えば，スキャニングであれば，アパート探しをするために，値段，場所，間取り，築年数，設備など条件をあらかじめ考えさせておいて，それに最も合う賃貸物件を探させる活動をすることもできます。また，スキミングであれば，雑誌の記事の初めだけ読んで，先を読むかどうか判断させることもできます。さらに，上級になると，論文やレポートを書くために，資料の収集をすることもあります。そこで，プロジェクトワークをさせる中で，スキミングをさせることもできるでしょう。例え

ば，日本文化に関するテーマについて，ペアで発表するというプロジェク
トワークで，一定時間内に資料収集をさせます。このとき，本の紹介文や
論文要旨のスキミングをさせ，選択した資料について，概要をメモさせま
す。

　ここではスキミングとスキャニングのみを扱いましたが，目的別の読解
指導は，スキミングやスキャニングだけではなく，雑誌や小説を楽しむた
めの読解や，勉強のための精読，情報をまとめるための読解など様々で
す。そして，その目的は，読む活動だけで終わらないことがあります。例
えば，上述のアパート探しの場面では，実際に不動産屋に行って，アパー
トを見せてもらわなければ，目的は達成されていません。したがって，読
解後の活動として，アパート探しのロールプレイをしたり，地域の学生が
どのようなアパートに住んでいるか調べてみたりというような後作業をす
ることが望ましいです。

8.5.2.2.　まとまった文章の読解指導

　中級以降になると，まとまった文章を読むことも必要になってきます。
このレベルでは日本語だけを学習するのではなく，文学や歴史といった日
本語研究のために読みたい，ビジネス文書が読めるようになりたいという
ように，日本語の勉強以外の目的で読解力をつけるニーズも出てきます。
　通常まとまった文章を読ませる活動は読解前作業，読解，読解後作業の
3 段階に分かれます。

8.5.2.2.1.　読解前作業

　前作業は，読解が円滑に行われるように，読解に必要な背景知識の活性
化，語彙，表現，文法の確認などを行います。そのために以下のような活
動を行います。

（Ⅰ）タイトルを読んで，このテーマに対する自分の考えやアイディア
　　　をペアやグループで共有する。
（Ⅱ）タイトルを読んで，読みの目的についてグループで考え共有する。

（Ⅲ）筆者に対する質問を考える。

（Ⅳ）読み物の構成に関する知識について指導する。

（Ⅴ）知っている情報を書き出す。

（Ⅵ）テーマでよく使われる言葉（キーワード）を書き出してみる。

（Ⅶ）文章中で，理解に必要な重要語彙と文法項目について復習する。

　このうち，筆者に対する質問を考える活動は，状況モデルの構築を促し，深く読むための活動として推奨されているものです。欧米では母語でも行う活動ですが，L2 学習者の場合全く知らない人もいると思います。そのため，まず教師と学習者が一緒に質問を作るとよいでしょう。質問は，ジャンルによって異なります。以下は物語文，説明文，論説文の質問の例です。

（1）物語文

　　① このタイトルから，どんなストーリーだと思うか。

　　② この物語はハッピーエンドだと思うか。

　　③ 筆者はこの物語を誰にあてて書いているか。

　　④ この物語は実話か，想像上の話か。

　　⑤ この物語は，筆者の体験談か，ほかの人の話か。

　　⑥ この物語で筆者が伝えたいことは何か。

　　⑦ この物語の背景について，自分は何を知っているのか。

（2）説明文

　　① このタイトルから，何についての説明だと思うか。

　　② 筆者は誰に説明するために書いたのか。

　　③ 筆者が説明をする目的は何か。

　　④ 説明文はどのように構成されているか。

　　⑤ このテーマについて，自分は何を知っているのか。

（3）論説文

① タイトルから，筆者は何を言おうとしているのか。筆者の伝えたいメッセージは何か。

② 筆者は主張を支えるどのような証拠を出すと思うか。

③ 筆者の主張の反論に対して，筆者はどのように答えると思うか。

④ 論説文の段落はどのように構成されるか。

⑤ 論説文で，筆者の主張はどこに現れるか。主張の根拠はどこに現れるか。

⑥ このテーマについて自分は何を知っているか。

8.5.2.2.2.　読解本作業

　読解活動では，書き手の意向や論旨の展開などを正確に捉えられるように，ストラテジー指導や，内容の理解の確認をしながら，学習者が主体的に読解に取り組んでいけるように支援します。ここでは，スキャニングやスキミングをして，前作業で作った質問のいくつかに答えたり，精読をしてまとめたり，情報を統合して，テキストベースの構築をし，最後には状況モデルの構築ができるようにします。読解中も学習者に質問づくりをさせ，これをもとにメタ認知ストラテジーや，推測のストラテジーなどを使わせます。

　このときも，以下のような質問づくりをさせ，ストラテジー指導に活かします。

（Ⅰ）ここまで読んで分かったことは何か。

（Ⅱ）ここまで読んで筆者が言いたいことが何か分かったか。

（Ⅲ）筆者は私にどのようなイメージを与えているか。

（Ⅳ）分からないところをもう一度読んだ方がいいか。

　読んだ後にも以下のような質問づくりをして，理解を確認することもでききます。

（Ⅴ）自分の予測のどれが正しかったか。文章のどの部分が自分の予測が正しかったかどうかを示しているか。

（Ⅵ）筆者が言いたいことは何だったか。

（Ⅶ）この文章を読んで自分は何を感じたか。筆者が言いたいことについて自分はどう思ったか。

　読解活動は，文章のタイプによって何に焦点を当てるかも異なります。例えば物語文の指導では，物語文には以下の基本的な要素があることを意識させた指導をします。

（ⅰ）登場人物（主人公，敵役，脇役）

（ⅱ）プロット（出来事，出来事の連鎖，対立，クライマックス）

（ⅲ）時間軸

（ⅳ）場面，状況

（ⅴ）登場人物の態度，筆者の態度，読み手の反応

（ⅵ）物語を通して筆者が伝えたいメッセージなど

　そこで，学習者には，物語文の構成要素に着目させながら，内容を理解させるようにします。

　また，説明文では，何について何のために説明するか冒頭に示されていることが多く，その後は，手順や展開が明確に示されています。そのため，学習者にとって比較的読みやすい文章ではありますが，説明文の主要な構成要素をはっきり理解させる指導が必要です。

　論説文では，書き手の主張とそれを支える論理的根拠を示す首尾一貫した論理展開がなされるよう，段落が構成されています。ですから，論説文の読解指導では構成のはっきりした文章を選び，各段落の構成がはっきりしたものを用いて，筆者の主張を表す文とそのサポートとなる文との関係を捉えさせなければなりません。

　論説文や説明文は構成がはっきりしているものが多いので，以下のような指導ができます。

(1) テキストをざっと読み，文章の構成を表す表現（接続詞，指示詞，代名詞，繰り返しなど）をハイライトする。

(2) 一番大事な段落をマークし，文章全体におけるその段落の機能を考える。

(3) 読んだところの次の段落に書いてある内容について予測する。

(4) 読んでいる最中に，セマンティック・マッピング（概念図）を作りながら，概念同士の関係や構成を考える。

図 3-2　地震対策の説明文のセマンティック・マッピングの例

(5) アウトラインを作って，重要点と補足事項をはっきりさせる。またこの区別を示す表現や語をハイライトする。

(6) 要約を書く。もう一度読んだ後，それを展開できるように隙間を空けて書く。

(7) 読み直して中心的なアイディアとなる文を選ぶ。どれが一番いいかを話し合って決める。

(8) 中心的なアイディアとそれを支持するアイディアを表にする。

(9) 段落ごとにまとめて，構成を考える。段落のまとまりとまとまりの指示表現や接続表現などに注意をして，段落がどういう関係にあ

るか考える。

（10）文章の複数の箇所から，抽出されるアイディアを探す。これが中心的なアイディアとなる可能性が高い。中心的なアイディアを探したら，文章の様々な箇所とどういう関係にあるか考えさせる。

（11）文章を文ごとに切った短冊を学生に渡し，文章を再生させる。

（12）要約を書いた後，読み直して，必要のない情報を消させる。

8.5.2.2.3.　読解後作業

　読解後作業としては，読み取った内容や情報を整理・確認し，その内容について自分の意見や，感想，批判を述べたりします。情報を整理・確認してテキストベースのモデルを構築するには，**セマンティック・オーガナイザー**を作ります。セマンティック・オーガナイザーとは，概念と文章構成を図にまとめて図式化するものです。

	とは		こと・もの

図 3-3　定義のセマンティック・オーガナイザーの例

	1	2
類似点		
相違点		

図 3-4　比較のセマンティック・オーガナイザーの例

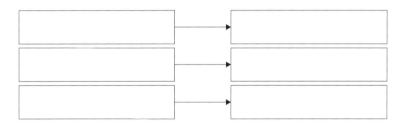

図 3-5　原因－結果のセマンティック・オーガナイザーの例

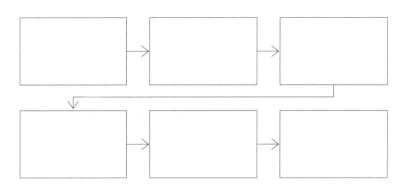

図 3-6　手順のセマンティック・オーガナイザーの例

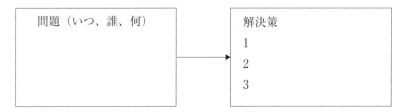

図 3-7　問題・解決のセマンティック・オーガナイザーの例

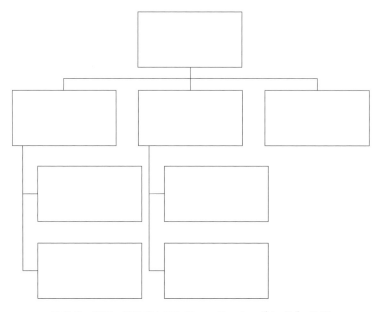

図 3-8　描写・説明のセマンティック・オーガナイザーの例

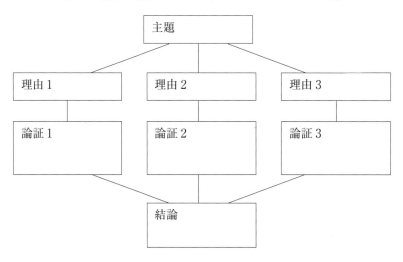

図 3-9　論証構造のセマンティック・オーガナイザーの例

　次に状況モデルを構築するために，前作業で作った質問や自分の背景情報をもとに，筆者の意図を類推し，評価したり，自分の意見を述べさせたりします。

　後作業には様々な活動を行うことができます。例えば，物語文では，ペアで感想を話したり，筆者に向けた読後の感想を伝えるメールや感想文を書いたりすることもできます。また，登場人物の 1 人になって，物語の展開を変えて書き直したり，物語のその後のストーリーを書いたりします。また，説明文では，必要な情報をまとめ，発表したり，ほかの読み手に情報を伝える活動をしたりすることもできます。何らかの手順を示す説明文の場合は，実際に説明通りにやってみて，感想を述べたりします。最後に論説文に関しては，筆者の主張に対して，自分の考えをまとめて，書評を書いたり，グループで意見交換をし，グループの意見をまとめたりすることも可能です。

第 4 章

聴解指導

1. はじめに

　L1 でも L2 でも，聞いて分かるということは運用能力を身につけるため
に，重要な役割を持ちます。例えば，乳児は生まれてから 9 ヶ月から 1
年 6 ヶ月までは沈黙期にあり，言葉を話すことはできませんが，生後 1
年ぐらいまでに母語の音素の弁別ができるようになります。そして，**音韻
知覚能力**の発達に伴い，インプットから母語の単語を理解するようにな
り，発語が始まり，急激に言語が発達します。文法的な間違いはあるもの
の，2 歳ころには大人との会話ができるようになり，4 歳ころにはほとん
どの文法形態素を使うようになります。つまり，母語の場合，聞く能力は
話す能力に先行して発達すると考えられます。

　L2 学習者にとっても，聞いて理解することは，言語を獲得するために
重要な基礎的スキルでもあります。ただ，母語と違い，L2 学習者の場合，
沈黙期がある人もない人もいますし，沈黙期があったとしてもその期間は
様々です。例えば，教室で日本語を学習する人は，初めから話すことを要
求され，沈黙期がありません。また，日本語を全く話せない状態で日本に
来て，周りに日本人しかいないという場合，積極的に話そうとする人には
沈黙期がありません。一方，しばらく話せない期間があって，徐々に話す
ようになる人には一定期間の沈黙期があります。沈黙期が長い場合，聞け
るけれども話せないといういわゆる受容的バイリンガルになることもあり
ます。このように，L2 の場合，聞くことは，必ずしも話すことに先行す
るわけではなく，また，聞けるようになれば必ず話せるようになるという
わけではない点で母語習得とは異なります。

本章では，まず聞くことと読むことの違いを，音声インプットと視覚的インプットの処理の違いをもとに考えていきます。次に，聞き取りの過程や聞く能力について概説し，聞き取り能力を伸ばすための方略について検討していきます。

2.　聞くことと読むこと

　聞くことと読むことはどちらも受動的なスキルで，基本的な理解プロセスは似ていると考えるかもしれません。伝統的な指導では，読んで質問に答えるか聞いて質問に答えるものが多いです。しかし，この2つのスキルは，文字か音声かという違い以外にも様々な違いがあります。そこで，本節では，聞くことはどういうことなのかについて，読解と比較しながら考えていきます。

　まず，読解では自分のペースで読むことができます。しかし，聴解では自分のペースで聞くことはできません。自分のペースに合わせて読むことができる読解では，ざっと読んで概要を取るスキミングが可能ですし，よくわからなければ，前に戻って読み直すこともできます。これに対して，聞く場合は，自分で速度を決めることはできませんし，音声は知覚した瞬間に消えていきます。ですから，聞き手は，耳に入ってくるインプットの速度に合わせて，情報を処理し，意味を理解しなければなりません。そのため，聞いた後に概要だけ覚えているということはありますが，読解するような意図的なスキミングはできません。また，理解できないところを聞き直すことも，録音・録画したものを視聴する時か相手に繰り返しを求められるような状況でなければできません。

　音声インプットが高速で入力されすぐ消えるということは，話し言葉の構文的特徴にも影響します。書き言葉は複文が多く構文的にも複雑で，一文が長いのが特徴です。一方，話し言葉は文法的にも単純で，短い発話を「だから」「でも」といった接続詞や「で」「し」などの接続助詞で繋げる傾向があります。これは，音声インプットを処理する場合，構文的に複雑な長い句や節は作動記憶に過度な負荷を与え，理解を妨げるからです。読解では，読み手は自分のペースでインプットを処理できるので，作動記憶

に過度な負荷を与えることなく，複雑な文字列を処理することができます。一方，聴解では，聞き手は意味理解ができるまで作動記憶に解析中の語彙や統語構造を保持しなければなりません。しかし作動記憶容量には制限があるため，長い句や節についてこのような作業をしていると，次に入ってくる音声インプットの処理ができなくなります。一方，短時間で処理できる短い**チャンク**を，接続表現を使ってつなげていけば，チャンクごとに意味処理が完結します。そのため，作動記憶への負荷もなくなり，無理なく理解することができます。このことからも，音声インプットと視覚的インプットは，かなり性質の異なるものであると言えます。

　次に，音声を媒介としたコミュニケーションでは，話者は，ごくわずかな時間内に，聞き手の記憶に残る，できるかぎり多くの情報を伝えなければなりません。つまり，音声言語には，最小限の努力で最大限の利を得るという**効率の原理**が当てはまります。高頻度語ほど短く，低頻度語ほど長くなるのもこの原理が働いているからです。話し言葉で高頻度語が多いのも，限られた時間内に効率的に意味を伝えるためだと考えられています。また，話し言葉では，言葉にしなくても聞き手が理解できる情報は省略されやすく，書き言葉では省略を許さない英語のような言語でさえ，会話では単語や句，不完全文が多く出現します。さらに，同じ単語でも，単独で発音する時と，発話の中で発音する時とでは音が異なります。例えば，日本語では，「すみません」が「すいません」と聞こえることがあります。「すみません」というためには，/su/ の後で，/mi/, /ma/ と 2 回口をつぐまなければなりませんが，「すいません」は，/ima/ と 1 回口をつぐむだけでよいため，発音しやすいからです。これは，会話中は発話が理解される限り，発音に関わる努力を最小限にして，簡潔に話そうとすることから起こる現象です。けれども，このような音の変化が話し言葉で起こるということや，その規則性を知らない学習者にとって，辞書で習う言葉と，実際に発話される言葉は，全く別の単語に聞こえてしまい，理解を妨げる原因になります。

　話し言葉の音の変化の例としては，以下のようなものがあります。

表4-1　話し言葉での音声変化

口蓋化	2音節が1音節に縮約され，子音が脱落した結果，その前の母音が口蓋化する	これは→こりゃ　[koɾeɰa] > [koɾʲa] 見ては→見ちゃ　[mʲiteɰa] → [mʲi] では→じゃ　[deɰa] → [dza] 見れば→見りゃ　[mʲiɾeba] → [mʲiɾʲa] なければ→なきゃ　[nakeɾeba] → [nakʲa] ここには→ここにゃ　[kokoɲiɰa] → [kokoɲʲa] 見てしまう→見ちゃう　[mʲitecimaɰ] → [mʲiteaɰ] なくては→なくちゃ　[nakɯteɰa] → [nakɯtea]
促音化	母音が脱落して，促音になる	どこか→どっか　[dokoka] → [dokka] あたたかい→あったかい　[atatakai] → [attakai] おんがくかい→おんがっかい　[oŋgakɯkai] → [oŋgakkai] そうか→そっか　[soɰka] → [sokka] おおきい→おっきい　[ookii] → [okkii]
撥音化	ラ行とナ行の母音が脱落し，ラ行の /r/ が /n/ になる	わからない→わかんない　[ɰakaɾanai] → [ɰakannai] 言ってるの→言ってんの　[itteɾɯno] → [ittenno] それなら→そんなら　[soɾenaɾa] → [sonnaɾa] あなた→あんた　[anata] → [anta] 今になって→今んなって　[imaɲinatte] → [imannatte] 行くのだ→行くんだ　[ikɯnoda] → [ikɯnda]
短音化	長音が短音になる	でしょう→でしょ　[decoo] → [deco] ほんとう→ほんと　[hontoo] → [honto] さようなら→さよなら　[sajoonaɾa] → [sajonaɾa]
長音化	単音が特殊拍になる	あまり→あんまり　[amaɾʲi] → [ammaɾʲi] とても→とっても　[totemo] → [tottemo]
反切	母音音節とその前の音節が結合し別の音節になる	書いておく→書いとく　[kaiteoku] → [kaitoku] 書いている→書いてる　[kaiteiɯ] → [kaiteɯ] 書いていて→書いてて　[kaiteite] → [kaitete] 書いておる→書いとる　[kaiteoɾɯ] → [kaitoɾɯ] 言ってあげる→言ったげる　[itteageɾɯ] → [ittageɾɯ]
音節の脱落	引用の「と」「という」「ということだ」「ということか」「というのは」「といって」などが「って」に縮約される	美香と言います。→美香って言います。 美香という名前です。→美香って名前です。 明日行くということです。→明日行くって。 中止ということですか。→中止ですか。 5か国語が話せるというのは本当ですか。 →5か国語が話せるって本当ですか。 このお菓子，息子さんにといってくれたんです。 →このお菓子，息子さんにってくれたんです。 かわいそうだといっても仕方がない。 →かわいそうだって仕方ない。
その他	フレーズの後半が脱落する	～たらどうですか→たら？ ～ればいいじゃないですか→～れば？ ～なければならない→～なきゃ ～なくてはならない→なくちゃ ～て下さい→て

　また，話し言葉には，単語，句，不完全文が多いだけでなく，言い間違いや言い直し，言いかけて発話を中止することもよくあります。さらに，「え～っと」「あのう」「う～ん」などのフィラーや，「なんだっけ」「なんか」など自分自身にあてた表現を挿入することもよくあります。これらが原因となり，話し言葉は書き言葉に比べ，不正確になりがちです。

　日本語の会話では，**共話**と呼ばれる話し手と聞き手が共同して話を進める会話の仕方が多いので，形式的には不完全に見える文が多く現れます。共話とは，以下の例にあるように，会話の途中に聞き手が相槌をしたり，話し手の発話を聞き手が引き取って，文を完成したりして話し手と聞き手が共同で構築する談話のことです。

小池：はい，変な感じだけど。いや，こうなるのも無理ないね。
蒼井：　　　　　　　　　　　　　　　　　　　　　（笑）なる。
小池：だってあんま喋ったことないもんね。
蒼井：　　　　　　　　　　　　ないね。この距離はいつもだった
小池：　　　　　まあ，この距離は。　　　　　　　そうそうそう，
蒼井：でしょう　　　　　　　　　　最初，この，これで向き合って，
小池：まああのう　　　　　　　　　　そうそう引越してきて，で，最
蒼井：　　　　　　大阪から上京してきて
小池：初の隣
蒼井：　　　　の席だったのがわたし

陳（2013, pp. 114-115）

　この共話によく現れるのが，**言いさし文**です。言いさし文は，最後まで言い切らず，途中で止める形式的には不完全な文で，話し手が文の途中で終わることによって，聞き手にその語を完成させる機能を持ちます。

(1) あのう，このスープちょっとぬるいですけど。
(2) ご無沙汰しておりまして。
(3) 今から帰るから。

(4) 明日は，いけるかも。

(5) 天気が良ければね。

(6) 文句ばかり言っててもね。

　音声インプットには，ニュースやスピーチなど，あらかじめ書かれたものを読み上げる完全文のものもありますが，日常会話やテレビドラマ，バラエティ番組など，完全文ではないインプットが非常に多いです。特に日常会話では，会話参加者は，文脈情報や背景情報，会話場面に存在する視覚的空間的情報など，様々な非言語的な手がかりを利用して会話を進めていきますし，コソアドや指示表現もよく使われます。そのため，そのような手がかりがない文章と比べ，話し言葉はより文脈に対する依存度が高く，第三者が聞いた場合，曖昧に聞こえることがあります。

　他にも，話し言葉は，同じ言葉を繰り返したり，言い換えたりするなど，情報の重複が多い点でも書き言葉と異なります。書き言葉では，同じ言葉を繰り返すと，冗長になり，文章の質を下げますが，会話では話し手と聞き手がお互いの理解を確認したり，理解したことを示す目的で，同じ表現や言い換えをしたりすることがよくあります。講義などの独話でも，話し手は，自分が強調したいポイントを繰り返したり，聞き手の反応を見ながら，繰り返しや言い換えをしたりして，聞き手の理解を促します。このような情報の重複は，逐次的に消えていく音声情報を再活性化する重要な役割を果たします。また，文章を読むようなものではない限り，話し手は，話している間に，ジェスチャーや視線，姿勢などの様々な非言語的な表現を使います。この**非言語情報**も，聞く時には，インプットを理解するための重要な手がかりとなります。

　次に話し言葉でよく問題となる点に同音語があります。日本語は世界でも同音語が多いと言われる言語であり，その数だけではなく，1つの発音に対して，多くの語が対応するという特徴があります。例えば，同音異義語が最も多いと言われる「こうしょう」には，40以上の単語があります。このうち比較的よく見るものだけでも10は超えます。

【こうしょう】　交渉・高尚・公称・考証・公証・後証・口証・口承・校
　　　　　　　　章・公章・後章・行賞・工商・工匠・巧匠・工廠・鉱
　　　　　　　　床・巧笑・哄笑・咬傷・厚相・好尚

　そのほかにも「きかん」や「かてい」など，小学校で導入される同音異
義語だけでも 100 を超えると言われます。

【きかん】　期間・機関・器官・帰還・気管
【かてい】　家庭・仮定・過程・課程

　話し言葉と書き言葉では同音異義語の意味の特定の仕方が異なります。
書き言葉では，同音異義語は異なる漢字で表記されるため，漢字から意味
が特定できます。けれども話し言葉では，単語の音声が聞き取れたとして
も意味を特定するのは困難です。同音異義語は音が同じというだけではな
く，品詞やアクセントが同じものも多いため，文脈を手がかりにしなけれ
ば意味が特定できないことが多いです。そのため，日本の小学校では同音
異義語は重要な指導項目になっています。
　この同音異義語の特性は，日本語学習者にとっても問題となります。学
習者は語彙力も同音異義語の知識も豊富ではないため，聞き取った音声が
自分の知っている単語の音だと認知した場合，その語の意味を付与してし
まうことがあります。しかし，実際は全く異なる同音異義語であった場
合，文脈に合わなくなってしまいます。また，漢字圏学習者は，聞き取っ
た音から漢字情報を想起し意味を理解するストラテジーを使うという研究
がありますが，そのようなストラテジーを使っても，音と字形が 1 対 1
対応でない同音異義語の理解は困難だと考えられます。
　さらに，中国語を母語とする日本語学習者には書き言葉の方が中国語の
語彙知識が使いやすく，話し言葉では使いにくいという問題があります。
日本語と中国語には，日中同形同義語や類義語が多いので，中国人日本語
学習者は母語の知識を使って日本語の単語の意味を推測できます。けれど
も，同形語の発音は日中で異なることが多いため，リスニングでは役に立

ちません。張（2020）は日中の同形類義語 808 語について日本語母語話者に中国語との音韻類似性を評価させたところ，類似性が高いと評定されたのは 12.6 %，類似性なしと評定されたものは 73 % でした。また魏娜（2017）は，旧日本語能力試験出題基準の 1 級 2 級レベルに含まれる日中同形語のうち，高頻度語 110 語を対象に日本語学習者に音韻類似性を評定させましたが，この調査でも音韻類似性が高いと判断された語は 15.5 % にとどまりました。以上のことから，リスニングにおいては中国語の語彙知識が有効に働かないと考えられます。

　では，英語話者にとってカタカナで表記される外来語がやさしいかというとそういうわけでもありません。第 3 章で述べたように，英語と日本語では音韻体系が著しく異なるため，日本語の外来語の発音は英語の発音とはかなり違います。加えて，日本語では television がテレビ，ballpoint pen がボールペンというように長い単語が縮約される傾向がありますから，英語の単語とは異なる語に聞こえることも少なくありません。

3.　リスニングの過程

　リスニングの主な目的は，話者が言わんとすることを理解することですが，人は耳から入ってくる音声をすべて聞こうとするわけでも，理解するわけでもありません。例えば，多くの人がいる場では，いろいろな人の話し声が聞こえてきます。聞き手は，自分が注意を向けた人の話は理解できますが，そのほかの人の声は，何か話しているということはわかっても，何を言っているかを理解することはできません。また，目の前にいる人と話をしていても，他のことを考えていたりすると，話の内容を理解していないこともあります。このように，人は，聞こえてくる様々なインプットの中の特定の音を聴取し，言語として処理し，意味を理解します。本節では，その過程とはどのようなものなのかについて考えていきます。

3.1.　ヒヤリングとリスニングの違い

　読み物を手にする時は，何らかの読みの目的があることが多いですが，何かを聞く時は，目的がある場合もあれば，ただ聞こえてくる音声になん

となく気づいて聞き始めることもあります。つまり，聴解過程では，「聴く」（**リスニング**）の前提に，「聞こえる」（**ヒヤリング**）があるのです。

　ヒヤリングとは，人の意志とは関係なく生じる生理学的なシステムが作用することを意味します。生理学的なシステムとは，外界の音波を脳内に取り込む音響処理システムのことです。具体的には，耳が収音器の役割を果たし，集められた音は，鼓膜で振動に変わります。この振動が三半規管に伝わると，渦巻き官（蝸　牛）の中のリンパ液を振動させます。このリンパ液の揺れは蝸牛神経で電気的信号に変換され，脳に伝わるのです。

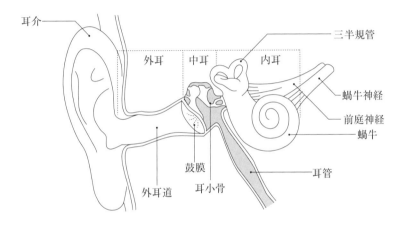

図 4-1　耳の仕組み

　しかし，これだけではリスニングはできません。脳内に取り込まれた電気的信号が，言語音として認知され，音韻処理，語の認知，そして構文解析といった下位レベルの処理がなされます。また，談話分析などの上位レベルの処理もなされます（小嶋, 2011）。この一連の言語処理は，聴覚提示されたインプットに聞き手の**注意**が向けられなければ起こりません。

　ここでいう注意とは，**気づき**のことで，作為的に注意を向けるという意味ではありません。心理学や脳科学の分野では，注意機能にはインプットを受け入れる準備としての**覚醒**段階（alertness），インプットの中の情報を選択したり指向したりする**定位**段階（orientation），その情報を認知す

る**検出**段階（detection）があり，認知的な処理をするには検出が必要だと考えられています（Posner & Rothbart, 1992; Tomlin & Villa, 1994）。注意は作動記憶容量の制限の影響を受けるため，人は一度に1つの対象にしか注意を向けられません。これを「選択的注意」といいます。例えば，大勢の人がいる中で1人の声だけを聴きとることができるのは，その人の音声だけが検出されるからです。また，友達と話している時に，突然大事故のニュースがテレビで流れたりすると，友達の話ではなくテレビのニュースを聞くようになるのも，数あるインプットについて，定位段階でのシフトが起きた結果だと考えられます。また，注意は長時間持続しない傾向があります。まじめに授業を受けていても，時々別のことが頭に浮かんでしまうのは，長時間同じインプットに注意を払い続けるのが難しいからです。高いレベルの注意を払って何かをしていると，疲れてしまい，途中で休まなければならなくなるのも注意が長続きしないからです。つまり，母語話者といえども，いつも話し手の発話に高いレベルの注意を払い続けられるわけではありません。

　以上をまとめると，ヒヤリングは自然界のインプットが音響的に処理されることを意味し，リスニングはそれを言語として認知し，理解することを指すという点で大きな違いがあります。次節では聞くことに焦点を当て，耳から入ってくる言語インプットが処理される過程について説明します。

3.2. 下位レベルの処理

　読解同様，リスニングでも下位レベルの処理，上位レベルの処理，そして一般的な認知的処理があり，流暢な聞き手は下位レベルの処理が自動化されています。ただ，音声インプットは高速で入力され消えていきますし，聞き手はスピードをコントロールすることができませんから，上位レベルの処理も非常に限られた時間内に行わなければなりません。同様に一般的な認知的処理においても長期記憶に保存されている言語知識の検索や作動記憶での言語処理などを短時間に行わなければなりません。一般的な認知処理過程については第3章で説明しましたので，本節では下位レベ

ルと上位レベルの処理について詳しく説明します。

　下位レベルの処理の第 1 段階は，音声知覚と音韻処理です。日本語の音声や発音については，第 1 章の音声指導に詳しい説明がありますから，ここでは，リスニングに焦点を当てて音声知覚と音韻処理について説明します。

3.2.1.　語境界の切り出しと語彙認知

　音声インプットを理解するためには，個々の音声を聞き分けるだけでなく，連続した音声から，単語や形態素を切り出さなければなりません。語の境界を切り出すためには，切り出しの手がかりに注意すること，音素配列の規則，音声と音素の関係，そして語彙知識を使って処理できなければなりません。

　語境界を示す手がかりは言語によって異なりますが，日本語ではピッチ・アクセントが重要な手がかりとなります（Cutler & Otake, 1999; Pierrehumbert & Beckman, 1988; Sekiguchi & Nakajima, 1999）。東京方言では第 1 モーラと第 2 モーラの音の高低が異なり，母語話者はこれを手がかりとして，語の始まりを知覚しています。日本語のピッチ・アクセントはモーラに付与されるため，ピッチ・アクセントを手掛かりとするためには，モーラの知覚もできなければなりません。

　次に，どの言語にもその言語特有の音の配列規則があり，この配列に従わないと，外国語に聞こえてしまい，語彙や形態素を認知することができません。例えば，英語では street の str のように 2 つ以上の子音が連続して子音クラスターを構成することがありますが，日本語ではこのような子音クラスターは存在しません。ですから，日本語で話している時に，子音クラスターのある連続音を発声すると，その連続音は日本語以外の言語として認知されます。日本語の音素配列の規則には以下のようなものがあります。

（1）語頭に子音クラスターは生じない。
（2）語中に子音が重なることはあるが，子音の数は 2 つであり，2 つと

も調音点が同じでなければならない。鼻音や促音に多い。

そんな	/sonna/
こんぶ	/konbu/
コップ	/koppu/
まった	/matta/
にっか	/nikka/

(3) 促音は無声破裂音 /p, t, k, s/ と /h/ のみに現れる。

(4) 子音 [s] の後に母音 [i] は来ない。また，子音 [t] の後に母音 [ɯ] は来ない。（[si] や [tɯ] は存在しない。）代わりに，[ɕi] [tsɯ] がある。

(5) /r, g, z, d, b/ で始まる語は，和語に少なく，漢語や外来語に多い。

(6) 和語では，同じ形態素に濁音が 1 つしか存在しない。

(7) 2 つの語が引っ付いて 1 つの語をなす場合は，後ろの語が濁音になるという連濁現象が起こる。ただし，2 番目の語に濁音がある場合は，連濁は起きない（ライマンの法則）。

かわ＋きし	→	かわぎし	（連濁あり）
ながれ＋ほし	→	ながれぼし	（連濁あり）
ごみ＋はこ	→	ごみばこ	（連濁あり）
ごみ＋くず	→	ごみくず	（連濁なし，ライマンの法則）
みなみ＋かぜ	→	みなみかぜ	（連濁なし，ライマンの法則）
くろ＋とかげ	→	くろとかげ	（連濁なし，ライマンの法則）

　上記の手掛かりを使って，語の境界の切り出しができたとしても，音声と音素の関係が分からないと単語を認知することができません。音素と音声の関係については第 1 章で説明していますので，ここでは簡単に紹介します。例えば，「てんぷら」という単語を言うとき，実際は，[tempɯra] と言っていますが，母語話者は [m] と発音しているにもかかわらず，/n/ を発音していると思っています。また，もし「てんぷら」を無理やり [tenpɯra] と発音しても，発音が違うと感じないでしょう。つまり実際の

音が [m] であっても [n] であっても，単語の意味を理解する上では，/n/ だと思うのです。この場合，[m] と [n] を音，/n/ を音素といいます。音素は語の意味の弁別に必要な音の単位，そして実際に発音される音が音です。

音から音素を認知し，語の音韻表象が構築できれば，心内辞書にアクセスしてその単語が何かわかります。母語話者は，生まれてからずっと大量の音インプットを受けてきた結果，音韻表象と意味表象が強固に連結していますし，豊富な語彙力を有しているので，高速で次々に入ってくる音から語彙を即時的に認知することができます。しかし，初級の L2 学習者の場合，語彙力が不十分なうえ，音韻表象と意味表象の連結が弱いので，語彙認知に時間がかかってしまいます。その結果，語彙を理解しようとしている間に入ってくる他のインプットを処理できずに，途中から理解できなくなってしまいます。

3.2.2.　構文解析

リスニングでは，ひとつひとつの語や形態素を認知すると同時に，語や形態素の関係を解析し，文法的にどのように構成されているか見極めなければなりません。この文法構造の構築過程を**構文解析**といいます。

構文解析では，単語や形態素がどのように構造的に関連付けられているかを判断しなければなりません。リスニングでは，この手がかりとして，句アクセント，イントネーション，ポーズが重要な役割を果たします。第 1 章でも説明しましたが，句のまとまりは 1 つのヤマで表されます。ですから，句と句の区切りはヤマの下がり目と次のヤマの上がり目で示されます。例えば，「妹が昨日描いた絵をくれました。」という文では，①「妹が昨日絵を描いた」，②「誰かが昨日描いた絵を妹がくれた」，③「誰かが描いた絵を妹が昨日くれた」という 3 つの解釈ができます。①では「いもうとが」から「えを」までが 1 つのヤマになり，「いもうと」から関係代名詞節が始まることが分かります。②では，「いもうとが」が 1 つのヤマとなり，「きのう」から別のヤマが始まることで，この 2 つが異なる節にあることが分かります。また，この場合，「いもうとが」と「きのう」の

間に短いポーズが入ることもあり，ポーズも句と句の区切りを示します。さらに③では「いもうとがきのう」が1つのヤマになり，「かいた」で別のヤマが始まることから，「きのう」と「かいた」の間に句の境界があることが分かりますし，ポーズを入れる場合，ここに入る可能性が高いです。

(1) ［いもうとが　きのう　かいたえを］くれました。

(2) いもうとが［きのう　かいたえを］くれました。

(3) いもうとが　きのう［かいたえを］くれました。

　構文解析では，単語と単語の修飾・被修飾の関係や係り受け関係，そして，句と句の関係性から，可能な文法構造を構築します。その際，品詞や主語，述語といった文法的カテゴリーだけではなく，動作主，対象物といった語彙の意味的カテゴリーや，有生名詞か無生名詞かといった名詞の意味役割も解析の手がかりとして使われます。さらに，先行文脈などの上位レベルの情報も，構文解析の手がかりとなります。

　例えば，英語で，発話がIで始まると，Iは主語であり，動作主である可能性が高まります。その後，eat が認知されると，Iが主語で動作主，eat は，主動詞だと判断します。また，eat は他動詞ですし，eat の意味から，食物を表す名詞が目的語となると予測されます。その後，apples が認知されると，I eat apples という節の文法構造が構築され，「私はリンゴを食べる」という命題が理解されます。

　日本語では，単語と単語ではなく，文節と文節の関わり方をもとに文法

構造が構築されていきます。例えば，語彙認知の過程で「私」と「は」が認知され，「私は」という文節が構造的まとまりとして認知されます。文頭の「私は」は，日本語ではトピックか主語になります。次に，「リンゴを」という文節が認知されると，「私は」と「リンゴを」の関係をもとに，主語と目的語の関係にあると判断し，その後に「買う」「食べる」「もらう」といった動詞が予測されます。

　実際の自然言語は構造的にもっと複雑であり，すでに処理された部分から，複数の統語構造が可能な場合が多々あります。例えば，「私は」「友達に」まで解析できたとします。この段階で，「友達に」の次に何が来るか複数の可能性があり，「私は友達に」の段階では統語的に曖昧です。

　　　私は友達に　本をあげました。
　　　　　　　　　本をもらいました。
　　　　　　　　　会う約束をしました。
　　　　　　　　　その話を聞きました。
　　　　　　　　　聞いた話を，他の人に話してしまいました。

　人間の作動記憶容量には制限がありますが，母語話者はさほど苦労もせず，構文を解析し発話を理解し続けることができます。母語話者が，発話の処理に必然的に起こる上記のような曖昧さを短時間で，しかもインプットが次々と消えていく中で，どのように解消していくのかについては，様々な理論やモデルがあります。例えば，単語が認知されるたびに可能な文法構造がすべて活性化されるのか，一定数の単語が認知されてから構造が判断されるのか，あるいは先行文脈から可能な文法構造を絞り込んでいるのかなどについて検討されています。

　本書では，これらの詳細について扱うことはしませんが，大事なことは，構文解析に使う手がかりは言語普遍的なものもあれば，言語によって異なるものもあるということです。例えば，文頭に出現する名詞は，どの言語でも主語かトピックと判断される傾向があります。しかし，英語ではこれが「いす」「本」といった無生名詞でも，文頭にあれば主語と認知さ

れますが，日本語やフランス語では「人」や「犬」などの有生名詞である場合は，主語と見做されやすく，無生名詞である場合は，見做されにくくなります。さらに，英語では，語順をもとに，名詞の格を決定する傾向がありますが，日本語では文中の単語の位置よりも，助詞を手がかりとして名詞の格を決めます。このことを L2 に当てはめてみましょう。どの学習者も L1 を効率的に理解するための構文解析の手がかりと解析ストラテジーを持っています。ところが，それが L2 で使う手がかりやストラテジーと異なると，母語の干渉が起こることがあります。英語を母語とする初級日本語学習者が，「おなかが痛かったから学校を休みました」という文を because I was absent from school, I had a stomachache（学校を休んだから，おなかが痛かったです。）と解釈してしまうことがあるのは，英語では主節の後に従属節が来るのが基礎語順であるのに対し，日本語ではその逆であること，英語母語話者は英語の語順を使って文を処理するストラテジーを使うことが影響していると考えられます。

3.3. 上位レベルの処理

　上位レベルの処理では，これまでに理解した内容と，今処理している内容を推論しながら統合し，整合性のある解釈をすることで，リスニングの目的，つまり聞き手が言おうとしていることやその意図を理解します。

　上位レベルの処理過程は談話解析とも言われますが，この過程では，読解同様，先行文脈や聞き手自身が持つ背景情報，視覚的，聴覚的情報が手がかりとなります。また，アクセントやイントネーションは語彙認知や文法的な区切りだけではなく，話者の意図や感情を示します。例えば，日本語の文末イントネーションは，疑問，確認要求，誘い，同意要求，意見要求，勧誘，事実表明，同意表明などの発話意図を表すほか，熱意，好意的な気持ち，喜び，驚き，詠嘆，共感，納得，緊張，危機感，否定的な態度，嫌悪感，いらだち，悲しみなど，様々な感情や態度を表します。例えば，「え」という感動詞は，イントネーションによって異なる感情を表します。

  （1）驚き・喜び　　　　　　　　　　　「えっ↑，そんなことがあったの。」
　　　　　　　　　　　　　　　　　　　「えっ↑，うれしい。」
  （2）相手の発話が理解できない時の確認
　　　　　　　　　　　　　　　　　　　「えっ，今なんて言いましたか。」
  （3）落胆・苦痛・反論　　　　　　　　「え↓，困るよ。」
　　　　　　　　　　　　　　　　　　　「えー↓，疲れたー。」
　　　　　　　　　　　　　　　　　　　「え↓?，それはだめじゃないかな。」

　このような感情の表出は，感動詞に限らず，名詞，動詞や形容詞を含む
様々な表現でも現れます。

  　A：来週の月曜日は，ミーティングがあるの。
  　B：月曜日↑火曜日じゃないの。（驚き・疑問）
　　　　月曜日↓残念。　　　（落胆）

　また，話し手が強調したい部分や対比したい部分では，音が高く大きく
なる傾向があります。これをプロミネンスといいます。例えば，「昨日み
つると海に行った。」という表現で，「昨日」を強調したければ「きのう」
が，「みつる」を強調したければ「みつる」の始まりで音が大きくなりま
す。さらに，イントネーションは，何らかの情報のまとまりをリストとし
て示すことができます。例えば，数字を言うのでも，単に数えている時と
電話番号を復唱している時ではイントネーションが変わりますし，単語を
覚える時にリストで発音する場合にも，リスト特有のイントネーションが
使われます。このほかにも，イントネーションによって話し手の属性が分
かります。その典型的な例として方言がありますが，それだけではなく，
人前で話すことの多い，お坊さん，神父さん，アナウンサーなどは，イン
トネーションやリズムから職業が分かることがあります（Rost, 2016）。
　次に重要な手がかりとなるのは，非言語情報です。これまでの研究で
は，リスニングでは言語インプットと非言語インプットを組み合わせたほ
うが，言語インプットだけよりも理解が進むことが分かっています。例え

ば，話し手が言及したものが視界にあれば，何を指しているのかすぐ分かりますし，塩が目の前にあれば，「塩が欲しいな」という表現が依頼の発話行為であることも理解できます。また，話し手の表情や身振り手振りから，話し手の感情や意図が推測でき，そこから，次に話し手が話すことを予測することも可能です。つまり，言語情報と非言語情報を組み合わせると，解釈の可能性を絞り込み，より早く正しい理解に到達することができます。

視覚的情報には，地図やプレゼン用のスライド，テレビなどの映像など，話し手の説明や長い話を分かりやすくするために使われるものがあり，これらは事前に準備が可能なもので機能もはっきりしています。一方，話し手が示す非言語情報は，個人差があり，文化によっても異なります。

話し手の非言語情報には，いくつかタイプがあります（Kendon, 2004）。まず，特定の単語や発話内容を強調する頭や手の動きで，表情や音声的強調と一緒に現れることが多いです。腕を頻繁に上げ下げしたり，手首を前に振ったり，頭を縦に振ったりと，個人によっても異なります。話し手は，無意識に行っていることが多いですが，公的スピーチで，自分の主張を強調するために，わざと机をたたくといったように意図的に行われることもあります。次に，会話の流れや発話を調整するための非言語行動としてよく使われるものに視線があります。例えば，聞き手とのアイコンタクトは，聞き手に対する注意や関心を表し，会話を続行させる機能がありますが，逆に視線を外すと会話を中断したいという意思表示にもなります。また，教師が特定の学生に質問に答えさせたい時，その学生に視線を送る行為もこの調整機能です。第三に，大きさや長さや形状，位置関係や空間的な特徴を示したりする際に用いる様相を示すジェスチャーがあります。長さや距離を手と手の幅で示したり，手で丸や四角を作って形状を示したりする動作のことで，具象物に使われることが多いですが，「大きい波」を手でやって見せたりといった動作もこのタイプに含まれます。これと似た機能として，第四に例示があります。何かを依頼した後，許可が出たか出なかったかを示すとき，手で大きな〇と×を作って示すことがあ

ります。また，自分のところに来てほしい時の手招きや，同意を示すため
に首を縦に振る行為，不同意を表すために横に振る行為などは，すべて例
示に当たります。例示は話の内容を分かりやすくするためというよりは，
言葉の代わりになる動作である点で，様相を示すジェスチャーとは異なり
ます。

　非言語情報はリスニングを助ける重要な手がかりではありますが，文化
によって全く異なる意味になることがあります。例えば，手招きの動作
は，米国では「あっちに行け」という意味になります。日本人は写真を撮
る時，人差し指と中指を立てるピースサインをしますが，ギリシャでは侮
辱の意味になりますし，手の甲を相手に向ける逆ピースサインが，イギリ
スやオーストラリアでは，侮辱のサインになります。人差し指と親指で作
る OK サインも日本や米国では OK の意味になりますが，フランスでは
ゼロの意味に，イギリスやブラジルでは卑猥な意味になり，人に向かって
すると相手を侮辱する行為になります。

　また，例示だけではなく，視線なども文化的に意味が異なることがあり
ます。実際，アメリカでは，視線が原因となって暴動が起きたこともあり
ます。韓国人の店主の店に黒人のアメリカ人が買い物に来たとき，店主が
客の目を見て話さなかったため，客が馬鹿にされたと感じたことがきっか
けでした。アメリカでは，相手の目を見て話すことで，相手に対する興味
や親しさを表しますが，韓国では目上の人の目を見て話すことは，挑発的
ととられかねない行為です。店主にしてみれば客は目上ですから，丁寧に
対応していたつもりでしたが，米国では逆の意味に取られる行為であった
ため，客を怒らせてしまったのです。当時警察による黒人男性への過剰暴
力が大きなニュースになり，黒人社会の中では人種差別に対する不満が高
まっていたこともあって，店主の行為は外国人による黒人への差別ととら
えられてしまったのです。このように非言語行動は，文化的に異なり，大
きな誤解をもたらすこともありますから，注意が必要です。

　これまで述べてきた手がかりはリスニングに特化したものですが，先行
文脈やスキーマも，読解同様リスニングでも重要な役割を果たします。ス
キーマについては第 3 章で詳しく説明しましたが，リスニングでも，会

話場面，会話参加者，話題，話題の中の人物，概念，具象物，行動などに関する背景知識や，会話のジャンル特有の談話構造に関する知識などが活性化されます。

上位レベルの処理は読み手や聞き手のコントロールが可能な処理ですが，流暢な読みやリスニングでは，このレベルの処理も通常は意識されていません。

しかし，話し言葉は，何か問題がおきたときに元に戻れないという点で，書き言葉とは決定的に違います。特に，雑談や対面会話では，何をどういうか準備をすることはできませんから，話し手がいつも聞き手に分かりやすいように話すわけではありません。実際，話し手の話すスピードが速すぎてついていけない，何を言ったかはっきり聞き取れない，発話の中に未知語がある，言葉は知っているけれども自分の知っている使い方とは違う，理解に必要な背景情報が述べられていない，聞き返したくてもその機会を逃してしまうといったことは多々あります。また，聞き手の注意が一瞬それて聞き逃してしまうこともあります。そういう中でも，聞き手は，次々と新しいインプットを処理していかなければなりません。そこで聞き手は，分からない部分はそのまま記憶にとどめておいて，分かるような情報が入力されるのを待ったり，分からない部分の解析を中止し理解するのをやめたり，周りの文脈から分からない部分に近い意味を選択し当てはめるといった補償ストラテジーを使いながら，先に進みます。

そのため，リスニングでは，すべてを完全に理解できる可能性は低く，概ね理解できることの方が多いです。もちろん，聞き直したり，理解の確認をしたりできれば，より正しい理解をすることはできますが，そのような機会がないことは多々ありますし，またあったとしても，その場の雰囲気や対人関係を考えて，問い合わせや確認行動をしないこともあります。それだけに，リスニングでは，限られた時間内に，先行文脈やスキーマを使って類推することが重要です。

先行文脈によって，その先にどのようなインプットが来るか予測ができます。例えば，話し手が昨日病院に行ったといった場合，この後に続く内容は，検査をする，診察を受ける，薬をもらう，誰かのお見舞いに行くな

どに関する事柄は予測できますが，ペットの話や仕事の話をするとは考えにくいです。聞き手は，後に続くインプットについて妥当な予測をすることで，リスニングの効率を上げることができます。しかし，後に聞こえてくる音声インプットが，先行文脈と矛盾していれば，情報の統合に時間がかかります。実際，多くの実験で，先行文脈に反した事柄が出た場合，文脈に合う事柄が話された場合よりも，反応時間が遅くなるという報告があります。これも聞き手が先行文脈を使って予測をすることにより，その後に何が続くかを絞り込みながら聞いているからだと考えられます。

　先行文脈同様，重要なのがスキーマです。音声インプットに含まれる情報に関するスキーマを活性化することで，音声インプットにはない情報を補いまとまりのある解釈をすることができます。ただ，話し手のスキーマと聞き手のスキーマは必ずしも一致するとは限りません。話し手と聞き手の共通項が多く，同じ立場に立ち，話し手が共有知識に関わることについて話している場合，話し手と聞き手のスキーマは合致する可能性が高いです。その場合，話し手の発話意図と聞き手の解釈は完全に一致し，「完全な理解」が可能となります。けれども，実際は，話し手と聞き手のスキーマのすべてが共通するのはまれで，聞き手と話し手のスキーマの主要な部分は重なるものの，一部ずれがあるという場合の方が多いです。この場合，聞き手の理解は「容認可能な理解」であり，話者が言おうとすることと概ね合致しますが，細部では違っていることもあると考えられます。リスニングの成功とは，一般的にこの「容認可能な理解」のレベルを指し，完璧な理解を意味しません。話し手と聞き手のスキーマが，中心的な部分でだけ重なっていて，その他の部分で異なる場合は，「可能性がある理解」，もっと低い場合は「部分的な理解」，重ならない場合は「誤解」，そして，聞き手のスキーマが全く活性化されない場合は，「無理解」となります。

　このように聞き手は，音声インプットだけではなく，様々な情報や自分の既有知識を活用しながら，推論や問題解決を通して情報を統合し，相手の発話意図を理解して，まとまりのある「容認可能な理解」を達成します。同時に会話では，過去の経験や既有知識をもとに，話し手の意図や話

の内容について，自分はどう感じたのか，この後どうするかといった反応の仕方などについて考えます。

4. 聴解能力の習得

　L1 の場合，聴解能力は短期間で急激に上がるため，L2 でも目標言語の音声をたくさん聞きさえすれば，聴解能力が上がると考えられがちですが，これは必ずしも正しくありません。聴解能力は認知能力ですから，頻度や経験によって向上します。しかし，何を言っているのかわからない状態は，学習者を不安にさせ，モチベーションを下げる原因にもなり，語彙や文法などの言語項目の習得にも悪影響を与えます。また，音声インプットの速度や内容を自分でコントロールできない状況で，リスニングにつまずいたとします。そのようなとき，どのようにして乗り越えていくか，また，聞けるようになるために何ができるかも，ただ聞いているだけでは，頭に浮かんできません。そこで本節ではまず，L1 リスニング能力について特に L2 との違いが大きい音韻知覚の発達に焦点を当てて説明し，L2 のリスニング能力の発達とはどのように違うのかについて検討します。

4.1. L1 習得

　リスニングをするためには，変動が激しい連続音から，その言語特有の音声や音素を知覚し，その音韻連鎖から，語彙や形態素を認知していかなければなりません。しかし，音声は，人によっても音響的には大きく異なります。例えば，男性が発声する [a] という音と，女性が発声する [a] は周波数が大きく異なりますし，男性同士でも異なります。同じ音だと認知される音でも，それを発声する人間の口の形や調音器官，息の出し方は人によって異なり，実際に発声される音声も人によって異なるからです。また同じ人でも話をしている状況や感情によって音響的に異なります。例えば，急いで話している時とゆっくり話している時では，同じ音を発声しているつもりでも周波数が違いますし，怒っている時と喜んでいる時でも音が異なります。

　また，同じ人が同じ音として発声した音声も，その音の前後にどのよう

な音があるかないか，その音が含まれる語のアクセントや強調の有無，話速，イントネーションなどによって異なります。例えば，[b] という音の音響分析をすると，同じ人が発音しても，バリエーションがあります。別の人が発音すると，さらに多くのバリエーションが存在することがわかります。それでも，母語話者がいろいろな人の異なる [b] を同じ音と認識できるのは，[b] という音を認知するのに不要なバリエーションを無視し，同じ音と認知される音響的特徴の範囲が知覚できるからです。この範囲を **音韻知覚範疇** といいます。例えば，日本人英語学習者は英語の /r/ と /l/ の区別ができません。人によって口の形も口の中の形状も異なりますから，すべての人が同じ音響的特徴を持つ /r/ を出しているわけではなく，音は微妙に異なりますが，どの人が発話した [r] も英語母語話者は /r/ だと認識できます。/l/ でも同様のことが言えます。また，同じ人でも /r/ の発音は速く話している時と遅く話している時では微妙に異なりますし，前後にどのような音が来るかでも変わります。このことは /l/ についても言えます。/r/ と /l/ は調音点が同じで調音法が少し異なるだけですから，どのバリエーションが /r/ でどのバリエーションが /l/ に聞こえるかの判断は，/r/ と /l/ の音の範囲を知覚できなければ判断できません。このように，音声や音素のカテゴリーが知覚できるようになることを **音韻知覚の範疇化** といいます。母語話者は範疇化ができているため，バリエーションがあってもこの音を区別することができます。

　これまでの研究から，新生児は，言語普遍的な音韻知覚能力を持って生まれることが分かっています。ですから新生児は親が知覚できないような外国語の音韻対立も聞き分けることができます。個人差はありますが，生後 6 ヶ月ぐらいから，母語の母音の音だけを聞き分けるようになり，10 ヶ月ぐらいで母語の子音を聞き分けるようになります。同時に，母語以外の音を聞き分けなくなります（林, 1999）。これにより，母語の理解に関係のない，様々な理由で変動する音響的な違いを無視することができ，音声を母語の安定した音韻表象として聞けるようになります。その結果，単語の形態素に含まれる音や音素配列を学習しやすくなり，語彙習得をはじめとする言語習得の基盤が確立するのです。

生後7ヶ月ごろになると, 乳児は, アクセントを使って, 連続音の中の語構造に着目するようになります。そして, 韻律や音素配列規則などを使って, 生後1年ぐらいまでに語を切り出せるようになります。その後, 幼児の語彙は急激に発達し, 1語文, 2語文の段階でも, 多くの単語を理解し, 文法を処理するようになります。

4.2. L2 習得

成人学習者が, L2で母語話者並みの言語能力を獲得するのは, 至難の業であることは誰もが知っていることですが, その中でも, 母語話者と学習者の違いが最も顕著なのは, 音声習得だと考えられています。

L1では音声習得は生後1年間に急速に進みますが, L2では, 音声を知覚することができず, ある程度聞けるようになってもL1らしい発音を習得するのが非常に困難です (Hayes & White, 2013)。これは意味や談話, 背景情報に関わる知識は, 脳内でL1とL2で共有されているのに対し, 音声は共有されず, L1の音韻知覚能力をL2に適合するよう変更することが難しいからです。そのため, 学習者は, L1知識を使って高速で耳に入る音声インプットを処理してしまい, L2の音韻知覚能力の発達に負の影響を与えるのです。

例えば, 音韻知覚範疇は一度獲得されると, それを修正したり, 新たに別の音韻を知覚範疇化することが非常に困難です。日本人英語学習者にとって, /r/ と /l/ の聞き分けが難しく, 特に語中の /r/ と /l/ は何年たっても弁別できないのは, 日本語で音韻知覚範疇化が完了しているため, L2の音韻知覚範疇を獲得するのが困難だからです。

L1音韻知覚能力はL2の語の切り出しにも影響します。語を切り出す手がかりは言語によって異なりますから, L1とL2で手がかりが異なると干渉が起こります。例えば, 英語ではストレスが語の始まりを示し, 強勢アクセントパターンを軸としたリズムが語の切り出しに使われます。しかし日本語では, モーラ拍リズムと高低アクセントが使われるため, 英語話者はピッチが高いところをストレスと認知してしまう傾向があります。また, 英語では, 音の長短が意味の弁別に関わらないため, 日本語の長母音

や促音といった特殊拍が知覚できません。このことも，単語の切り出しを困難にすると考えられます。

　言うまでもなく L1 の音韻知覚の干渉は語彙認知にも影響を与えますから，既知語であっても連続して聞く音の中から単語を認知するのは，教師が思っているほど容易な作業ではありません。音声インプットから未知語を認知し，文脈から意味を推測できれば，リスニングから語彙力をつけることができるのですが，学習者の場合，未知語の認知そのものが非常に難しく，また音声インプットのスピードについていきながら文脈から未知語の意味を類推することも困難です。したがって，リスニングから語彙力を増やすには，L2 学習の早い段階から L2 の音韻知覚能力を養うための指導をしていかなければなりません。

　これに対して，文法は意図的に学習し，練習すればある程度使えるようになります。特に成人学習者はメタ認知能力が発達しているため，言語を意識的に分析して理解することもできます。ただし，その場合も，L1 の構文解析のストラテジーが L2 に影響します。例えば，英語を母語とするフランス語学習者に，フランス語の文を聞かせた場合，語順を使って理解しようとします。しかし，フランス語では語順に頼ると誤った解釈になることがあるため，習熟度が上がると，語順ほど強い手がかりではありませんが，英語にも存在する有生性を使ってフランス語を解析するようになります。一方フランス語を母語とする英語学習者は学習初期から母語の手がかりである有生性を使って英語文を理解しようとします。この手がかりを英語で使っても失敗することは少ないので，フランス語母語話者は英語文の処理に有生性を使い続ける傾向があります（Heilenman & McDonald, 1993）。また，英語を母語とする日本語学習者は，語順が変わりやすい日本語では語順を使うと構文解析に失敗する可能性が高いことを理解しているため，学習初期から語の有生性を使って日本語文を理解しようとします。けれども母語にない格助詞は，習熟度が上がらないと使えるようになりませんし，使うようになっても有生性に依存する傾向が強いです（Sasaki, 1994）。このように構文解析でも L1 は L2 の処理に影響を与えますが，その解析ストラテジーが目標言語では通用しないと分かると，早い段階で使

うのをやめ，他のストラテジーを使います。ただし，母語に全くないストラテジーが使えるようになるには，時間がかかるようです。

　リスニングの構文解析で学習者が最も困るのは，解析に失敗した時です。音声インプットの中に未知語が含まれていたり，文法が複雑だったりするとついていけず，構文解析ができなくなります。それだけでなく，注意がインプットからそれてしまうことによる解析の失敗もあります。リスニングは L2 学習者にとって，特に集中力を要する活動ですから，長時間音声インプットに注意し続けるのは困難です。ですから，注意しているつもりでも，瞬間的に注意のレベルが下がったり，他のことに注意が向けられたりすることがあります。

　構文解析に失敗しても，母語話者であれば，何らかの補償ストラテジーを使って，聞き続けることができますが，学習者は失敗した個所を再分析することも，無視して新たなインプットに注意を向けることもできません。その結果，リスニングそのものに失敗してしまうのです。

　先述したように，L1 と L2 では概念が共有されているため，意味処理では L1 の影響は大きく受けないと考えられます。ただ，話し手のスキーマと聞き手のスキーマは同じ文化の話者同士でも完全に一致するとは限りませんし，言語や文化によっても異なります。例えば，日本人は日焼けしていない白い肌をきれいだと感じますが，アメリカ人は，白い肌は健康的ではなく，むしろ日焼けした肌の方を好む傾向があります。もしアメリカ人の白い肌を日本人がほめたとしたら，アメリカ人はほめられたのではなく皮肉を言われたと思うかもしれません。このように話し手と聞き手のスキーマが異なると，大きな誤解につながる可能性があります。

　日本語では，話者の意図をくみ取り，談話を進めるのに，文末イントネーションを聞き分けなければなりません。これまでの研究では，喜怒哀楽や嫌悪感を表すイントネーションについては，学習者も母語話者と同様の判断ができることが分かっていますが（エリクソン・昇地, 2006; 中林, 2009），これらは目標言語が話せない人にも理解されやすいイントネーションです。確認要求，曖昧な否定，詠嘆，不同意などのより分かりにくいイントネーションについてはまだ研究が進んでおらず，これらについて

も学習者が母語話者と同様の判断ができるかは分かりません。

　音声インプットだけではなく，話者の態度や非言語行動を総合して理解しなければなりません。けれども，非言語的手がかりは，個人差が大きく文化的にも異なるため，学習者にとっては気づきにくいものですし，言語の授業で学習対象となることも稀です。そのため，上級になってもこれらの手がかりを使って会話を進められるとは限りません。

　また，間接的な言い回しの言い方やいつどこで誰に対してどう使うかも文化によって異なりますし，どのような文脈で言うか言わないかも文化によって異なります。そのため，その文化で適切な言語行動の在り方を理解し，話者が意図的に言わなかったことからも話者の意図を推測しなければなりません。

　以上をまとめると，L1 と L2 のリスニングの発達には大きな違いがあり，音声知覚と音韻処理が第一の障害となります。特に L1 と L2 では音韻知覚範疇が異なり，L2 での音韻知覚範疇を獲得するのは非常に難しいため，音声知覚や音韻処理は母語干渉を受けやすいです。この問題が語の切り出し，語彙認知，音声インプットを介した語彙力の習得に負の影響を与えます。一方構文解析に関わる L1 の影響は，L2 の処理に効果的でなければ，なくなる傾向があります。さらに談話レベルでは，表現だけではなく，スキーマ，非言語行動なども母語の影響を受け，この段階での失敗は誤解を生む可能性があります。

5.　聴解の指導

　本節ではまず，L2 でのリスニング習得のために必要な能力やスキルについて考えていきます。その上で，リスニングを指導する際，どのような点に留意すべきか，どのような教材を選択し，教材の使い方についてどのような点に注意するべきかについて検討し，リスニング能力を伸ばす指導法について紹介していきます。

5.1.　聴解能力の習得に必要なスキル

　L2 でリスニングができるようになるためには，まず L2 の音韻知覚能力

を身につける必要があります。この能力がすぐ身につけられるものではないことは，すでに述べたとおりですが，かといってインプットを大量に与えて自然に任せれば習得できるというものでもありません。近年の研究では，習得困難だとされる知覚範疇についても指導で効果が上がることが分かってきました（Hirata, Whitehurst, & Cullings, 2007）。

　次に語彙力や文法能力の向上も非常に重要です。語彙の指導については第2章で扱いましたが，語の音韻表象と意味表象を強固に連結させることで，リスニング中の語の切り出しや語彙認知を助けることができます。同時に，文法知識は構文解析に必要不可欠な知識ですし，イントネーションを手がかりに統語構造を判断するのにも役立ちます。ただし，リスニングで獲得する文法知識は，通常の文法説明にあるような完全文だけではなく，話し言葉によくみられる句単位の表現，言いさし表現，倒置や，縮約形などに関する知識を含みます。

　L2のリスニング指導で，特に重要なのは，パニックにならないような方略的なリスニングの仕方や，聞き取れなかった時の対処法，効率的に聞くための学習ストラテジーの指導です。そのために有効だと考えられているのが，**リスニング・ストラテジー**です。これまでの研究では，成人の方が年少者より，聴解テストの成績の高い学生の方が低い学生より，習熟度の高い学習者の方が低い学習者よりも多くのストラテジーを使い，指導効果も高いことが分かっています。また，一度に多くのストラテジーを教えるのではなく，数を限って教えた方が効果が高いことも分かっています（Dalman & Plonsky, in press）。さらに，ストラテジーを学習することによって，これまで速すぎると思っていたラジオ放送が速くないと感じるようになった，1回目はわからなくても2回目を聞いたら分かるようになった，教室外で生教材を聞く時に役立ったという報告が多々あります。つまり，リスニング・ストラテジーを使うことで，リスニングに対する恐怖感や不安感を軽減させ，自分の学習をコントロールできるようになると考えられます（Chen, 2007; Thompson & Rubin, 1996）。

5.2.　聴解教材・発話資料の選び方

　聞くという行為は，日常生活のあらゆる場面で起こります。一日の生活で考えてみても，朝起きてテレビの天気予報を聞く，電車やバスを使う時にアナウンスやお知らせを聞く，大学で講義を聴く，友達と雑談をする，買い物に行って店員とやりとりをする，テレビを視聴するなど，様々な場面で聞くという行為は行われます。これらの場面で聞く対象も，独話か会話か（e.g., ニュース，アナウンス，講義 vs. 雑談，店員との会話），書かれた内容を読み上げるものか，ある程度準備をされているが状況によって内容が変わるものか，全く準備をされていないものか（e.g., ニュース，アナウンス vs. 講義，店員の話 vs. 雑談）で異なります。また，店頭での会話，アナウンスなど発話内容や談話構造がある程度決まっていて，予測可能なものもあれば，全く予測できない雑談のようなものもあります。さらに，説明，意見表明，物語など，ジャンルによる違いもあります。

　このような多岐にわたる場面が想定される中で，適切な教材を選ぶには，以下の点に気を付けなければなりません。

（1）面白いこと
（2）学習者が関心をもつ内容であること
（3）学習者の文化的背景を考慮した内容であること
（4）学習者のスキーマが使いやすい内容であること
（5）指導目的を達成するのに適切な材料であること
（6）難易度が適切であること

　学習者のモチベーションを上げ，維持するためには，可能な限り面白い教材を使ったほうが良いですが，教師が面白いと思っていても，学習者の関心を引くものでなければ，その効果は期待できません。逆に教師は面白くないと思っていても，学習者が関心を持っているものは面白いことが多いです。ですから，日ごろから学習者とのコミュニケーションをとるようにし，彼らが何に関心を持っているのかを知るように努力すること，そして，学習者の目線で聴解材料を評価することが大事です。また，学習者の

文化的背景を考慮し，特定の文化圏の人に対して誤ったイメージを想起させたり，否定的な感情を起こさせたり，ステレオタイプを押しつけるようなものには注意が必要です。例えば，ある日本のテレビドラマで，男性は姓で，女性が名前で呼ばれていました。日本では，さほど不思議ではないことですが，ある時学生から，日本人は性差別を容認するのかと質問されたことがあります。一見単純なことのように思われますが，人を姓で呼ぶか名前で呼ぶかは，文化によって大きく異なります。米国では，相手を名前で呼ぶことによって，親しみを表すため，教師と学生の関係であっても，教師の方から学生に対して Please call me John（ジョンと呼んでください）ということはよくあります。その場合，学生も教員を名前で呼ぶのがマナーです。逆に同僚を姓で呼ぶと相手を遠ざける行為と受け取られます。

　その一方で，学習者が否定的に思ったとしても，日本文化として知っておいたほうが良いこともあります。例えば，あるアメリカ人学生から，なぜ日本語の教科書では，「母」はあるのに「継母」は出てこないのかという質問を受けたことがあります。もちろん「継母」は日本語で否定的なニュアンスがあるから使えないという説明はできますが，ではなぜ「育ての親」を使わないのかということになります。米国では，mother と step-mother は生みの母と育ての母というカテゴリーを表すだけで，この2つを区別することに否定的なニュアンスはありません。離婚率が5割を超えるアメリカでは1人の学生に2人の母親がいることは不思議なことではありません。学生にしてみれば，生みの母と育ての母を区別して話したいと思うのは当然のことです。けれども，日本では，区別をしなければならない状況でないかぎり，生みの母も育ての母も通常「母」と呼びますから，英語と同様に「育ての母」を使うと，日本人には違和感を持たれるかもしれません。このような場合，「育ての母」をあまり使わないのは学生にとっては不本意かもしれませんが，日本ではあえて区別しないことを理解してもらう必要があります。

　次に，読解同様，リスニングでもスキーマはまとまりのある理解をするために必要不可欠です。これまでの研究で学習者に身近なトピックの方が

そうでないトピックより，リスニングの成績が高く，より多くのことを覚えていられることが分かっています。そこで，学習者にとって，スキーマを活性化しやすい身近な内容を含む材料を使うことが望ましいです。また，聞き取り材料が指導目的に合うものでなければ，指導効果が期待できません。例えば，キーワードの聞き取りを目的とする活動ならば，キーワードが頻繁に文脈に現れるもので，音声的にも強調されるような材料の方が，指導には向いています。また，文末イントネーションから話者の意図を理解する活動では，自然なイントネーションによって意味が変わる短い談話が含まれるもので，語彙認知や構文解析の処理負荷が低い，やさしいものを用いると，学習者の注意をより文末に向けやすくなります。

5.2.1.　難易度の調整

　発話資料の選択において，おそらく最も重要なのが難易度の調整です。難易度が高すぎる場合，学習者は1つでも聞き漏らすと，一気についていけなくなり，最悪の場合，パニックになり，自信を喪失してしまいます。また，理解可能なインプットであることはL2習得において非常に重要です。一般的に流暢なリスニングでは，聞き手は発話資料の95％以上の単語を知っていなければなりません（三國・小森・近藤, 2005）が，学習者が受けるインプットの既知語率はよほどコントロールされた学習者用の資料でない限り，既知語率が低いことの方が多いです。既知語率が高くても，学習したばかりの語彙が多いため，聞き取るのが難しい教材も少なくありません。もちろん単語をやさしくできればその方がいいのですが，発話資料によっては修正しにくいものもあります。

　ここでいう難易度とは言語の複雑さだけを意味するわけではなく，認知的な負荷を指します。言語の複雑さ以外にも，インプットの長さ，情報の密度，談話構成，話し手のアクセントや話し方，非言語的手がかりの有無など，様々な要因によって情報処理にかかる負荷は変わります。Rost（2016）はリスニングの認知的負荷を上げる要因について先行研究をもとにまとめています（表4-2）。

表4-2　リスニングの認知的負荷を変える要因（Rost, 2016, pp. 158-159）

長さ	・長い音声資料は難易度が上がるが，その影響は大きくない。また，人によって長さの影響を受けやすい人とそうでない人がいる。 ・新情報が多く含まれる資料は，作動記憶に負荷を与え，難易度が高くなる。 ・繰り返し，言い換え，追加情報などがあると難易度が下がる。初級学習者は繰り返しによって難易度が下がりやすいが，上級学習者は言い換えによって難易度が下がる。
複雑さ	・やさしい文法を使うと構文解析は速くなるが，必ずしも理解度を上げるわけではない。 ・低頻度語は難易度を大幅に上げ，聞いたものの再現率を下げる。 ・抽象的な内容は難易度を上げ，具体的なものは下げる。 ・慣用句やその言語文化特有の語彙を含む資料は難易度が高い。
構成	・自然な会話資料は，原稿を読み上げた資料よりも重複が多く，文法的にやさしく，言いよどみがあり，書いたものより理解しやすい。 ・結束性が高ければ高いほど，理解しやすい。 ・「でも」「だって」「（それ）で」といった命題と命題の関係や命題と全体の内容との関係を示す談話標識は，理解を促すが，その標識がメイン・アイディアや重要な内容に関わる物かどうかによって効果が異なる。 ・聞いた内容に関連するものが見えるところにあるか，非言語的ヒントがあると，理解度が上がる。 ・発話内容に関連する視覚的情報は，発話内容と矛盾する箇所がなく，情報量が限られていれば，理解度を上げる。 ・聞き始めの情報と最後の情報が最も思い出しやすい。
話し方と音質	・耳慣れした話し方の方があまり聞いたことがない話し方よりも理解しやすい。 ・言語に関わらず，習熟度が高くなると，言いよどみ，言い直し，言い換え，繰り返し，ポーズを含む発話の方が理解しやすくなる。 ・雑音は難易度を上げる。 ・話す速度によって理解度は異なる。同じ資料でも，リスニングが弱い学習者ほど，話速が速いと感じる傾向があり，話速が速いと難易度が高いと判断する傾向がある。

　難易度を下げるためには，頻度の高いやさしい語彙を使います。また，音声だけではなく，内容理解を促す非言語情報や視覚的情報を提示することも重要です。さらに，文法は話し言葉で高頻度に現れる簡単なものにし，個々の発話を比較的短いものにすることも有効だと思います。話すス

ピードは，不自然にならない範囲で遅くするのは構いませんが，過度に遅くすると自然なスピーチの音声的特徴が失われてしまい，音韻知覚能力の習得の妨げになります。同様に，文節ごとに区切ったり，ポーズを入れすぎたりすると，ポーズを手がかりとして統語構造を認知することができなくなりますから，不自然なポーズを入れないようにしなければなりません。

　また，初級では繰り返しを多く含んだ話し方のものを選択し，上級では言い換えが含まれるものを多用するのもよいと思います。このほかにも，談話構造が分かりやすいものを選択し，談話標識を有効利用すると，全体の流れや内容を把握しやすくなります。そのためには，初級から発話と発話の関係を示す談話標識を導入し練習したほうが良いので，談話標識を聞き取る選択的リスニング活動などを取り入れてもよいと思います。

5.2.2.　生教材（本物）の使用

　コミュニカティブ・アプローチが提唱されるようになってから，リスニング教材には，学習者の言語学習のために作成された教材ではなく，**生教材**と呼ばれる日本人が普段聞く発話資料を使うべきだという主張がなされてきました。学習者のためのリスニング教材だけを聞いていると，教室外で実際に聞く音声インプットが聞けなくなると考えられるからです。

　生教材は，学習者に文化的に適切な情報と「本物」の言語を提供し，より創造的な指導ができるため，教材としての妥当性が高く，学習者のモチベーションを上げる効果があります。その一方で，生教材は発話調整がなされていないため，学習者にとっては難しすぎるという批判もあります。1980年代の第二言語習得研究の分野では，Krashen（1985）の理解可能なインプットの必要性について検討がなされました。その結果，リズムやイントネーションなどは理解可能でなくても認知できますが，言語を習得するためには理解可能でなければならないことが明らかになりました。どの程度理解可能であるかといった点についてはまだ明確な答えは出ていませんが，**真正性**が高いからといって学習者が全く理解できない生教材の内容を理解させようとするのは無理があります。

　Widdowson（1998）は，母語場面で母語話者が受けるインプットを学

習者が教室外で受けるインプットとみなすことについて疑問を呈し，学習者の学習環境に照らし合わせて真正性を判断すべきだと主張しました。実際，初級や中級の学習者が教室外で受けるインプットは，**フォーリナー・トーク**と呼ばれるインプットで，母語話者が受けるものとは異なっています。L1 幼児も出生から 2，3 年は**保護者トーク**（caretaker talk）と呼ばれる単純化したインプットを受け，親とのやり取りが幼児の言語習得を促します。このことからも，母語話者基準にとらわれず，教室外で学習者に向けられるインプットがどのようなものかを考慮して，学習者にとって真正性の高い発話資料を選択したほうが良いと思います。ただし，これは，文法を教えるために作成された不自然なダイアローグや，学習者の習熟度に合わない**ティーチャー・トーク**でいいという意味ではありません。教室外で母語話者が学習者に向けて話すときの話し方は，文法を埋め込んだダイアローグとは大きく異なります。また，教師によっては，学生のためになるティーチャー・トークではなく，自分が楽なティーチャー・トークをする人もいます。ティーチャー・トークは習熟度によって，また学生が何を学んだかによって，変えていかなければなりませんが，そのような使い分けをしない教師も少なくありません。

　学習者に向けられる発話を中心に真正性を判断するからといって，母語話者を想定した生教材を使うべきではないというわけでもありません。本物には，学習者に生の日本語に触れる機会を提供し，目標言語の文化に触れさせ，学習者のモチベーションを下支えする効果があります。それに，教室外では，空港や駅，レストランなど言語能力の低い学習者でも選択的に何かを聞かなければならないことは多々ありますから，このような状況を想定した選択的リスニングの指導では，本物を使った方がよいです。生素材を用いる場合，前作業をしっかりやって負荷を下げたり，タスクの難易度を下げたりして，難易度を調整すれば，有効に使えます（Brown, 2011）。

5.3. 聴解指導における留意点

　聴解指導というと，ただ発話資料を聞いて質問に答えるといったものを

イメージするかもしれません。教科書によっては，発話資料のトピックについて簡単に話し合い，新出単語や文法を紹介する前作業を取り入れたものもありますが，これらの活動が，学習者が必要とする能力を伸ばすようにできているかどうかには疑問が残ります。

　また，近年聴解指導の焦点が「聞くこと」のみに当てられ，会話参加者としてのリスニングが軽視されているという批判があります。教科書のダイアローグがその役割を果たしていると考える人もいるかもしれませんが，ダイアローグは文法や会話のモデルを見せるために作られたものが多く，実際に学習者が遭遇する会話場面に対応しているといえるかどうか疑問です。日常生活で，ダイアローグを聞くのは，テレビや演劇などの芝居のほかは，誰かの会話に聞き耳を立てているときくらいです。一方，学習者自身が会話に参加している場合，学習者が聞くのは会話相手の発話だけですが，学習者は相手の発話意図を理解し，それに対してどう反応するか考え，適切に反応しなければなりません。また，会話中に全く分からなくなって何もできないという状態は，避けなければなりません。そのため，相手の発話が理解できなかった時には，再度言い直してもらうよう働きかけなければなりません。つまり，会話におけるリスニングは，CD を聞いて理解するといった一方向のものではなく，聞き手が，相手の発話内容や意図を正しく理解するため，話し手に様々な働きかけをしながら行うリスニングです。したがって，会話を想定したリスニングでは，聞き手としての行動を含めた指導が必要です。

　ではリスニングの指導ではどのような点に留意すべきでしょうか。これまでの第二言語習得研究の知見を踏まえて考えると，まず，学習不安やストレスを軽減させることが重要だと考えられます。リスニングは学習者の緊張度を上げ，不安感を増幅させやすい活動ですし，緊張している時は，本来聞けるものも聞きにくくなります。ですから，その不安感を取り除き，「聞く」ことを楽しめるようにすることで，リスニング活動に対するモチベーションを上げられます。そのためには，字幕付きのアニメ，ゲームなどを用い，すべてを聞かなくても楽しめるタスクを行うのも有効だと思います。また，聞く活動が学習者個人にとって価値のあるものにするこ

とができれば，モチベーションを維持することができます。例えば，大学のアニメクラブに入っている学生の中には，日本のアニメに母語の字幕を付ける人がたくさんいます。これらの人はおそらく何度もアニメを見て台詞を聞き取り，翻訳していると思われます。ですから，中級や上級の学習者にはリスニングが上手になることで達成できる自分なりの学習目標を設定し，その目標を達成するための学習計画を立てて実行させるとモチベーションの維持につながります。

　次に，たくさんのインプットを様々な形で提供することが重要です。先述したように未知語はリスニングの難易度を大きく上げてしまいますし，発話資料の内容を理解するためには95％以上の既知語率が必要です。第2章でも述べたように，語彙力をつけるためには4技能を使って新規語彙を多角的に練習することが効果を上げます。また，L2学習者にとって大きな障害となる音韻知覚能力を付けるためにも，多くのインプットが必要です。さらに，L1でもL2でも，理解可能なインプットを大量に受けることは言語を習得するきっかけとなりますから，教室内だけではなく教室外でもモチベーションを上げるようなインプットを提供することが有効です。

　それから，1人で聴くのではなく，人と協力しながら聴く活動を取り入れると，学習の難易度を下げられますし，インターアクションが言語習得を促すことも，これまでの多くの研究で明らかにされています。

　インターアクション中に相手の言っていることが分からないということはよくおこりますが，その場合，**明確化要求**表現を使ったり，**確認要求**をすると，相手から理解可能なインプットを受けることができます。また，相手からの質問を受けることで，より適切で正確で理解可能なアウトプットをも産出することができます。理解可能なアウトプットは，より正確で適切になる傾向がありますから，このようなアウトプットを聴き，産出することで，言語習得が促されるのです。その結果，リスニングの機会を増やすだけでなく，聴解能力を下支えする語彙や文法，発音などの習得にも役立ちます。加えて，人と話し合うということは，いろいろな音声を聞く機会を増やすことにつながります。近年の研究では，1人の音声を聞くよ

りもいろいろな人の音声を聞いたほうが，音韻知覚能力が伸びることが分かっています。

このほかに，リスニングの授業には，ターゲットとする言語的特徴に注意させる活動や非言語情報や視覚的情報を使って話し手の意図を類推させる活動などを取り入れた方が良いです。気づきは言語習得のきっかけになりますから，特定の言語項目を習得させることが目的なら，インプットに含まれるその項目に気づかせるような活動をすることが有効です。そして，気づいた項目を使って，コミュニケーションで重要な役割を果たす意味のあるインターアクション活動をさせれば，項目の習得効果が高まります。例えば，話し言葉で生じる音声的変化も，変化した表現に気づくことができれば，既習の学習項目との関係を理解し，その後のリスニング活動で理解が進みます。また，話し言葉特有の短い句や不完全文，接続表現の使い方などについても，リスニングを通して気づきを促すことで，その後同じ表現を聞く時に，気づきやすくなると考えられます。

最後に，リスニング・ストラテジーを指導することも重要です。リスニング・ストラテジーを適切に使用すると，理解度が向上することが分かっていますが，使い方が悪いと，あまり効果がありません。ストラテジーの指導を受けていない学習者の多くは，自分がどのようなストラテジーを使っているのかいないのかも気が付いていないことが多いです。まして，学習者が自力でストラテジーをどう組み合わせて使えば，理解が高まるのかを学ぶことは難しいと思います。したがって，リスニング・ストラテジーは明示的に指導し，教室外でのリスニング場面でも使わせるようにします。これにより，学習者に，リスニングに対する自信をつけさせることができます。

リスニング・ストラテジーの指導は初級からと考える人もいるかもしれませんが，リスニング・ストラテジー指導に関するメタ分析 [8] の結果から，習熟度が高い学習者のほうがストラテジー指導の効果を受けやすいことが

8　メタ分析とは，同じテーマに関する複数の研究結果を統計的に統合し，比較することで，より高い見地からの結論や傾向を導き出す分析方法です。

分かっています。これにはいくつか理由があります。まず，中級以降の学習者は初級学習者に比べ，学習意欲が高いからだと言われています。中級以降の学習者は，音が理解できないというパニック状況を乗り越えてきた人たちで，音声インプットが理解できないことにある程度慣れています。そのため，より効率的に聞けるようになる方法があるのであれば，やってみようという意欲も高いと言われます。次に，リスニング・ストラテジーを使うためには，ある程度習熟度が高くなければなりません。本書の p. 246-247 にリスニング・ストラテジーのリストがありますが，これらのストラテジーを使うためには，上級学習者ほどではないにしても，初級を超える語彙力や構文解析能力が必要です。例えば，アクセントやイントネーションを使って統語構造を類推するためには，構文解析がある程度速くできなければなりません。また，知っている語をメモするのにも，ある程度語彙知識がなければ無理です。初級の学習者は，耳に入ってくる音声のアクセントを聞き分けるのも語を切り出すのも大変ですから，単語を拾うのが精いっぱいで，それ以上のことをする余裕がありません。ですから，初級学習者にはストラテジーを使う前段階の指導，つまり聴覚提示されるインプットのスピードに慣れ，語を切り出す練習や，音韻知覚能力や語彙力をつける指導が重要です。

　以上，リスニング指導をする際に，留意する点について考えてきましたが，次節ではこれらの点に配慮しながら，どのようにリスニングを指導していくのかについて説明します。

5.4.　聴解指導の種類と指導法

　聴解指導には**集中的リスニング**（intensive listening），**選択的リスニング**（selective listening），**インターアクティブ・リスニング**（interactive listening），**多聴**（extensive listening），**ストラテジー指導**があります。本節ではそれぞれについて，目的，指導対象，やり方について説明していきます。

5.4.1.　集中的リスニング

　集中的リスニングとは，音声インプットのすべてもしくは一部を正確に聴き取る活動です。教室外では，集中して聴かなければならないのは，重要な情報をメモしている時などの機会に限られますから，集中的リスニングはあまり自然な活動とは言えません。けれども，聴解能力を支える，音韻知覚能力，語彙力，文法知識や，構文解析能力，談話標識や談話構造などの基礎を獲得するためには，有効な手段です。特に，初級学習者の指導では，下位レベルの処理能力をあげるために，活用すべきリスニングです。集中的リスニングの練習には，シャドーイング，間違い探し，復唱誘導，**ディクテーション**，**高変動音素訓練**（High Variability Phonetic Training）などがあります。

　集中的リスニングでは，語彙，句，文，あるいは談話的なまとまりなど，すべての言語レベルのものが対象となりますが，課されたタスクのみに集中し，他のことを無視することが重要です。例えば，ディクテーションであれば，一語一句すべてを正確に聞き取ることに集中しなければなりません。通常のリスニングであれば，発話内容や話者の意図，背景情報などに注意を払うのが普通ですが，集中的リスニングでは，これらのことに注意を払わないようにします。また，キーワードや，指定された単語，指定された文法項目を含む文を聴き取るタスクでは，動詞や形容詞，内容などは無視しますし，未知語を聴き取るタスクでは，他の単語が聴き取れても，それに注意を払わないようにします。同様に，筆者の意見のみを聴き取る場合は，意見を表す表現を含む文を検索することに集中しなければなりません。ですから，課されたタスクだけに注意を集中させるような指導が必要です。以下に，集中的リスニングの方法について説明しますが，シャドーイングは第 1 章と第 3 章に説明がありますので，ここでは扱いません。

5.4.1.1.　間違い探しと復唱誘導

　間違い探しは，特定の音声，語彙，文法などに焦点を当てて聴き取らせる活動です。この活動では，正しい文章と，その文章の一部を間違ったも

のに書き換えたものを作成します。学生には，間違いを含む文のリストまたは文章を配布します。教師は正しいほうの文や文章を読み，学習者は，その音声を聞きながら，手元の文や文章を読み，間違いを修正します。間違い探しのタスクでは，焦点を当てる項目以外は学習者が容易に理解できるやさしいものでなければなりません。難しいものが含まれると，学習者の注意がターゲット項目以外に向いてしまうからです。

　復唱誘導とは，教師が言った言葉を正確にリピートさせる課題で，この活動では，聴き取りにくい音声や，指導対象の文法項目などを聴き取らせる練習をします。文法項目を言わせる場合は，作動記憶に負荷を与えるような比較的長い文を使い，ただ聞いた音を復唱するのではなく，内容を理解した上で，学習者自身に内在する知識を使って正確に復唱させるようにします。

5.4.1.2. ディクテーション

　ディクテーションはどの習熟度でもできる活動であり，単語，句，文，文章，どれでもできますが，何を聞かせるかによって目的が変わります。どのようなディクテーションであれ，重要なことは自然な話し方をすることです。ですから，ポーズを入れる箇所，話すスピードも，母語話者と話すときと同じようにしなければなりません。過度に遅くしたり，単語ごとにポーズを入れてしまうと，個々の音の発音，単語のアクセント，イントネーションが変わってしまい，自然な日本語を聞かせるという本来の目的に反することになります。

　ディクテーションに使うスクリプトは，初級や中級では，すでに学習した単語や文法だけを使います。上級では未知語も一部入れますが，既知語率は 95 ％以上になるように気を付けます。ディクテーションの本来の目的は，まとまったスピーチを聞かせて再生させることにあるので，段落レベルのディクテーションが最もよく使われます。以下は，文章を想定したディクテーションのやり方です。

　（1）教師がスクリプトを普通のスピードで読む。学生は何も書いては

いけない。聞くだけで，だいたいの内容を理解するように指示する。

(2)　教師がスクリプトを自然なスピーチの流れを崩さない程度に，普通より少しだけ遅いスピードで読む。この際，自然にポーズを入れる箇所であれば，入れてもよいが，単語ごとにポーズを入れたり，不自然な箇所で入れたりしない。学生は音声を聴きながら文字おこしをする。書けないところはスペースを空けておく。

(3)　教師がスクリプトを普通のスピードで読む。ポーズは自然にポーズを入れるところで入れてもよい。学生は，音声を聴きながら，自分の文字おこしを確認し，適宜修正する。（この後，ペアでお互いの文字おこしをチェックし合ってもよい。）

(4)　教師がスクリプトを配布する。自分かパートナーの文字おこしを，赤いペンを使って修正する。

Alkire（2002）は，ディクテーションのメリットとして，①音声的なまとまりや統語構造に気づかせることができる，②学習者に自分が間違いやすいエラーに気づかせ，自己修正を促す，③自分の間違いと正しいインプットの比較ができ，文法習得に役立つなどを挙げています。その一方で，ディクテーションは，単調でつまらない活動ですから，学習者が飽きてしまうという問題があります。そこで，ディクテーションに文脈を付けたり，やり方を変えてバリエーションを付けます。以下はその例です。

(5)　実際の会話場面を想定し，絵や言葉で場面を示して行う短文レベルのディクテーション

①　電話番号を教えてください。

1.　319-739-8643 です。

2.　078-532-9696 です。

3.　03-9382-8754 です。

4.　06-6197-4813 です。

② 次のミーティングはいつですか。

   1.　6月25日の木曜日の午後12時15分です。

   2.　1月12日の午後4時30分です。

   3.　4月27日，水曜日の朝10時から始めます。

   4.　7月19日の土曜日の午後2時にしました。

③ チケット売り場での話

   1.　東京行きの新幹線525号は3時20分に2番線から出ます。

   2.　東京には午後7時40分につきます。

   3.　12月4日，金曜日のパリ行きの飛行機は，午後11時55分に出ます。

   4.　パリには，12月5日の午前9時20分につきます。

(6) 穴埋め式ディクテーション

学生に空欄があるテキストを配布する。教師がテキストを読み，学生に空欄の表現を書かせる。空欄にするものは指導対象となる表現や文法，音声を含む語などにする。

(7) ランニング・ディクテーション

学生を3人か4人のグループにする。教室の外に一文ずつ文を貼っておく。1人の学生が一文を読んで（覚え），教室に戻り復唱する。ほかの学生はそれを書き起こす。別の学生がまた教室の外に出て，別の文を読んで，教室に戻り復唱する。他の学生は書き起こす。これを繰り返し，すべての文を書き起こしたら，文を並べ替えてまとまったストーリーにする。できるだけ速くストーリーを完成させたグループが勝ち。

(8) ジグソー・ディクテーション

学生をペアにする。文章中の半分の文を1人に，残りの半分をもう1人に渡す。

1人が自分の持っている文を読み，もう1人は書き起こす。交代しながら，すべての文を書き起こし，最後にまとまりのある文章に並べ替える。一番早く文章を完成させたペアが勝ち。

（9）ディクトグロス

教師は文章を 1 回か 2 回読み，学習者はそれを一語一句，できるだけ正確に書き起こす。ペアになって，書き起こした文章を修正する。教師はもう一度文章を読み，学習者に修正させる。この後，ペアで修正を確認させる。その後，教師がテキストを配布し，各自赤ペンで修正させる。もう一度教師の音読を聴かせ，特に聴けていなかった部分について，振り返らせる。

（10）高速ディクテーション

話し方が速い母語話者のスピーチについていく練習。教師が文章を早口で読み，学生は書き起こす。学生は，何度でも文章全体，あるいは特定の部分を教師に読んでもらうことができる。ただし，教師は早口のまま話す。

（11）言い換えディクテーション

教師は文章を読み，意味がまとまるところでポーズを入れる。教師がポーズを入れるたびに，学習者はその前の部分を言い換える。ここでは，前の部分を復唱するのではなく，自分の言葉で言い換えさせる。これにより，学生の語彙力や表現力を高めながらリスニング能力を高める。

5.4.1.3.　高変動音素訓練（High Variability Phonetic Training, HVPT）

　従来の音声訓練では，一人の母語話者の声を聞いてリピートするというものが多いですが，これでは，多様な母語話者の音声を知覚できるようになるのに効率的ではありません。音声は人によって音響的特徴が異なるため，一人の人の音声を聞いているだけでは，知覚の範疇化が進まないからです。そこで，考案されたのが，**高変動音素訓練**（HVPT）です。この訓練は，様々な音素環境において複数の母語話者が発話した L2 音素を正確に聞き取らせる訓練です。例えば，英語の [r] と [l] を聞き分ける練習では，複数の人が読み上げた英語の rock と lock という単語を録音し，学習者にランダムに提示します。その後，lock を聞いたか rock を聞いたかという質問に答えてもらい，すぐ答え合わせをします。音声刺激としては

［r］［l］が語頭，語中，語末，前後に子音があるもの，ないものなど，［r］
［l］が様々な音環境で出てくる単語を用います。これを1週間から3週
間，週に1回から5回のペースで短時間練習させます。これまでの研究
では，HVRTは［r］と［l］のほか，母音の聴き取りなど，学習者にとって
聞き分けが難しい音を短期間で弁別できるようになること（Logan, Lively,
& Pisoni, 1991）や，トレーニングに使ったことのない人の声や，全く新
しい単語でも聞き分けられるようになること（Lively, Logan, & Pisoni,
1993），一度聞き分けられるようになるとその効果が長期間持続すること
などがわかっています（Lively, et al., 1994）。さらに，聞き分けられるよ
うになると，発音練習をしなくても発音能力が向上すること（Bradlow, et
al., 1997; Lambacher. et al., 2005）もわかっています。HVPTは英語教育
で高い評価を受けたことから，スペイン語，中国語，日本語などでもその
効果が検証されるようになっています（Hirata, 2004; Melnik & Paperkamp,
2020; Wang, et al., 1999; Reaves, et al., 2022）。Reaves, et al.（2022）は，英
語を母語とする日本語学習者を対象として，日本語の二重母音（/ai/ vs.
/ae/），単音と促音，単音と長音，単音と撥音をHVPTを使って弁別させ
る宿題を継続的に課したところ，いずれの区別でも高い効果が得られ，そ
の効果が持続したと報告しています。近年は分節音ではなく，中国語の
トーンの聞き分けにも使われ，明示的指導とHVPTを組み合わせること
で高い効果が得られたと報告されています（Weiner, Chan, & Ito, 2020）。
以下はHVPTのやり方の1例です。

(1) 対象とする音を含む単語とその音を含まない単語で区別が難しい
    ミニマルペアのリストを作る。その際，ターゲット音が語頭，語
    中，語末にあるような様々な単語を用意する。
    例）よじ（4時）ようじ（幼児），おと（音）おっと（夫）
(2) ミニマルペアを5～6人の母語話者に発音してもらい，録音する。
(3) 学習者にランダム提示した単語を聞かせ，どの単語かを選ばせた
    り言わせたりする。
(4) 学習者の判断に，フィードバックをする。

　この訓練は，教室ではなく，オンラインで行うことを想定しています。また，学習者の母語によってどの音が難しいかは異なるので，母語別のペアを作る必要があります。この訓練は，単調になりがちで楽しいものではありませんから，1 日 5 分程度でできる宿題にし，宿題をすれば満点がもらえるような簡単な活動にします。また，達成感を与えられるよう成功率を示すなどの操作が必要です。HVPT は一人の教師が作成するのは大変です。そこで，現在英語を母語とする日本語学習者用に進んでいるプロジェクトのように，同じ外国語環境で指導に携わる複数の教師のプロジェクトにして作成するとよいと思います。

5.4.2.　選択的リスニング

　選択的リスニングとは，発話資料のすべてを理解させようとするのではなく，その一部に焦点を当てて理解させようとするものです。初級段階では指導対象として数字，方向，場所，時間，といったものを発話資料から聴き取らせ，習熟度が上がると，談話標識，意見を表す文，さらに，手順や，事物の特徴といったより大きなアイディアを聴き取らせます。

　選択的リスニングの基本的な手順は以下の通りです。

（1）前作業
　　① 絵や写真，漫画などを使って，発話資料のトピックについて，話し合う。リスニングに対する興味を喚起するため，教師はあらかじめテーマと発話資料の内容に関する面白い質問をいくつか用意しておき，ディスカッションに使う。
　　② 先行オーガナイザーを使って，既知情報を整理し，リスニングの目的を明確化する。
　　③ 何に焦点を当てて聞くか，計画を立てる。
（2）本聴解
　　① ノートを取りながら聴く。
　　② 自身のリスニング過程について振り返ってみる。
　　③ リスニングの目標がどの程度達成できたか評価する。

④　達成できなかった点を明確化し，その原因について検討し，次に何に着目して聞くべきか考える。

⑤　もう一度聴く。

(3) 振り返り

①　理解したことを要約する。

②　自分の反応を，クラスメートと共有したり，文章化する。

③　リスニング過程を振り返り，よくできたこと，できなかったことを考え，次にリスニングをするときの方略を考える。

　選択的リスニングは，いろいろな教科書で採用されていると思いますが，重要なのは前作業と振り返りです。前作業で特に有効だと考えられるのが，**先行オーガナイザー**（Advanced Organizer）です。先行オーガナイザーは第3章の読解でも紹介しましたが，Ausubel（1960）によって考案されたフレームワークです。これから学習する内容について，あらかじめ概略を先に提示することで，既知の情報に関連づけさせ理解を促すものです。先行オーガナイザーを使うことで学習者はスキーマを活性化させ，既知情報と新情報を関連付けさせることができます。そして何を学習するか聞き取るかを絞り込み，明確化することができます。これにより，選択的リスニングの成功率を上げ，学習意欲を高めることができるといった様々な効果をもたらします。そのため，言語教育だけではなく，歴史学や社会学，企業の研修会などでも用いられています。

　第3章では先行オーガナイザーの1つである**図式的オーガナイザー**を紹介しました。図式的オーガナイザーは，これから聞く内容の要素がどのように関連しているのか，視覚的に表したもので，ジャンルによって，手順を示す図，比較・対比などを示す図を使います。このほかの先行オーガナイザーとしては，**説明オーガナイザー**や**比較オーガナイザー**などがあります。

　説明オーガナイザーは，発話資料の主要な内容を含む大きな枠組みを提示し，理解を促進させるもので，目次やアウトラインがそれに当たります。既知情報が少ない新しいものを学習するときに使い，アウトラインの

各項目の主要な情報を聞き取って記述させます。

　比較オーガナイザーは，すでに知っている内容を理解の枠組みとして利用し，これから聞こうとする内容の理解を促すものです。例えば，これから聞こうとする内容が，日本人の贈り物の習慣に関するものである場合，まず学習者の母語文化での贈り物の習慣について，贈り物をする機会，贈り物をする相手，目的などを，表にまとめさせます。ここで使った項目をもとに，発話資料を聞いて，メモさせます。

　先行オーガナイザーは発話資料のテキスト・タイプによって様々なものを作ることが可能です。表4-3 は，主なテキスト・タイプのリストですが，テキスト・タイプを使って，既知情報をまとめ，何を聴くかを学習者に焦点化させます。

表4-3　テキスト・タイプ

タイプ	特徴	聞き取ること
語り	・物事を時系列に従って通知する。 ・物語では出来事に焦点を置く。 ・主人公の視点で出来事を語る。 ・どのような出来事が起こり，誰が関わったのか，その後どうなったのかを把握する。	場面，登場人物，出来事，アクション，理由・目的，展開，結果
手順	・題名，材料，作る手順などを順序良く説明する。 ・どのような順番で何をするかを理解する。	動詞，道具，材料
情報提供	・ある物事，人物について客観的に事実を述べる。 ・いつどこで何がどうして起きたのかを把握する。	材料，道具，アクション
描写	・物，人物，生物，場所などについて詳細に説明描写する。	形状，色，大きさ，位置，印象を表す形容詞
説明	・ある特定の物事について詳しく説明する。 ・形状・五感に関わる感覚・用途などを理解する。	場面，事物，位置，形状，属性
比較	・ある物事について，長所と短所，類似点・相違点，賛成点を述べる。 ・2つ以上の事物を属性をもとに比較し，総合的に結論を出す。	例，事例，明細事項・スペック，同等性，形状，五感を表す表現
因果関係	出来事や行動に関わる原因と結果，その関係を理解する。	出来事・原因・結果，理由，価値・重要性
問題解決	ある課題について，論理的に体系化された議論と反論を通して自分の見解や意見の妥当性を示しながら主張する。	トピック，問題，主張，論拠となる事実，定義，例示，分類，再定式化，比較
対話	・2人以上の声の交換を伴うやり取りをする。 ・会話の流れをつかむ。 ・会話に特有の言語形式と非言語コミュニケーションを使用する。	ターン・テイキング，トピック，トピックシフト

　習熟度が上がるに伴い，先行オーガナイザーを学習者に作らせることも可能ですが，その場合，学習者が発話資料とは方向性の異なるオーガナイザーを作ることがありますから，オーガナイザーを作る過程をモニターする必要があります。

5.4.3.　対話的リスニング

　対話的リスニングは言うまでもなく会話相手の発話意図を理解して反応するための聞き取りです。通常は会話練習やタスク練習の一部として行わ

れるものですが，本節では，**理解可能なインプット**をより多く受けるリスニング活動としての指導方法について考えます。

　理解可能なインプットが言語習得を促すのは多くの教室内言語習得研究やタスク研究で明らかにされていますが，ただペアになって話しさえすればよいというものではありません。会話中には相手の発話が理解できなかったり，相手の発話を正しく理解できたか自信がなかったりすることはよくあります。その時，疑問に思うことについて，話し合い，相手によりわかりやすく言い直してもらうことで，理解可能なインプットが多く受けられます。このコミュニケーション上の問題を解決しようとする話し合いを**意味交渉**といい，意味交渉が多ければ多いほど，言語学習が進むことが分かっています。そこで，対話的リスニングでは，意味交渉を始めるために聞き手が行う以下のような質問や依頼表現を指導します。

（1）繰り返しや言い換え，確認を求める
　　・すみません，ちょっとわからなかったんですけど。
　　・もういちど言ってくれませんか／くださいませんか。
　　・〜って？／〜って，なに？／〜って，なんですか。
　　　例：「かつあい」って？
　　　　　「かつあい」って，なに？
　　　　　「かつあい」って，なんですか。
　　・今，〜って言った？／言いましたか。
　　　例：今，「しつねん」って言った？
　　　　　今，「しつねん」って言いましたか。
（2）単語の意味を聞く・確認する
　　・〜ってなんですか。
　　　例：「たらこちゃづけ」ってなんですか。
　　・〜ってどういう意味ですか。
　　　例：「たらこちゃづけ」ってどういう意味ですか。
　　・〜の意味は？
　　　例：「たらこちゃづけ」の意味は？

・～の意味が分からないんですけど。

　　　例：「たらこちゃづけ」の意味が分からないんですけど。

・分かるところまで語尾を上げて言う。

　　　例：えっ，「たらこちゃ…」？

・～っていうことですか。

　　　例：今，「しつねん」って言いましたか。「しつねん」って「忘れ
　　　　　る」っていうことですか。

(3) 話の一部が聞き取れなかった時に，聞き返す

・え，だれが／どこで／なにを　～って／～って言いましたか？

　　　例：　A：カンテサンスで，晩御飯　食べた。

　　　　　B：え，どこで晩御飯食べたって？

　　　　　B：え，どこで晩御飯食べたって言いましたか？

　これらの質問は初級から導入したほうが良いと思います。初級であれば
あるほど会話中に理解できず困ることも多いですし，聞かなければわから
ないままに終わり，理解可能なインプットを受ける機会を逃してしまうか
らです。とはいえ，一度に多くの表現を導入しても使いこなすことはでき
ませんから，少しずつ導入していきます。授業の初めに学生に少しわかり
にくいことを言って，毎日これらの言葉を言わせる練習をすることによっ
て，徐々に身につけさせていきます。例えば，教師が授業初めのお知らせ
を早口で言い，学生に「もう一度言ってくださいませんか」と言わせた
り，わざと未知語を入れてお知らせを言って，学生に未知語について聞か
せたりします。未知語が「学園祭」だとすると，「来週の土曜日と日曜日
に学園祭があります。」と「学園祭」を少し強調してお知らせを言うと
いった具合です。

　対面リスニングを支援する活動として，**タンデム学習**を利用することも
有効だと思います。タンデム学習は，異なる言語を母語とする2人がペ
アを組んで，お互いの言語や文化を学び合うという言語交換活動ですが，
普通の言語交換活動（language exchange）と違い，ペアのメンバーが対
等な立場に立って，お互いを助け合うという互恵性が重視されます。タン

デム学習では，一度のセッションで 1 つの言語しか使いませんから，そのセッションでは，1 人が母語話者，もう 1 人が学習者になります。学習者自身が自分の学習目標を設定し，「何を」学びたいのか，「どのように」「いつ」学びたいのか，そしてパートナーからどのような支援をしてほしいかを決めます。つまり，学習者自身の自律性が非常に重要です（Lewis, 2003）。一方，母語話者は自分が学習者になった時パートナーから受けたい支援と同等の支援を提供できるよう準備し，そのセッションでは母語だけを使って助けます。そのセッションが終わると，役割を交代し，今度は，母語話者だった人が学習者となり，学習者だった人が母語話者として支援します。両方のセッションが終わると，振り返りを行って，次のセッションに備えます。これまでの実践では，タンデム学習は学習意欲を高め，言語能力とともに異文化理解能力を上げる効果があることが報告されています。

　タンデム学習は学習者の学習目標がはっきりして，相手に何を助けてもらうかもわかっているので，開始前に学習者のスキーマが活性化されています。また，母語話者から聞く内容も学習者が答えを求めている内容ですから，興味を持って聞くことができます。

　通常の言語交換活動では，タンデム学習のような枠組みが存在しないため，接触場面での会話練習になりがちです。そのような会話では，母語話者が主導権を握ることが多く，学習者は受け身の立場になってしまいます。母語話者のインプットは多いですが，学習者が聞きたい内容である保証はありませんし，わからなくてもそのままになることもあります。さらに，一度に 2 つの言語が混在したり，お互いの共通語を使って話したりすることもありますから，質の高いリスニング経験を保証することができません。

　タンデム学習を教室内で行うためには学習者の母語を勉強する目標言語の母語話者が同人数必要になるため，学習環境によっては授業内で行うのには無理があります。そのため，現在は E タンデムと言われる，インターネットを介して，外国語として言語を学習する学生同士で行う活動が最も一般的です。Zoom などのオンライン会議システムでは録画し，発話を自

動的に文字化することができますから，これらの資料を振り返りや復習に使うこともできます。最後に，タンデム学習を行う際，学習者が聞き手としての意欲を見せることも重要です。例えば，適度なアイコンタクトをしたり，姿勢で真剣に聞いている様子を見せると，話し手は自分の話を真剣に聞こうとしていると感じますから，意味交渉のための質問をした場合，より協力的になってくれるでしょう。

5.4.4.　多聴

多聴は，多読のリスニング版です。やさしい発話資料を楽しみながらたくさん聞く練習です。目的は，目標言語の音声やスピードに慣れ，長い時間でも疲れを感じずに音声を聞くことに集中する力を養います。また，聞き取れないところがあっても，聞き流し全体像を把握させることで，リスニングに対する不安感や緊張度を下げ，理解力を上げることができます。さらに，多聴は語彙力を付けることにも役立つほか，リスニング時の集中力・自信・モチベーションが向上することが分かっています。

多聴をする際の留意点として Povey（2016）は以下の点を挙げています。

(1) できるだけたくさんの発話資料を聞く。
(2) 多様なテーマやジャンルのものを聞く。
(3) 1回聞いただけで内容がだいたい分かるやさしいものを聞く。
(4) 学習者が何を聞くか決める。
(5) 聞くことが学習者にとってごほうびになることが大事である。
(6) 聞く目的は，楽しむこと，情報を得ること，全体的に理解することである。
(7) 多聴は一人でする。
(8) 教師は学習者の進捗度をモニターし，指導する。

多聴は，初級と中級のほうが上級より効果があると言われますが，発話資料がたくさん必要であることを考えると，初級後半ぐらいから始めるの

が良いと思います。

　多読同様，多聴でも，学習者が興味を持つ面白い発話資料を大量に用意する必要があります。資料は，既知語率が 95 ％を超えるもので，多聴資料に含まれる知らない単語や句，文法などが全体の 2〜3 ％以下のものが望ましいです。また，長さは通常のリスニング教材より長めのもので，学習者が集中できる範囲のものから始めます。最初は 5 分から 10 分ぐらいのものから始め，慣れたら 30 分，1 時間と長いものにしていきます。

　初級や中級でよく使われる多聴教材は，多読教材を音声化したものです。このような教材を多読多聴教材といいます。英語教育では様々なものがありますが，日本語でも多読教材を音読したものがあります。詳しくは，第 3 章の読解の多読教材のサイトを参照してください。また，すでに授業で学習した内容や学習者が知っているストーリーの音読なども使われます。学習者がすでに内容を知っているため，音声についていきやすいというメリットがあります。

　中級になると，多読多聴教材だけではなく，テレビやラジオ放送を簡単にしたもの，簡単な講義，歌なども使えます。上級でも，歌や講義，視覚障害者用の音読本，ラジオ放送，テレビや映画なども発話資料として使えます。ただし，多聴では，音声に集中できることが大事ですから，初級や中級では，視覚的刺激がある，アニメやテレビ番組，映画などは使わず，音声だけで理解できる資料を選択します。さらに，外界から雑音が入ると多聴ができなくなるので，CD や DVD もイヤフォンを使って雑音が入らないようにします。

　多聴の実践は以下のようにします。

(9)　スクリプトは見ずに，最初から最後まで通して聞く。楽しみながら，内容が終わるまで音源は止めずに，聞き続ける。

(10)　細かい部分が聞き取れなくても気にしないで，全体の流れを把握することを意識して聞く。単語を気にするのではなく，話しているシーンをイメージする。

（11）理解できないところは何回か聞いてみる。一通り聞いて 80 ％理解できない場合は，レベルを下げてやさしい資料を選ぶ。

（12）繰り返し聞いてもこれ以上分からなくなったら，一通り聞き終わった後，スクリプトを読み，内容を確認する。その際，聞いただけでは分からなかった部分があるかどうかも確認する。

（13）また最初からオーディオを聞く。

（14）日をあけて，聞いてみる。例えば，通学やジョギングの際に聞いてみる。できそうだったらシャドーイングをやってみる。

　多聴は一回やっただけでは意味がありません。大量の理解可能なインプットを受け続けることが重要です。したがって，毎日時間を確保して行います。例えば，通学，帰宅中の電車の中，お風呂で湯船につかっている時など，時間をつぶすために何かを聞く時間を多聴の時間に取っておくとよいでしょう。

5.4.5.　リスニング・ストラテジーの指導

　先述したように，L2 の聴解能力を伸ばすのは，一般的に母語話者が思っているよりはるかに難しいです。特に，外国語環境では，聴解能力を身につけるには多大な時間がかかります。ですから，自分の学習過程をモニターするようなストラテジーを使うとともに，自分の感情を調整し，学習動機を持続させるようなストラテジーを使うことで，あきらめない姿勢と計画的に学習する姿勢を養うことが必要です（Graham & Santos, 2015）。表 4-4 にあるような自分の学習や感情をコントロールする活動はリスニングに限らず，すべての学習に関わります。このようなストラテジーは初級から徐々に導入します。一方，表 4-5 のリスニング・ストラテジーは，リスニングの学習に直接関わるもので，中級から指導することが望ましいです。

表4-4　円滑な学習のためのストラテジー

学習過程を調整するストラテジー
1　総合的プランニング
1.1　自分の学習目的を明確化する。
1.2　目的を達成するための計画を練る。
1.3　聴解能力を立てるための短期目標と長期目標を設定する。
2　学習過程のモニタリング
2.1　自分が設定した目標に照らし合わせ現在の進捗度を評価する。
2.2　短期目標や長期目標にどの程度近づいているかを評価する。
2.3　同じような間違いを繰り返していないか振り返る。
3　学習過程の評価
3.1　学習成果を聴解能力の評価基準に従い評価する。
3.2　学習方法やストラテジー使用の効果を評価する。
3.3　短期目標や長期目標が適切だったかどうか評価する。
情緒ストラテジー
4　リスニング場面を積極的に探す。
5　より多くのインプットを受けられる方法を考え実行する。
6　リスニングに対する自分のモチベーションを高められることをして，モチベーションが下がらないようにする。
7　過度に不安感を高めないよう，ネガティブ思考ではなくポジティブ思考になれることをする。
8　確認要求表現や明確化要求表現を多用する。
9　話し手に協力してもらえるような雰囲気づくりを心がける。

　表4-5 はリスニングに特化したストラテジーのリストです。リスニングにおける認知ストラテジーとは，音声インプットを処理し，作動記憶と長期記憶に保存するためのストラテジーであり，メタ認知ストラテジーとは，発話資料に直接関わるのではなく，リスニングを効果的に行うために，自分の理解度をモニタリングしたり，方略を練ったり，ストラテジー使用を評価したりする，リスニング過程の効果を上げるために聞き手が意識的・無意識的に使うストラテジーです。

表4-5　主なリスニング・ストラテジー

認知ストラテジー
10　ノート・テイキングをする。
11　文脈から単語を類推する。
12　イントネーションや句アクセント，ポーズに注意して，文法的なまとまりを見つける。
13　聴き取れた単語や表現をメモする。
14　2，3単語が聴き取れたら，その単語と背景情報を使って内容を類推する。
15　繰り返し出現したり，強調されている単語や表現に注意して内容を推測する。
16　文法，アクセント，イントネーション，談話標識，個々の単語などの言語情報を使って理解できないところを推測する。
17　スキーマを使ってこれから聴くメッセージの内容を予測する。
18　場面や状況をもとにこれから聴くメッセージの可能性を絞りこむ。
19　今聞いたこととトピックとを関連付ける。
20　今聞いたことと背景情報を関連付ける。
21　非言語情報と視覚情報を使って理解する。
22　聴き取れた内容とリスニングで目的とすることが合致しているか考える。
23　聴き取れた内容をつなげた時，つじつまがあうかどうか評価する。
24　聴き取れた内容と背景情報や非言語・視覚的情報を統合し，内容をまとめる。
25　要約する。
メタ認知ストラテジー
26　計画を立てる。
26.1　テーマから背景情報を想起し，メイン・アイディアを考えてみる。
26.2　どのような情報に注意をして聴くか考える。
26.3　テーマから予測できる内容について質問を作ってみる。
26.4　テーマに関係する語彙を想起して，声に出していってみる。
26.5　テーマやジャンルに関係する背景情報を想起する。
26.6　そのトピックに関してどんな情報が話されるのか仮説を立てる。
26.7　どの情報を聴き取るか考えて，メモしたり，言ってみる。
27　リスニングに集中する。
28　理解度のモニタリング。
28.1　自分が立てた仮説と内容が合致しているか振り返る。
28.2　理解度をチェックする。
28.3　自分の理解が正しいかどうか振り返る。
28.4　理解できないところについて，問題点を分析する。

28.5		理解を妨げる問題点について，解決策を練る。
	28.5.1	どういうふうに聞けば，理解のギャップを埋められるか，聴く時に何に着目するか，聴く時に何をするか考える。
	28.5.2	非言語情報を思い出す。視覚情報を確認する。
	28.5.3	理解した主要なアイディアをつぶやいて，理解のギャップを再確認する。
	28.5.4	メイン・アイディアをつぶやく。
	28.5.5	既知情報をもとに振り返ってみる。
29		もう一度聞きながら，つじつまのあう解釈になるよう解釈の幅を広げたり狭めたりする。
30		自分の理解度を確認しながら聴く。
31		だいたいどんなことを言っていたか，全体像を頭の中でイメージしてみる。
32		使ったストラテジーが効果的だったかどうか評価する。
33		自分の類推や分析が正しかったかどうか評価する。
	33.1	類推や分析が間違っていたら，どこでどう間違ったのか，なぜ間違ったのかを分析する。
	33.2	類推や分析が間違っていたら，何に着目すべきだったか，どのような方略を使うべきだったかを分析する。

　教科書の教材にはタイトルがついているため，テーマがある程度限定されています。その前提で多くの教科書では，テーマから内容や語彙を予測させるようなトップダウンの指導をします。一方，教室外では，講義，後援会，研修会，テレビ番組，映画などテーマが分かっているもの，駅のアナウンスや買い物場面などある程度話す内容が想像つくものもありますが，雑談のように全く分からないものもあります。ですから，前作業でテーマから背景情報や関連表現を想起させるような活動は，教室外でもテーマや予測がつく状況を選択します。

　リスニング・ストラテジーの中でも，メタ認知ストラテジーは最も効果が高く，メタ認知ストラテジーに認知ストラテジーを組み合わせることが有効であることが分かっています。特に，アカデミック・リスニングなど，長いものを聞く時にこれらのストラテジーを使用するよう指導することが推奨されています。以下は，広島の平和記念資料館で，音声ガイドを聞くというような場合を想定した指導の例です。

(1) 前作業
　　① 博物館で戦争に関する展示を見たことがあるか，どのようなものが展示されているか，リストに挙げてみる。
　　② ペアになって自分が見たことのある展示について話し合い，後で発表する。
　　③ 第二次世界大戦で，起こったことについて，知っていることを書いてみる。
　　④ 広島で起きたことについて，知っていることを話してみる。
　　⑤ 広島平和記念資料館の展示物の写真などを見ながら，広島の人に戦争について聞いてみたい質問を作る。
　　⑥ 広島平和記念資料館の音声ガイドにはどんな内容が書いてあるか予測し，聞き取りの手がかりとなるカテゴリー（e.g., 説明対象の物，形状，所有者，用途，対象物に起きたこと）をリストにする。
　　⑦ 聞く手がかりになる語彙リストをペアで作成する。
(2) 1回目のリスニング
　　① 内容に注意して聴く。前作業で作成したトピックのリストを使って，メモを取りながら聴く。
　　② 音声資料になかったカテゴリーには打ち消し線を引き，わからなかったところは，空欄にする。
　　③ 新しいカテゴリーがあれば，加える。
(3) 振り返り
　　① 教師は複数の展示物の写真を見せる。学習者はどの展示物の描写だったかを自分が聞いた内容と照らし合わせて選ぶ。
　　② ペアになってお互い自分の理解が正しいかどうか振り返る。
　　③ 理解できなかったところについて，問題点を分析し，2回目に何に着目して聞くか，どこを無視していいか決める。
(4) 2回目のリスニング
　　① 聴き取った内容が正しいか聞きながら確認する。展示物の写真をみながら，聞き取れていたところに✓マークを付ける。

　　②　聴き取れなかったところは集中して聴き，ギャップを埋める。

　　③　聴いたことを要約する。

（5）評価

　　①　自分の類推や分析が正しかったかどうか評価する。

　　②　ストラテジーの使い方は効果的だったかどうか評価する。

　リスニング・ストラテジーは慣れるまで効果的には使えませんし，1つのストラテジーではなく，他のストラテジーと組み合わせたほうが効果的です。ですから，指導をする際は効果的なストラテジーの組み合わせを指導しながら，教室外でも使ってみてもらったほうがいいと思います。

251

教材リスト

NPO 法人多言語多読（監修）(2016-2019)『にほんご多読ブックス』大修館書店

NPO 法人多言語多読（監修）(2004-2007)『にほんごよむよむ文庫』アスク出版

赤木浩文・内田紀子 (2010)『毎日練習！リズムで身につく日本語の発音』スリーエーネットワーク

親野智可等・近藤大義 (2015)『楽勉 同音異義ゲームカード』楽勉

木下直子・中川千恵子 (2018)『ひとりでも学べる日本語の発音－OJADで調べて Praat で確かめよう－』ひつじ書房

河野俊之・串田真知子・築地伸美・松崎寛 (2004)『1 日 10 分の発音練習』くろしお出版

斎藤仁志・吉本恵子・深澤道子・小野田知子・酒井理恵子 (2006)『シャドーイング　日本語を話そう！初〜中級編』くろしお出版

斎藤仁志・深澤道子・酒井理恵子・中村雅子・吉本恵子 (2010)『シャドーイング　日本語を話そう！中〜上級編』くろしお出版

斎藤仁志・深澤道子・酒井理恵子・中村雅子 (2016)『シャドーイング 日本語を話そう！就職・アルバイト・進学面接編』くろしお出版

田中真一・窪薗晴夫 (1999)『日本語の発音教室－理論と練習－』くろしお出版

戸田貴子 (2004)『コミュニケーションのための日本語発音レッスン』スリーエーネットワーク

戸田貴子（編）大久保雅子・神山惟子・小西玲子・福井清美（著）(2012)『シャドーイングで日本語発音レッスン』スリーエーネットワーク

中川千恵子・木原郁子・赤木浩文・篠原亜紀 (2015)『伝わる発音が身につく！にほんご話し方トレーニング』アスク出版

中川千恵子・中村則子 (2010)『初級文型でできるにほんご発音アクティ

　　ビティ』アスク出版

馬場雄二（2001）『漢字博士 No.1 ポピュラー版』奥野かるた店

東田大志（2019）『京大・東田式 頭がよくなる漢字ゲーム 新装版』幻冬
　　舎

ビバリー（2017）『熟語トランプ 初級編 カードゲーム』ビバリー

ビバリー（2017）『熟語トランプ 上級編 カードゲーム』ビバリー

松浦真理子・福地秋水・河野麻衣子・吉田佳代（2014）『まねして上達！
　　にほんご音読トレーニング』アスク出版

吉岐久子（2010）『にほんご発音かんたん（CD 付)』研究社

参考文献

Alkire, S.（2002）. Dictation as a language learning device. *The Internet ESL Journal, 8*（3）<http://iteslj.org/Techniques/Alkire-Dictation.html>.

Altenberg, B.（1998）. On the phraseology of spoken English: The evidence of recurrent word-combinations. In A. P. Cowie（Ed.）, *Phraseology theory, analysis and application*（pp. 173-194）. Oxford: Oxford University Press.

Aoyama, K. & Guion, S. G.（2007）. Prosody in second language acquisition. In O-S Bohn & M. J. Munro（Eds.）, *Language experience in second language speech learning*（pp. 281-297）. Amsterdam: John Benjamins.

Ausubel, D. P.（1960）. The use of advance organizers in the learning and retention of meaningful verbal material. *Journal of Educational Psychology, 51*（5）, 267-272.

Bradlow, A. R., Pisoni, D. B., Akahane-Yamada, R., & Tohkura, Y.（1997）. Training Japanese listeners to identify English /r/ and /l/: Some effects of perceptual learning on speech production. *Journal of the Acoustical Society of America, 101*（4, Pt1）, 2299-2310.

Brown, S.（2011）. *Listening myths: Applying second language research to classroom teaching*. Ann Arbor, MI: University of Michigan Press.

Carver, R. P.（1992）. Reading rate: Theory, research, and practical implications. *Journal of Reading, 36*（2）, 84-95.

Chaudron, C.（1982）. Vocabulary abortion in teachers' speech to L2 learners. *Studies in Second Language Acquisition, 4*（2）, 170-180.

Chen, Y.（2007）. Learning to learn: The impact of strategy training. ELT Journal, 61（1）, 20-29.

Collins, A. M. & Loftus, E. F.（1975）. A spreading-activation theory of semantic processing. *Psychological Review, 82*（6）, 407-428.

Cutler, A. & Otake, T. (1999). Pitch accent in spoken-word recognition in Japanese. *Journal of the Acoustical Society of America, 105* (3), 1877-1888.

Elabsy, T. (2013). *Successful readings strategies for second language learners: Theory and practice.* Parker, CO: Ourskirts Press.

Ellis, N. C. & Beaton, A. (1993). Psycholinguistic determinants of foreign language vocabulary learning. *Language Learning, 43* (4), 559-617.

Ellis, R., Basturkmen, H., & Loewen, S. (2001). Learner uptake in communicative ESL lessons. *Language Learning, 51* (2), 281-318.

Ensz, K. Y. (1982). French attitudes toward typical speech errors of American speakers of French. *The Modern Language Journal, 66* (2), 133-139.

Everson, M. & Kuriya, Y. (1998). An exploratory study into the reading strategies of learners of Japanese as a foreign language. *The Journal of the Association of Teachers of Japanese, 32* (1), 1-21.

Francis, W. N. & Kucera, H. (1982). *Frequency analysis of English usage.* Boston: Houghton Mifflin Company.

Gough, P. B. & Turnner, W. E. (1986). Decoding, reading, and reading disability. *Remedial and Special Education, 7,* 6-10.

Grabe, W. (2009). *Reading a second language: Moving from theory to practice.* New York: Cambridge University Press.

Grabe, W. & Stoller, F. L. (2020). *Teaching and researching reading* (3rd ed.). New York: Routledge.

Graham, S. & Santos, D. (2015). *Strategies for second language listening: Current scenarios and improved pedagogy.* New York: Palgrave Macmillan.

Gregory, R. (1970). *The intelligent eye.* London: Weidenfeld and Nicolson.

Hatasa, Y. A. (1992). *Transfer of the knowledge of Chinese characters to Japanese.* Unpublished Ph.D. Dissertation, University of Illinois at Urbana-Champaign.

Hayes, B. & White, J. (2013). Phonological naturalness and phonotactic learning. *Linguistic Inquiry, 44,* 45-75.

Heilenman, K. L. & McDonald, J. L. (1993). Processing strategies in L2 learners of French: The role of transfer. *Language Learning, 43*, 507-554.

Heredia, R. R. (2008). Mental models of bilingual memory. In J. Altarriba & R. R. Heredia (Eds.), *An introduction to bilingualism: Principles and processes* (pp. 39–64). New York: Routledge.

Hirata, Y. (2004). Training native English speakers to perceive Japanese length contrasts in word versus sentence contexts. *The Journal of the Acoustical Society of America, 116* (4), 2384-2394.

Hirata, Y., Whitehurst, E., & Cullings, E. (2007). Training native English speakers to identify Japanese length contrast with sentences at varied speaking rates. *Journal of the Acoustic Society of America, 121* (6), 3837-3845.

Hirsh, D. & Nation, I. S. P. (1992). What vocabulary size is needed to read unsimplified texts for pleasure? *Reading in a Foreign Language, 8*, 689-696.

Hu, H-C. & Nation, I. S. P. (2000). Unknown vocabulary density and reading comprehension. *Reading in a Foreign Language, 13*, 403-429.

Jeon, E. H. & Yamashita, J. (2014). *L2 reading analysis and its correlates: A meta-analysis. Language Learning, 64* (1), 160-212.

Jiang, N. & Nekrasova, T. M. (2007). The processing of formulaic sequences by second language speakers. *The Modern Language Journal, 91*, 433-445.

Just, M. A. & Carpenter, P. A. (1992). A capacity theory of comprehension: Individual differences in working memory. *Psychological Review, 99* (1), 122-149.

Kendon, A. (2004). *Gesture: Visible action as utterance.* Cambridge: Cambridge University Press.

Kintsch, W. (1998). *Comprehension: A paradigm for cognition.* New York: Cambridge University Press.

Klingner, J., Vaughn, S., Dimino, J., Schumm, J., & Bryant, D. (2001). *From clunk to click: Collaborative Strategic Reading.* Longmont, CO: Sopris West.

Koh, J. (2022). *Deconstructing the benefits of reading-while-listening on L2 reading comprehension: The cross-linguistic orthographic effect.* [Paper presentation]. AAAL 2022 Conference, Pittsburgh, PA, United States.

Kondo-Brown, K. (2006). How do English L1 learners of advanced Japanese infer unknown kanji words in authentic texts? *Language Learning, 56* (1), 109-153.

Krashen, S. D. (1985). *The input hypothesis: Issues and implications.* New York: Longman.

Kroll, J. F. & Stewart, E. (1994). Category interference in translation and picture naming: Evidence for asymmetric connections between bilingual memory representations. *Journal of Memory and Language, 33,* 149-174.

Lambacher, S. G., Martens, W. L., Kakehi, K., Marasinghe, C. A., & Molholt, G. (2005). The effects of identification training on the identification and production of American English vowels by native speakers of Japanese. *Applied Psycholinguistics, 26* (2), 227-247.

Laufer, B. (1998). The development of passive and active vocabulary in a second language: Same or different? *Applied Linguistics, 19* (2), 255-271.

Laufer, B. & Hulstijn, J. (2001). Incidental vocabulary acquisition in a second language: The construct of task-induced involvement. *Applied Linguistics, 22,* 1-26.

Lewis, T. (2003). The case for tandem learning. In T. Lewis & L. Walker (Eds.), Autonomous language learning in tandem (pp. 13-25). Sheffield, UK: Academy Electronic Press.

Liu, N. & Nation, I. S. P. (1985). Factors affecting guessing vocabulary in context. *RELC Journal, 16* (1), 33-42.

Lively, S. E., Logan, J. S., & Pisoni, D. B. (1993). Training Japanese listeners to identify English /r/ and /l/. II: The role of phonetic environment and talker variability in learning new perceptual categories. *The Journal of the Acoustical Society of America, 94* (3), 1242-1255.

Lively, S. E., Pisoni, D. B., Yamada, R. A., Tohkura, Y. I., & Yamada, T. (1994). Training Japanese listeners to identify English /r/ and /l/. III: Long-term retention of new phonetic categories. *The Journal of the Acoustical Society of America, 96* (4), 2076-2087.

Logan, J. S., Lively, S. E., & Pisoni, D. B. (1991). Training Japanese listeners to identify English /r/ and /l/: A first report. *The Journal of the Acoustical Society of America, 89* (2), 874-886.

Magliano, J. P., Zwaan, R. A., & Graesser, A. (1999). Role of situational continuity in narrative understanding. In H. van Oostendorp & S. R. Goldman (Eds.), *The construction of mental representations during reading* (pp. 219-245). Mahwah, NJ: Lawrence Erlbaum Associates.

Matsushita, T. (2012). In what order should learners learn Japanese vocabulary? A corpus-based approach. Unpublished Ph.D. Dissertation, University of Wellington.

McNamara, D. S. (2004). SERT: Self-explanation reading training. *Discourse Process, 38* (1), 1-30.

Melnik, G. A. & Paperkamp, S. (2020). High-Variability Phonetic Training enhances second language lexical processing: Evidence from online training of French learners of English. *Bilingualism: Language and Cognition, 24* (3), 497-506.

Milton, J. (2006). Language lite? Learning French vocabulary in school. *Journal of French Language Studies, 16*, 187-205.

Milton, J. & Meara, P. (1995). How periods abroad affect vocabulary growth in a foreign language. *International Journal of Applied Linguistics, 107* (108), 17-34.

Mori, Y. (2003). The roles of context and word morphology in learning new kanji words. *The Modern Language Journal, 87* (3), 404-420.

Mori, Y. & Nagy, W. (1999). Integration of information from context and word elements in interpreting novel kanji compounds. *Reading Research Quarterly, 34* (1), 80-101.

Nassaji, H. (2003). L2 vocabulary learning from context: Strategies, knowledge sources, and their relationship 21th success in L2 lexical inferencing. *TESOL Quarterly, 37* (4), 645-670.

Nation, I. S. P. (2001). *Learning vocabulary in another language.* Cambridge: Cambridge University Press.

Nation, I. S. P. (2006). How large a vocabulary is needed for reading and listening. *Canadian Modern Language Review, 63,* 59-82.

Nation, I. S. P. & Webb, S. (2011). *Researching and analyzing vocabulary.* Boston, MA: Heile, Cengage Learning.

Nelson, L. R., Signorella, M. L. & Botti, K. G. (2016). Accent, gender and perceived competence. *Hispanic Journal of Behavioral Sciences, 38* (2), 166–185.

Orosz, A. (2009). The growth of young learners' English vocabulary size. In M. Nikolov (Ed.), *Early learning of modern foreign languages: Processes and outcomes* (pp. 181-194). Bristol, UK: Multilingual Matters.

Osaka, N. (1992). Size of saccade and fixation duration of eye movements during reading: Psychophysics of Japanese text processing. *Journal of Optical Society of America A, 9* (1), 5-13.

Pierrehumbert, J. & Beckman, M. (1988). *Japanese tone structure.* Cambridge, MA: MIT Press.

Posner, M. L. & Rothbart, M. K. (1992). Attentional mechanism and consciousness experience. In A. D. Milner & M. D. Rugg (Eds.), *The neurophysiology of consciousness* (pp. 91-111). Cambridge, MA: Academic Press.

Potter, M. C., So, K-F., Von Eckardt, B., & Feldman, L. B. (1984). Lexical and conceptual representation in beginning and proficient bilinguals. *Journal of Verbal Learning and Verbal Behavior, 23* (1), 23-38.

Povey, E. (2016). Extensive listening: Pedagogy, resources, and tools. International Journal of Educational Investigations, 3 (7), 35-49.

Reaves, A., Daidone, D., Lidster, R., Bongiovanni, S., Kojima, C., & Root, J.

(2022). *High variability phonetic training in the classroom: Student and teacher perceptions and lessons learned.* [Paper presentation]. AAAL 2022 Conference, Pittsburgh, PA, United States.

Rodgers, M. P. H. & Webb, S. (2011). Narrow viewing the vocabulary in related television programs. *TESOL Quarterly, 45*(4), 689-717.

Rost, M. (2016). *Teaching and researching listening* (3rd ed.). New York: Routledge.

Rounds, P. & Kanagy, R. (1998). Acquiring linguistic cues to identify agent. *Studies in Second Language Acquisition, 20*(4), 509-542.

Rumelhart, D. E. & McClelland, J. L. (1987). A general framework for parallel distributed processing. In D. E. Rumelhart & J. L. Mclelland (Eds.), *Parallel distributed processing: Explorations in the microstructure of cognition: Foundations* (pp. 45-70). Cambridge, MA: MIT Press.

Sasaki, Y. (1994). Paths of processing strategy transfers in learning Japanese and English as foreign languages: A competition model approach. *Studies in Second Language Acquisition, 16*, 329-350.

Sasaki, Y. (1997). Material and presentation condition effects on sentence interpretation task performance: Methodological examinations of the competition experiment. *Second Language Research, 13*(1), 66-91.

Sekiguchi, T. & Nakajima, Y. (1999). The use of lexical prosody for lexical access of the Japanese language. *Journal of Psycholinguistic Research, 28*(4), 439-454.

Stanovich, K. E. (1980). Toward an interactive-compensatory model of individual differences in the development of reading fluency. *Reading Research Quarterly, 16*(1), 32-71.

Thompson, I., & Rubin, J. (1996). Can strategy instruction improve listening comprehension? Foreign Language Annals, 29, 331-342.

Tomlin, R. S. & Villa, V. (1994). Attention in cognitive science and second language acquisition. *Studies in Second Language Acquisition, 16*(2), 183-203.

Trabasso. T. & Bouchard, E. (2002). Teaching readers how to comprehend text strategically. In C. C. Block & M. Pressley (Eds.), *Comprehension instruction: Research-based best practices* (pp. 176-200). New York: Guilford Press.

Trofimovitch, P. & Baker, W. (2006). Learning second language suprasegmentals: Effect of L2 experience on prosody and fluency characteristics of L2 speech. *Studies in Second Language Acquisition, 28* (1), 1-30.

Tzeng, Y., van den Broek, P., Kendeou, P., & Lee, C. (2005). The computational implementation of the Landscape Model: Modeling inferential processes and memory representations of text comprehension. *Behavioral Research Methods, Instruments & Computers, 37,* 277-286.

UNESCO. (2021). Literacy. https://en.unesco.org/themes/literacy 2021 年 9 月閲覧

van den Broek, P., Young, M., Tzeng, Y., & Linderholm, T. (1999). The landscape model of reading. In H. van Oostendorp & S. R. Goldman (Eds.), *The construction of mental representations during reading* (pp. 71-98). Mahwah, NJ: Lawrence Erlbaum Associates.

Wang, Y., Spence, M. M., Jongman, A., & Sereno, J. A. (1999). Training American listeners to perceive Mandarin tones. *The Journal of the Acoustical Society of America, 106* (6), 3649-3658.

Warnick, J. P. (1996). *A phenomenology of reading performances: Reading Japanese as a foreign language.* Unpublished Ph.D. Dissertation, The Ohio State University.

Webb, S. & Chang, A. C.-S. (2015). How does prior word knowledge affect vocabulary learning progress in an extensive reading program? *Studies in Second Language Acquisition, 37* (4), 651-675.

Webb, S. & Rodgers, M. P. H. (2009a). Vocabulary demands of television programs. *Language Learning, 59* (2), 335-366.

Webb, S. & Rodgers, M. P. H. (2009b). The lexical coverage of movies. *Applied Linguistics, 30* (3), 407-427.

Wei, N. X. & Li, J. J.（2013）. A new computing method for extracting con-
tiguous phraseological sequences from academic text corpora. *Interna-
tional Journal of Corpus Linguistics, 18*（4）, 506-535.

Welner, S., Chan, M. K. M., & Ito, K.（2020）. Do explicit instruction and
high variability phonetic training improve nonnative speakers' Manda-
rin tone productions? *The Modern Language Journal, 104*（1）, 152-
168.

Widdowson, H. G.（1998）. Context, community, and authentic language.
TESOL Quarterly, 32（4）, 705-716.

Wray, A.（2009）. Future directions in formulaic language research. *Journal
of Foreign Languages, 32*, 2-17.

Yoshida, M.（1978）. The acquisition of English vocabulary by a Japa-
nese-speaking child. In E. M. Hatch（Ed.）Second language acquisition
（pp. 91-100）. New York: Newbury House.

天野清（1983）「音韻分析と子どもの literacy の習得」『教育心理学年報』
27, 142-164.

天野成昭・近藤公久（2000）「日本語の語彙特性 CD-ROM 版　第 2 期
（第 7 巻）」三省堂.

鮎澤孝子・西沼行博・李明姫・荒井雅子・小高京子・法貴則子（1995）
「東京語アクセント聴取実験結果の分析－10 言語グループの結果」
『国際社会における日本語についての総合的研究第 2 回研究報告会予
稿集』25-32.

石沢誠司（2018）日本漢字の筆画一覧表の提案　（https://blog.goo.ne.jp/
ishiseiji/e/343e1d16b072e60ed7be61d3856ec62f）2020 年 2 月 25 日
閲覧

伊藤寛子・和田裕一（1999）「外国人の漢字の記憶検索における手がかり
－自由放出法を用いた検討－」『教育心理学研究』47, 346-353.

伊藤寛子・和田裕一（2004）「日本語学習者の漢字の記憶検索過程－韓国
語母語話者と中国語母語話者における検討－」『教育心理学研究』52,
359-369.

ヴォロビヨワ，カリーナ（2011）「構造分析とコード化に基づく漢字字体情報処理システムの開発」『日本語教育』149, 16-30.

エリクソン，ドナ・昇地崇明（2006）「精査及び母語が感情音声の知覚に与える影響−日本語・英語・韓国語母語話者を対象として−」音声文法研究会（編）『文法と音声V』くろしお出版，31-46.

老平実加（2012）「非漢字圏学習者が漢字語彙の意味推測に用いる情報源−漢字語彙の透明性に着目して−」修士論文　広島大学大学院教育学研究科.

老平実加（2013）「未知語の意味類推に漢字語彙の意味的透明性が与える影響」『2013 CAJLE Annual Conference Proceedings』210-218.

王蜀豫（1998）「『現代国語辞典』における同形語」，『新潟大学国語国文学会誌』40, 1-10.

小河原義郎（1997）「発音矯正場面における学習者の発音と聴き取りの関係について」『日本語教育』92, 83-94.

小河原義郎（1998）「外国人日本語学習者の発音学習における自己モニターの研究」博士論文　東北大学大学院文学研究科.

鹿島央（2002）『日本語教育を目指す人のための基礎から学ぶ音声学』スリーエーネットワーク.

加納千恵子・犬神智春・清水百合・郭俊海・石井奈保美・羽部弘子・石井恵理子（2011）『漢字教材を作る』スリーエーネットワーク.

河住有希子（2005）「中国人学習者の漢字語彙使用に見られる問題点」『早稲田大学日本語教育研究』7, 53-65.

神部直武（1986）「漢字仮名まじり文の読みの過程」『日本語学』5, 58-71.

魏娜（2017）「日中漢字語彙の類似性について−音韻的類似度を中心に−」『JSL漢字学習研究会誌』9, 62-68.

窪薗晴夫（1998）『音声学・音韻論』くろしお出版.

桑原陽子（2000）「非漢字圏日本語学習者の漢字学習におけるイメージ媒介方略の有効性−漢字と英語単語の対連合学習課題による検討−」『教育心理学研究』48, 389-399.

河野俊之（2014）『音声教育の実践』くろしお出版.

国立国語研究所（1980）『日本人の知識階層における話しことばの実態－「場面について」分析資料－』国立国語研究所.

国立国語研究所（2006）『現代雑誌 200 万字言語調査語彙表 公開版（ver. 1.0)』国立国語研究所.

国立国語研究所（2009）「現代日本語 書き言葉均衡コーパス 2009 年モニター版」国立国語研究所.

小嶋智幸（2011）「聴覚的言語理解の情報処理過程と障害メカニズム－呉音の処理から談話分析まで－」『高次脳機能研究』31（2）, 181-190.

小林潤平・川嶋稔夫（2018）「日本語文章の読み速度の個人差をもたらす眼球運動」『映像情報メディア学会誌』72（10）, J154-J159.

小森和子・三國純子・近藤安月子（2004）「文章理解を促進する語彙知識の量的側面－既知語率の閾値探索の試み－」『日本語教育』120, 83-92.

近藤眞理子（2012）「日本語学習者の音声習得における第一言語特有の干渉と普通言語的干渉－日本語教師へのアンケート調査から－」『早稲田大学大学院文学研究科紀要 第 3 分冊』57, 21-34.

阪本一郎（1955）『読みと作文の心理』牧書店.

阪本一郎（1958）『教育基本語彙（1958 年)』牧書店.

佐々木正人・渡辺章（1983）「「空書」行動の出現と機能－表彰の運動感覚的な成分について－」『教育心理学研究』32（1）, 34-43.

佐々木正人・渡辺章（1984）「「空書」行動の文化的起源－漢字圏・非漢字圏との比較－」『教育心理学研究』32（3）, 182-190.

佐藤友則（1995）「単音と韻律が日本語音声の評価に与える影響力の比較」『世界の日本語教育』5, 139-154.

杉藤美代子（1982）『日本語アクセントの研究』三省堂.

成基香・高芝秀幸・小池俊英（2006）「漢字の画要素記憶の発達に関する検討」『東京学芸大学紀要　総合教育科学系』57, 181-188.

蘇振軍（2019）「日本語母語話者と学習者による定式表現の処理－意味的透明性に着目して－」博士論文　広島大学大学院教育学研究科.

蘇振軍・畑佐由紀子（2018）「日本語定式表現の処理過程の研究－日本語母語話者と日本語学習者の比較をもとに－」『第二言語としての日本語の習得研究』21, 25-42.

曽根博隆（1988）「日中同形語に関する基本的考察」『明治学院論叢』424, 61-94.

高橋恵利子（2006）「シャドーイングが発音に与える影響」『2006年度日本語教育学会秋季大会予稿集』57-62.

橘純信（1994）「現代中国語における中日同形語の占める割合」『国際関係学部研究年報（日本文学）』15, 101-106.

田中裕美子（2005）「言語学習障害・読み書き障害」『音声言語医学』46 (2), 148-154.

谷口聡人（1991）「音声教育の現状と問題点－アンケート調査の結果について－」『日本語音声の韻律的特徴と日本語教育－シンポジウム報告－，重点領域研究「日本語音声」D1班平成3年度報告書』20-25.

谷口美穂（2017）「非漢字系日本語学習者の漢字再生を困難にする諸要因」『日本語教育』167, 1-14.

Taha, Sinousy Eman（2020）「非漢字系日本語学習者のための字形学習法－漢字導入に焦点を当てた視覚形態的分析と組み合わせコード化－」『JSL漢字学習研究会会誌』12, 77-85.

玉岡賀津雄（1992）「英語を母語とする日本語学習者の単語処理の効率」『異文化間教育』6, 99-113.

玉岡賀津雄（1997）「中国語と英語を母語とする日本語学習者の漢字及び仮名表記語彙の処理方略」『言語文化研究』17 (1), 65-77.

張文青（2020）「中国語二字漢字単語における日本語二字熟語との音韻類似性調査」『APU言語研究論叢』6, 18-33.

張麟声（2009）「作文語彙に見られる母語の転移－中国語話者による漢語語彙の転移を中心に－」『日本語教育』140, 59-69.

陳一吟（2013）『日本語におけるジェンダー表現－大学生の使用実態および意識を中心に－』花書院.

東間由美・大坪一夫（1991）「外国人の日本語発話の日本人話者による評

価」荻野綱男（編）『日本語の音声の構造 2』筑波大学．113-118.

土岐哲（1980）「英語を母国語とする学習者におけるアクセントの傾向」『アメリカ・カナダ 11 大学連合 日本研究センター紀要』3, 78-96.

戸田貴子（1998）「日本語学習者による促音・長音・撥音の知覚範疇化」『文藝言語研究言語篇』33, 65-82.

中西義子・島本たい子（2003）「語彙知識とその測定」．門田修平（編）『英語のメンタルレキシコン－語彙の獲得・処理・学習－』31-62．松柏社.

中村かおり（2019）「非漢字圏学習者の負担を軽減する漢字指導の試み」『拓殖大学日本語教育研究』4, 35-51.

中村新芽・鈴木雅之・峯松信明・橋本浩弥・広瀬啓吉・中川千恵子・中村則子・平野宏子・田川恭識（2013）「日本語音声教育のための韻律読み上げ web チュータの開発と評価」『日本音響学会春季講演論文集』1-Q-15c, 461-464.

中林律子（2009）「ロシア語を母語とする学習者による感情の知覚－問い返し疑問文に現れる『嫌』『驚き』の感情を例として－」『言葉と文化』10, 165-180.

西端千香子（1993）「閉鎖持続時間を変数とした日本語促音の知覚の研究－日本語母語話者と中国語母語話者との比較－」『日本語教育』81, 128-140.

萩原廣（2005）「日本語の発音指導におけるシャドーイングの有効性」『京都経済短期大学論集』13（1）, 55-71.

秦野悦子（2001）「ことばの発達の理論的背景」秦野悦子（編）『ことばの発達入門』大修館書店．3-30.

林安紀子（1999）「声の知覚の発達」桐谷滋（編）『ことばの獲得』ミネルヴァ書房．37-70.

林四郎（1971）「語彙調査と基本語彙」『国立国語研究所報告 39 電子計算機による国語研究 Ⅲ』国立国語研究所.

深川美也子・窪島務（2015）「音韻意識と読み書きの発達の関係に関する研究動向－ひらがな読み学習と指導における音韻意識の意義を中心に－」

　　『パイディア：滋賀大学教育学部付属教育実践センター紀要』23,
　　45-53.

福岡昌子（1995）「北京語・上海語を母語とする日本語学習者の有声・無
　　声破裂音の横断的および縦断的習得研究」『日本語教育』87, 40-53.

藤田早苗（2020）「言葉の難しさを測る－テキストの難易度と人の語彙数
　　の測定－」『NTT 技術ジャーナル』32（9）, 39-44.

藤田早苗・小林哲生・山田武士・菅原真悟・新井庭子・新井紀子（2020）
　　「小・中・高校生の語彙数調査および単語親密度との関係分析」『言語
　　処理学会第 26 回全国大会発表論文集』355-358.

堀場裕紀江（2002）「第 2 言語としての日本語リーディング研究の展望」
　　『第二言語としての日本語の習得研究』5（5）, 108-132.

堀場裕紀江・小林ひとみ・松本順子・鈴木英明（2008）「第 2 言語学習者
　　の言語知識と読解における母語背景の影響」『言語科学研究』14, 27-
　　48.

堀場裕紀江・松本順子・鈴木秀明（2006）「日本語学習者の語彙の広さと
　　深さ」『言語科学研究』12, 1-26.

本田ゆかり（2016）「大規模コーパスに基づく日本語教育語彙表の作成」
　　博士論文　東京外国語大学大学院総合国際学研究科.

本多由美子（2017）「二字漢語における語の透明性－コーパスを用いた語
　　と構成漢字の分析－」『計量国語学』31（1）, 1-19.

前川喜久雄・北川智利（2002）「音声はパラ言語情報をいかに伝えるか」
　　『認知科学』9（1）, 46-66.

牧野成一（1991）「ACTFL の外国語能力基準およびそれに基づく会話能
　　力テストの理念と問題」『世界の日本語教育』1, 15-32.

松下達彦（2011）「日本語を勉強する人のための語彙データベース」『松
　　下言語学習ラボ』（http://www17408ui.sakura.ne.jp/tatsum/database.
　　html）

松下達彦（2018）「日本語語彙習得に関わる普遍性と個別性－漢字をめぐ
　　る問題を中心に－」『第四回学習者コーパス・ワークショップ＆シン
　　ポジウム－第二言語習得における語彙の役割－』発表資料，学習者

コーパスに基づく第二言語としての日本語の習得研究，国立国語研究所.

松下達彦・陳夢夏・王雪竹・陳林柯（2020）「日中対照漢字語データベースの開発と応用」『日本語教育』177, 62-76.

三國純子・小森和子・近藤安月子（2005）「聴解における語彙知識の量的側面が内容理解に及ぼす影響－読解との比較から－」『日本語教育』125, 76-85.

峯松信明（2014）「オンライン日本語アクセント辞書 OJAD の開発と利用」『国語研プロジェクトレビュー』4（3）, 74-182.

宮島達夫・江川清・真田信治・野村雅昭・中野洋・佐竹英雄（編）（1982）『図説日本語－グラフで見ることばの姿－』角川書店.

向井裕樹（2020）「第 3 章　非漢字系中級学習者の読解困難点」野田尚史（編）『日本語学習者の読解過程』ココ出版，47-62.

森田愛子（2012）「読み速度上昇とビジュアル・スパン拡大の関連」『基礎心理学研究』31, 24-34.

山本冨美（2000）「中国人日本語学習者の有声無声破裂音と聴解力の習得研究－北方方言話者に対する聴取テストの結果より－」『日本語教育』104, 60-68.

李在鎬・砂川有里子（2012）「日本語教育語彙表」『jReadability Portal－日本語の学習者と教師のための Web システム』(https://jreadability.net/)2020 年 2 月 25 日閲覧

李炯宰（1991）「韓国人の日本語学習者の音声教育に関する研究－発音および聞き取り上の問題を中心に－」『日本語と日本文学』12, 21-38.

梁志鋭・松野和子・杉浦正利（2008）.「コロケーションの処理過程における脳内活性部位と心的負荷－NIRS による脳機能測定法に基づく事例研究－」『英語学習者のコロケーション知識に関する基礎的研究』平成 17 年度－19 年度科学研究費補助（基盤研究（B））研究成果報告書.

［著者］

畑佐　由紀子〔Hatasa, Yukiko〕

広島大学大学院教育学研究科 日本語教育学講座・教授
1992 年イリノイ大学にて博士号（言語学）を取得。1983 年より日本語教育に従事
し，イリノイ大学，パデュー大学，アイオワ大学，モナシュ大学等で教鞭を執ると
ともにカリキュラム開発及び教員養成を行う。2007 年に広島大学大学院日本語教
育学講座の教授に就任。専門は日本語教授法と第二言語習得。主な著書に，『日本
語の習得を支援するカリキュラムの考え方』『第二言語習得研究への招待』『外国語
としての日本語教育—多角的視野に基づく試み—』『第二言語習得研究と言語教育』
（編著，くろしお出版），*Nakama: Japanese Communication Context, Culture*（共著，
Cengage Publishing）など。*Modern Language Journal, Japanese Language and Liter-
ature, Language Assessment Quarterly*,『第二言語としての日本語の習得研究』，『日
本語学』などに論文を発表している。

学習者を支援する日本語指導法Ⅰ　　音声 語彙 読解 聴解

2022 年 9 月 22 日　　初版第 1 刷発行

著　者　　畑佐　由紀子
　　　　　はた さ　ゆ き こ

発行人　　岡野秀夫
発行所　　株式会社　くろしお出版
　　　　　〒 102-0084　東京都千代田区二番町 4-3 二番町カシュービル 8F
　　　　　TEL: 03-6261-2867　FAX: 03-6261-2879
　　　　　URL: https://www.9640.jp　e-mail: kurosio@9640.jp

印刷所　　藤原印刷株式会社
装　丁　　折原カズヒロ

©HATASA Yukiko 2022　Printed in Japan
ISBN 978-4-87424-906-2　C3081
● 乱丁・落丁はおとりかえいたします。本書の無断転載・複製を禁じます。